ASESINO CEREBRO

Bipolaridad y Depresión

Origen, Dinámica y Tratamiento para
Vencer estas Condiciones Emocionales

J. Omar González Quiñones, M.D.

Notas del Autor:
Se ha trabajado para que la información expresada en este libro, sea consistente con los estándares de la medicina y la psiquiatría general al momento de su publicación. La información concerniente a las dosis, tiempo y forma de administrar los medicamentos deben ser consistente con los estándares de la U.S.A. Food Drug Administration y la comunidad médica general. Como la investigación médica y la práctica de la medicina continúan su curso, recomendamos al lector, la consulta médica autorizada para el tratamiento de cualquier enfermedad o condición emocional.

ISBN: 978-1-59608-701-9

Todos los derechos reservados.
Prohibida la reproducción total o parcial sin previa autorización.

© José Omar González Quiñones, M.D.
Ninguna parte de esta publicación puede ser reproducida, almacenada, o transmitida de manera alguna, ni por ningún medio, ya sea electrónico, químico, mecánico, óptico de grabación o fotocopia, sin permiso del autor.

Segunda edición-revisada/ 2010.

Revisión Editorial:
Lcdo. Alberto Medina Carrero

Gráficas e imagen de portada "La Negra de Azul":
Eddie A. Rivera Quiñones, artista pintor y gráfico

Fotógrafo: Angel L. Figueroa / 787.403.2612

Rediseño de portada y diagramación:
Lord & Loly Graphics Designs 787.750.9600

Para talleres y conferencias comunicarse con el autor a:

818 Calle Molucas, Country Club
San Juan, P.R. 00924
Oficina .787-768-0390/ 276-2570
Fax.787-768-1775

Impreso en Colombia.

Tabla de Contenido

Prólogo ix
Agradecimientos xi
Introducción xiii

Capítulo 1
Aspectos generales y clasificación de los trastornos del estado de ánimo
- Apuntes históricos de la bipolaridad y la depresión 1
- Clasificación de los estados de ánimo 4
- Aspectos generales de la bipolaridad y la depresión 5
- Sistema de clasificación (DSM) 6
- Impacto global de la depresión y la bipolaridad 8

Capítulo 2
Depresión mayor en adultos 11
- Criterios de depresión mayor en adultos según el DSM-IV-TR 12
- Causas de la depresión 14
- Incidencia 14
- Depresión en el envejeciente 16

Capítulo 3
Aspectos importantes de la depresión
- Comorbilidad en la depresión 19
- Depresión secundaria 20
- Depresión con rasgos psicóticos 20
- Depresión postparto 21

Capítulo 4
Suicidio en adultos
- Espectro de conducta suicida 25
- Datos sobre el suicidio en Puerto Rico. 27
- Factores de riesgo de suicidio en adultos 28

Capítulo 5
Depresión y suicidio en niños y adolescentes
- Depresión en niños y adolescentes 33
- Datos sobre el suicidio en niños y adolescentes.. 35
- Factores de riesgo de suicidio en niños y adolescentes ... 36

Capítulo 6
Fases de tratamiento farmacológico para trastornos afectivos **39**
- Etapas durante un tratamiento antidepresivo 40
- Las fases R durante un tratamiento antidepresivo . 41
- Síndrome de retirada o descontinuación 43

Capítulo 7
Distimia y trastorno ciclotímico
- Distimia y doble depresión 45
- Ciclotimia o trastorno ciclotímico 47
- Datos sobre el trastorno ciclotímico 48

Capítulo 8
La neurona **51**
- El sistema nervioso central 52
- Neurotransmisores, sinapsis y conducción del impulso del nervio 52
- Neurotransmisores y receptores 56

Capítulo 9
Las monoaminas
- Tipos de receptores de monoaminas 57
- Disfunción de la red del cerebro 58
- Hipótesis de las monoaminas- receptor neurotransmisor ... 59
- Hipótesis de las monoaminas- expresión del gen en estrés y depresión 63

Capítulo 10
Relación entre depresión y estrés
Hipótesis de neuroprotección. 67
Depresión y estrés vs. HPA 68

Capítulo 11
Relación entre depresión, dolor y enfermedades cardiovasculares
Depresión, neurobiología del dolor y fibromialgia 75
Depresión y enfermedades cardiovasculares 77

Capítulo 12
Tratamiento farmacológico para la depresión 81
Subdivisión de los antidepresivos 82
Antidepresivos de primera generación. 82

Capítulo 13
Antidepresivos de segunda generación
Inhibidores de la recaptación de serotonina (SSRI) 85
SSRI vs. disfunción sexual 88
Síndrome de descontinuación de los SSRI 89
Síndrome de Serotonina en los SSRI. 90
Fluoxetina (Prozac). 90
Sertralina (Zoloft) 91
Paroxetina (Paxil) 91
Citalopram (Celexa) 92
Escitalopram (Lexapro) 93
Fluvoxamina (Luvox) 94
Bupropión (Wellbutrin) 94

Capítulo 14
Antidepresivos de tercera generación
Inhibidores de la recaptación de serotonina y
norepinefrina (SNRI) 97
Venlafaxina (Effexor y Effexor XR) 98
Duloxetina (Cymbalta) 99
Milnacipran (Toledomina) 101
Desvenlafaxina (Pristiq) 101
Reboxetina (Norebox o Edronax) y Atomoxetina (Strattera) 103
Mirtazapina (Remeron) 103
Nefaxodona (Serzone) 104

Capítulo 15
El uso de antidepresivo en poblaciones especiales
- Antidepresivos en el embarazo 105
- Antidepresivos en niños y adolescentes 108
- Antidepresivos en envejecientes 112

Capítulo 16
Trastorno bipolar
- Definición de bipolaridad 115
- Curso de la bipolaridad 119
- Recurrencia en el trastorno bipolar 120

Capítulo 17
Aspectos importantes en la bipolaridad
- Cicladores rápidos 123
- Comorbilidad en la bipolaridad 123
- Uso/abuso de sustancias en la bipolaridad 124
- Suicidio en la bipolaridad 127
- Irritabilidad en la bipolaridad 128

Capítulo 18
Aspectos genéticos y de herencia en la bipolaridad
- Bipolaridad e historial familiar 131
- Bipolaridad y genética 133

Capítulo 19
Episodio maníaco de la bipolaridad
- Criterios para el episodio maníaco según el DSM IV-TR ... 135
- Descripción del episodio maníaco 136

Capítulo 20
Episodio hipomaníaco de la bipolaridad
- Criterios para el episodio hipomaníaco según el DSM IV-TR ... 141
- Diferencias entre manía e hipomanía según el DSM-IV-TR 142
- Descripción del episodio hipomaníaco 143
- Cuestionario sobre los trastorno del ánimo 145

Capítulo 21
Episodio de depresión bipolar
- Dificultad en el diagnóstico de depresión bipolar 149
- Uso de información del trastorno bipolar no establecida en el DSM-IV-TR 151

DEPRESIÓN BIPOLAR VS. DEPRESIÓN UNIPOLAR 158
RASGOS CLÍNICOS ENTRE BIPOLAR I Y II 159
PRESENTACIÓN DE UN CASO DE TRASTORNO BIPOLAR II 160

CAPÍTULO 22
EPISODIO BIPOLAR MIXTO
CRITERIOS PARA EL EPISODIO MIXTO SEGÚN EL DSM-IV-TR 163
DESCRIPCIÓN DEL EPISODIO MIXTO. 163

CAPÍTULO 23
TRASTORNOS DEL ESTADO DE ÁNIMO (BIPOLARIDAD Y DEPRESIÓN) NO ESPECIFICADO
CRITERIOS PARA EL TRASTORNO BIPOLAR NO ESPECIFICADO (NOS)
SEGÚN EL DSM-IV-TR. 165
CRITERIOS PARA EL TRASTORNO DEPRESIVO NO ESPECIFICADO (NOS)
SEGÚN EL DSM-IV-TR. 166
TRASTORNO DISFÓRICO PREMENSTRUAL Y OTROS. 166

CAPÍTULO 24
EPISODIO BIPOLAR Y EPISODIO MANÍACO EN NIÑOS Y ADOLESCENTES
ESPECTRO BIPOLAR Y EPISODIO MANÍACO EN NIÑOS Y ADOLESCENTES 171
EPISODIO DE DEPRESIÓN BIPOLAR EN NIÑOS Y ADOLESCENTES. 180
EPISODIO BIPOLAR MIXTO EN NIÑOS Y ADOLESCENTES 183
EPISODIO BIPOLAR NO ESPECIFICADO (NOS) EN NIÑOS Y ADOLESCENTES 183
COMORBILIDAD EN EL TRASTORNO BIPOLAR DE NIÑOS Y ADOLESCENTES 184
BIPOLARIDAD VS. ADHD. 186
TRATAMIENTO FARMACOLÓGICO DEL TRASTORNO BIPOLAR EN NIÑOS Y
ADOLESCENTES. 189
CONSTANCIA CON LA MEDICACIÓN 195

CAPÍTULO 25
EVALUACIÓN PSIQUIÁTRICA, EXAMEN FÍSICO Y
PRUEBAS DE LABORATORIO 197

CAPÍTULO 26
TRATAMIENTO FARMACOLÓGICO DE LA BIPOLARIDAD. 201
PRINCIPIOS GENERALES PARA EL TRATAMIENTO DEL
TRASTORNO BIPOLAR. 202
NOMENCLATURA DE LOS ESTABILIZADORES DEL ESTADO DE ÁNIMO 203
ESTABILIZADORES DE CLASE A 205
ESTABILIZADORES DE CLASE B 207
TERAPIA ELECTROCONVULSIVA (ECT). 207

Capítulo 27
Medicamentos para depresión bipolar 209
Nivel I: Opciones de tratamiento aprobado por
la FDA para depresión bipolar aguda 210
Combinación de olanzapina y fluoxetina (Symbyax) 210
Quetiapina (Seroquel) 212
Nivel II: Opciones de tratamiento no aprobado por
la FDA con alta prioridad para depresión bipolar aguda 215
Lamotrignina (Lamictal) 215
Litio (Eskalith, Eskalith CR, Lithobid, Lithonate) 219
Nivel III: Otras opciones de tratamiento
para depresión bipolar aguda 220
Nivel IV: Nuevos tratamientos adjuntos 221
Antidepresivos en depresión bipolar 221

Capítulo 28
Litio y antiepilépticos para manía bipolar
Litio (Eskalith, Eskalith CR, Lithobid, Lithonate) 225
Anticonvulsivantes como estabilizadores del
estado de ánimo 233
Carbamacepina (Tegretol) 233
Acido Valproico (Depakene) y Divalproex (Depakote, Depakote ER) . 236

Capítulo 29
Antipsicóticos de primera generación o
típicos en manía bipolar
Antipsicóticos de primera generación 241
Las cinco vías de dopamina en el cerebro 243
Efectos secundarios extrapiramidales (EPS)
de los antipsicóticos típicos 247
Diskinesia tardía 248
Potencia de los antipsicóticos de acuerdo con su afinidad
con los receptores de dopamina 249

Capítulo 30
Descripción general de los antipsicóticos de segunda generación en
manía bipolar
Aspectos generales de los antipsicóticos atípicos 251
Indicaciones generales y perfil de efectos secundarios 253
Interacciones dopamina-serotonina en la vía dopamina nigrostratial .. 254

    Efecto del síndrome metabólico en
    los antipsicóticos atípicos 256

Capítulo 31
Antipsicóticos de segunda generación en manía bipolar
    Clozapina- (Clozaril) 257
    Olanzapina- (Zyprexa) 260
    Risperidona- (Risperdal) 265
    Paliperidona- (Invega) 267
    Ziprasidona- (Geodon) 268
    Aripiprazol- (Abilify) 272
    Asenapina- (Saphris) 278

Capitulo 32
Psicoterapia cognitiva en dos historias bíblicas 279
    Moisés y los 12 espías 280
    Elías y su episodio depresivo 289

Conclusión 301

Biografía del Autor 303

Bibliografía 307

Prólogo

El 1 de julio de 1993, a las 8:00 de la mañana, me encontraba en un salón del Hospital de Psiquiatría de Rio Piedras, o el comúnmente conocido "Manicomio", sentado alrededor de una larga mesa acompañado de diez profesionales a los cuales no había conocido. Percibía un ambiente de tensión e incertidumbre, pues comenzábamos un adiestramiento en el Instituto de Psiquiatría de Puerto Rico (PRIP, por sus siglas en inglés) que nos convertiría en parte de las fuerzas especiales de un "ejército" cuya especialidad seria combatir "asesinos", pero no sería cualquier asesino...serían *Los Asesinos del Cerebro*.

Ese grupo "special forces" estaba compuesto de hombres y mujeres decididos a entrenarse día y noche para combatir la enfermedad mental de nuestro pueblo.

Esos "soldados" eran la Dra. Carmen Álvarez Rondón, Dra. Olga Rodríguez Olaverri, Dra. Josefina Rojas, Dr. Diógenes Adames Roa, Dr. José Raymundi, Dr. Angel Loyola Pérez, Dr. Jaime Ramos Couvertier, Dr. Ramón Ramos Pérez, Dr. Melvin Velázquez Muñoz, el autor de este libro y este servidor, bajo el mando del "General" Dr. Víctor Bernal y del Río- hoy fenecido- fundador y director del PRIP.

Los "comandantes" Dr. José Fumero Vidal, Dr. Domingo Cordero, Dr. Angel (Goyo) Gómez y la Dra. Myrna Zegarra nos entrenaron y nos enseñaron todo aquello que no surgía de los libros de texto pero que era clave para ser un mejor psiquiatra.

Pasaron los años y el adiestramiento cumplió sus objetivos: entre todos, vimos miles de pacientes que eran víctimas de estos asesinos. Nos convertimos en psiquiatras, especialistas en combatir las enfermedades que destruyen al cerebro, que a su vez destruyen la conducta del ser humano, sus emociones, sus pensamientos y, por consiguiente, a la sociedad en donde se encuentra ese enfermo, llevando a muchos de ellos a tomar la fatal decisión del suicidio. Vimos la realidad de aquello que dijo Juan de Dios Peza en su obra "Reír Llorando":

> ¡Ay! ¡Cuántas veces al reír se llora!
> ¡Nadie en lo alegre de la risa fíe,
> porque en los seres que el dolor devora,
> el alma llora cuando el rostro ríe!

El cerebro es un órgano complejo, por lo cual así serán las formas de tratarlo. A diferencia de otras ramas de la medicina, tuvimos que aprender que este paciente tiene múltiples facetas de tratamiento y conocimos al grupo interdisciplinario compuesto por el sicólogo, la enfermera psiquiátrica, el trabajador social, la terapista ocupacional y los "mental" que nos ayudaban al control físico de los más enfermos.

El libro "*Los Asesinos del Cerebro*" es un conjunto de conocimientos de base científica con un componente de espiritualidad muy bien armonizados para que pueda ser entendido y aprovechado por todo aquél que quiera conocer sobre la depresión y el trastorno bipolar, desde el más experimentado psiquiatra hasta aquella persona sin conocimiento científico que quiera saber de estas condiciones, ya sea porque las padece o porque las sufre su ser querido. En la literatura psiquiátrica puertorriqueña, éste es el primer libro en describir estas enfermedades psiquiátricas de una manera tan accesible e interesante.

Con el pasar del tiempo, aprendimos y comprendimos que la psiquiatría es un arte pero más que arte es humanismo…y eso distingue al autor de este libro por encima de todo aquel grupo. El Dr. José Omar González Quiñones, - "Omar" como cariñosamente le llamamos - desarrolló técnicas para obtener del paciente la mayor cantidad de información fiel y exacta, con un aire de respeto y humanismo con base científica y cristiana, una combinación muy compleja y difícil que él domina, pues su adiestramiento fue de base biológica y psicoanalítica. "Oh, la combinación del gran Dr. Sigmund Freud con el Dr. Stephen Stahl"…no se hable más.

Loores y bienaventuranzas a ti, Omar.

Dr. Edgardo Prieto Agostini / *Psiquiatra*
Egresado del PRIP 1996

Agradecimientos

Amigo lector, no soy un escritor, ni tan siquiera me acerco lo suficiente como para validarme como tal. Sin embargo, motivado por mi esposa, me he aventurado a plasmar de la manera más sencilla un compendio de mis experiencias clínicas y de las investigaciones científicas realizadas en Estados Unidos y en otras partes del mundo. Ya me habían anticipado otros "aventureros" que publicar un libro era como "parir un hijo" y claro, como hombre, no podía imaginármelo, salvo por el dolor que se siente al expulsar una piedrecita por el riñón. Podría decir: "Es algo así. Hay que pujar."

Escribir un libro es una tarea solitaria y ocupa mucho tiempo; por ello, como padre y esposo, me sentí ausente de muchos eventos familiares cotidianos. Por tal razón, mi primer agradecimiento es a mi familia nuclear y a la extendida, por su comprensión y apoyo a mi quijotesco empeño. Gracias a mis padres, hermanas, sobrinos, y sobre todo a mi hijo Gabriel, quien me sugirió el título del libro y a mi esposa Olga, por su apoyo incondicional.

Gracias a los conocedores de este caminar creativo, quienes aportaron de su tiempo, conocimientos, y opiniones a la realización de esta obra. En el ámbito científico agradezco a mis colegas y amigos psiquiatras Dr. Edgardo Prieto Agostini, Dr. Juan J. Fumero Pérez y Dr. Richard Camino, por su valioso tiempo en revisar, criticar y opinar sobre mis borradores.

Al licenciado Alberto Medina, mi corrector linguístico y editorial, por la valiosa aportación para dar la fluidez necesaria al lenguaje del mensaje científico.

A mis pacientes, quienes son la razón de este esfuerzo. He dedicado lo mejor de mí talento a crearles conciencia de la importancia de mantener un balance entre la salud mental, física, y espiritual. El primer paso para lograrlo es lo que en el lenguaje científico se conoce como introvisión, el reconocimiento y entendimiento conciente de los síntomas y la psicodinámica de la conducta maladaptativa. Este libro es clave para que mis pacientes tengan un conocimiento informado y produzca en ellos cambios significativos en su estado de ánimo y conducta.

Agradezco a los propagandistas médicos, quienes mostraron interés en esta aventura y me suplieron de literatura y estudios científicos más actualizados.

Gracias al Obispo Ephraim Rivera, por la aportación en el análisis y reflexión de las dos historias bíblicas presentadas en el libro. Disfruto de sus prédicas, cuando está en Puerto Rico, ya que denotan un conocimiento profundo de las Sagradas Escrituras.

Al Alfa y Omega, el Principio y el Fin. Agradezco al Todopoderoso Dios, Rey y Señor Nuestro, por la salud y la fuerza necesaria para culminar este proyecto. A El y solo a El, sea la Gloria por siempre.

Introducción

La medicina es el arte y la ciencia en el diagnóstico y tratamiento de las enfermedades y el mantenimiento de la salud. La psiquiatría es definida como la rama de la medicina que estudia, trata y previene los desórdenes o enfermedades mentales.

La American Psychiatric Association (APA, por sus siglas en inglés) define al psiquiatra como un clínico entendido y competente en la evaluación rápida y certera del enfermo en varias circunstancias, capacitado para ofrecer tratamientos económicos a sus pacientes, especialmente los más enfermos, y experto en el manejo biológico de las enfermedades mentales. El Dr. Victor Bernal y del Río añade a ésta definición el ser poseedor de un conocimiento profundo del ser humano, de la psicopatología dinámica y de lo terapeútico de la relación médico-paciente.

Hoy se reconocen varios tipos de sub-especialidades dentro del campo de la psiquiatría. Alguna de éstas son: adictiva, administrativa, biológica, comunitaria, consulta y enlace, transcultural, dinámica, existencial, forense, geriátrica, industrial, militar, ocupacional, ortomolecular, preventiva y social.[1]

Para ser cualificado en Puerto Rico como psiquiatra general se requiere lo siguiente :

1. Doctorado en medicina general de una universidad acreditada
2. Un año de internado en institución acreditada
3. Reválida aprobada de medicina general o su equivalente
4. Tres años de residencia en psiquiatría en una institución acreditada

---

1 Dorland's Illustrated Medical Dictionary, 31st Edition- 2007, pág. 1571.

5. Sesenta créditos de educación continua, cada tres años, acreditados por el TEM (Tribunal Examinador de Médicos)
6. Pagos de renovación cada tres años de licencias de ASSMCA y DEA
7. Póliza de impericia profesional (renovación anual)
8. Colegiación compulsoria (renovación anual)

De esta forma, la práctica de la psiquiatría requiere un conocimiento bien especializado, el cual es rigurosamente supervisado por agencias públicas estatales y federales y regido por leyes especiales como la Ley Número 408, el Código de Salud Mental de Puerto Rico.

Dentro del amplio espectro de la psiquiatría, en este libro nos ocuparemos del estudio de los desórdenes del estado de ánimo, principalmente del trastorno bipolar y la depresión. Aunque inicié mi práctica de psiquiatría en el campo correccional, llevo doce años en la práctica privada a tiempo completo. Desde entonces, dada mi condición de doctor en medicina y especialista en psiquiatría, he dedicado buena parte de mi tiempo al tratamiento de los enfermos de trastorno bipolar y depresión. Educo al paciente sobre el origen, desarrollo, tratamiento y prevención de recaídas de estas dos devastadoras enfermedades. Si logro que el paciente entienda su condición y se comprometa con el tratamiento, la lucha será menos difícil, en la gran mayoría de los casos. Lo he hecho así porque la lucha contra los mitos y creencias populares es un reto durante el proceso del tratamiento. Algunas de estas creencias populares son:

1. Los pacientes deprimidos son débiles de carácter.
2. Los bipolares y deprimidos son manipuladores en sus síntomas.
3. Todos los medicamentos psiquiátricos son adictivos y dañinos a la salud, produciendo disfunción laboral, social y/o académica.
4. Para algunos profesionales de la salud los medicamentos son innecesarios en el paciente con una condición emocional, por el desconocimiento que tienen éstos de la farmacoterapia[2] y de la psicopatología.
5. Si pone de su parte, la depresión pasará.

---

[2] Farmacoterapia es el tratamiento de las enfermedades a través de los medicamentos.

La resistencia a la continuidad del tratamiento es alentada por algunos familiares o amigos, naturópatas, ministros de diversas religiones, psicólogos y hasta por médicos primarios. Este ataque evita que se produzca un tratamiento adecuado en la etapa aguda de la enfermedad, produciendo un aumento en la probabilidad de recaídas. La experiencia de escuchar el retiro abrupto de medicamentos psiquiátricos por recomendaciones de algunos médicos primarios, sin la consulta previa con el psiquiatra es común. Esta acción conlleva en la mayoría de los casos a crisis psiquiátricas innecesarias.

Una de las características positivas de mi personalidad es la perseverancia, y no me daré por vencido en la lucha por la recuperación emocional permanente y total de mis pacientes. He creado grupos de apoyo gratuitos por más de cinco años. Intervengo mensualmente en las cápsulas de salud mental cuyo espacio cede gratuitamente Noticentro al Amanecer de WAPA TV y en otros espacios radiales religiosos y seculares. El éxito de mi práctica no la mido por el número de pacientes atendidos, sino por el número de pacientes recuperados y reincorporados a la familia y la sociedad. No hay mayor satisfacción personal y profesional que ésta.

La motivación central de este libro es ganar la batalla contra los mitos y creencias populares que boicotean o impiden el tratamiento en la recuperación total del paciente.

Pero, esta lucha no es tan solo mía, sino de los colegas que batallan día a día contra estos enemigos de la salud mental. Esta falta de conocimiento se cobra muy cara en cualquier sociedad. Mentes brillantes y talentosas son menoscabadas en su potencial, empleados productivos caen presos de la incomprensión de sus patronos ante las crisis presentadas por éstos, familiares aumentan la angustia del paciente, al creer que éstos manipulan con su condición emocional, el sistema de salud se ve afectado cuando el paciente acude a tratamiento de crisis en crisis, abandonando el tratamiento ambulatorio preventivo y llenando las salas de emergencias.

Los psiquiatras estamos en la lucha contra las amenazas a la salud mental. Tenemos un gran arsenal de armas – medicamentos, psicoterapia y métodos de diagnóstico - así como todo un ejército de diferentes profesionales de la salud mental que nos apoyan en esta misión. Esto supondrá un gran trabajo, pero el resultado merece la pena. No perdamos más tiempo. !Vamos a la ofensiva para ganar la batalla contra los *"Asesinos del Cerebro"*.!

Capítulo 1
Aspectos generales y clasificación de los trastornos del estado de ánimo

Apuntes históricos de la bipolaridad y la depresión

Hace cuatro mil años, los egipcios no diferenciaban las enfermedades mentales de las físicas; para ellos, todo tipo de enfermedad tenía un origen físico. Los egipcios creían que el corazón era el responsable de las condiciones mentales.

Algunas religiones asociaron las condiciones emocionales como un castigo de Dios o que un espíritu los había poseido. Escribieron un sinnúmero de libros de cómo hacer despojos o exorcismos, y estas creencias duraron mucho tiempo.

Los griegos fueron los pioneros en estudiar las enfermedades mentales de forma científica. Utilizaron como tratamiento la recreación, la interpretación de sueños y la terapia hablada. El término "melancolía" y "manía" provienen de la antigua medicina griega, siendo su fundador Hipócrates de Kos (460 a. de C. - 370 a. de C.). En la época de los antiguos griegos como Hipócrates, se empieza a creer que las enfermedades mentales tenían una base biológica, y no de actos de los dioses o de naturaleza mágico religiosa. Según su concepto de la enfermedad, éstas surgen por un desequilibrio entre los cuatro fluidos vitales: sangre, flema, bilis negra y bilis amarilla.

Según las enseñanzas de Hipócrates sobre las enfermedades, la melancolía (el término que antes se utilizaba para describir lo que hoy es la depresión) se crea por un trastorno orgánico del bazo: "la bilis negra" sale del bazo e inunda todo el cuerpo, penetra en el cerebro y allí puede provocar la melancolía. Hipócrates utilizó el término "manía" para describir un estado de éxtasis y furia. La manía en sí se crea por una abundancia de bilis amarilla. La medicina de la antigua Grecia creía que eran causas físicas las que provocaban el trastorno.[3]

La primera descripción del trastorno bipolar (maníaco depresivo) nos remite al médico griego Areteo de Capadocia (siglo 1 d. de C). El decía que había una relación entre los síntomas de manía y depresión y que probablemente tenían un estado que los unía. Capadocia consideró que la causa general de la melancolía y la manía eran la "bilis amarilla" y la "sequedad del cerebro". Según Areteo, la manía es un aumento de la melancolía, y debe entenderse como el polo opuesto a la melancolía.[4]

El siglo XVIII fue una época muy importante en el desarrollo de la psiquiatría, con aportes desde Phillipe Pinel en Francia, como también en Alemania, donde hubo muchas personas que aportaron a su avance. Se comenzó a ver que estos pacientes de enfermedad mental había que tratarlos mejor, es decir, sacarlos de los manicomios o de esos lugares en que los tenían encerrados. Pinel fue uno de los pioneros que se dio a la tarea de brindarles una dieta apropiada, tratarlos con respeto y amabilidad, proveerles un trabajo que fuera digno de la persona. Esta concepción prevalece hoy en día. Pinel fue uno de los que reformó un hospital famoso, que luego pasó a ser un hospital psiquiátrico en Francia.

En América surge Benjamin Rush (siglo XVIII), a quien se le conoce como el padre de la psiquiatría americana. Fundó uno de los primeros hospitales psiquiátricos en Estados Unidos, el Hospital Estatal en Philadelphia, y empezó a desarrollar el concepto de lo que es un hospital psiquiátrico. Escribe el primer texto de psiquiatría de los Estados Unidos y fue un gran defensor de la salud mental en su país.

---

3   Bipolar- Eberhard J. Wormer-2003, pág. 58.

4   Bipolar- Eberhard J. Wormer-2003, pág. 58.

El término psiquiatría lo utilizaron por primera vez en el 1803, en medio de la Revolución Francesa, Johann Reil, Kraepelin y Mgnan. Se le conocía como la "medicina mental". La psiquiatría viene del término

Psyche=alma

iatreía=curación

iatros=médico

Pinel, Rush y los pensadores de esa época empiezan a definir el concepto de lo que es un psiquiatra. Pinel y Rush no eran psiquiatras sino médicos generalistas que reconocieron la importancia de tratar tanto la mente como el cuerpo. Les decían los sanadores de la mente y el espíritu.

Jean Pierre Fairet (siglo XIX), empieza hablar en términos de bipolaridad y de esta insanidad de forma cíclica, o sea, que se repite. Establece una relación entre depresión y suicidio. También hace una clara distinción entre una persona que puede tener unos momentos de depresión y en otros momentos tener un ánimo extremadamente exaltado. En 1875, Fairet acuña el término de psicosis maníaco- depresiva, clasificándola como un trastorno psiquiátrico. En esa época se empieza a reconocer que la psicosis maniaco depresiva tiene un factor genético y que estas condiciones tienden a transmitirse genéticamente en la familia, o sea, tienden a heredarse.

En Francia, se empieza hablar de la distinción entre bipolar y esquizofrenia[5], entre estas fases depresivas de la condición bipolar.

Más tarde se concibe el trastorno bipolar en su propia clasificación, de enfermedad mental.[6]

El gran aporte del psiquiatra alemán Emil Kraepelin (1856-1926) fue incluir todos los trastornos psiquiátricos en un gran sistema de clasificación. Con ello concluyó el caos de términos psiquiátricos de aquellos tiempos. Kraepelin diferenció dos grupos de enfermedades: la demencia maníaco

---

5   Esquizofrenia- desorden caracterizado por delirios, alucinaciones, lenguaje desorganizado, comportamiento desorganizado o catatónico, apatía, distorsión en la interpretación de la realidad, ausencia de iniciativa, falta de placer.

6   Conferencia ofrecida por la psiquiatra Dra. Ileana Fumero, en un hotel en San Juan, P.R. 31 de enero de 2008.

depresiva (manía, melancolía, ciclotimia y estados mixtos) y la demencia precoz (casos de manía y melancolía que llevan a la demencia, la catatonia, la hebefrenia y la paranoia).[7] Kraepelin establece el término "maníaco depresivo" y estudia la depresión en estos pacientes. Fue un gran observador del trastorno bipolar. Observó el curso natural del trastorno bipolar y en sus investigaciones encuentra que los pacientes bipolares estaban más tiempo en su estado depresivo y menos tiempo en los estados de manía. Descubrió la existencia de unos estados mixtos. El Tratado de Kraepelin sobre la demencia maníaco depresiva, titulado: <u>Psiquiatría: un manual para estudiantes y médicos,</u> del año 1899, constituye aún en nuestros tiempos un tratado de importancia sobre el trastorno bipolar.

En 1966, Jules Angst y Carlo Perris demostraron, de forma separada, la existencia del trastorno bipolar y de la depresión unipolar. Demostraron que ambas condiciones tienen una evolución y fundamentos genéticos diferentes.

Clasificación de los estados de ánimo

El estado de ánimo es un sentimiento interno sostenido, que repercute en la conducta de la persona y la percepción que tenga del mundo. El afecto es la expresión externa del estado de ánimo. El estado de ánimo puede ser normal, elevado o deprimido. La persona saludable experimenta una amplia variedad de estados de ánimo e igualmente tiene un amplio repertorio de expresiones afectivas, sintiéndose en control de sus afectos y estados de ánimo.

Los trastornos del estado de ánimo son un grupo de condiciones clínicas caracterizado por una pérdida de control y, frecuentemente, una gran angustia.

Los problemas en el estado de ánimo son frecuentemente designados como los trastornos afectivos, y constan principalmente de dos condiciones médicas, la bipolaridad y la depresión. Dos categorías adicionales de trastornos del estado de ánimo son la distimia y la ciclotimia.

La clasificación de los estados de ánimo se ilustra a continuación:

---

7   Bipolar- Eberhard J. Wormer-2003, pág.62.

Figura 1

Aspectos generales de la bipolaridad y la depresión

La bipolaridad consta de dos polos, un polo elevado de fase maníaca o hipomaníaca donde hay energía con posible presencia de euforia o irritabilidad, pensamientos muy rápidos, se compra impulsivamente o se toman decisiones descabelladas o con pobre juicio, entre otros. En otros momentos se experimenta el polo opuesto, que es la depresión o caída emocional. Los síntomas son tristeza, desánimo, pérdida de la capacidad de disfrutar, aislamiento, pérdida de concentración, entre otros.

Por otro lado, hay personas que experimentan un solo polo o extremo, que es la depresión mayor o unipolar, aspectos que discutiré ampliamente más adelante.

Los trastornos del estado de ánimo son bien comunes, generalmente incapacitantes, disminuyendo la calidad de vida y funcionamiento social del paciente. Sin embargo, está demostrado que una gran mayoría de individuos con trastorno del estado de ánimo no busca ayuda. En encuestas realizadas en Estados Unidos, muchos pacientes deprimidos y/o bipolares no es hasta 5 a 10 años después del comienzo del trastorno que buscan ayuda profesional. Actualmente, existe evidencia sustancial que demuestra que varias modalidades de tratamiento son eficaces en reducir los síntomas clínicos de los trastornos afectivos y mejorar la calidad de vida del paciente y sus familiares.

Sistema de clasificación (DSM)

El Manual Diagnóstico y Estadístico de los Trastornos Mentales (DSM, por sus siglas en inglés) es una clasificación de los trastornos mentales en diversos tipos, basados en una serie de criterios con rasgos definidos. El DSM es el sistema de código psiquiátrico utilizado en Estados Unidos. Hay otra clasificación psiquiátrica importante, que es la Clasificación Internacional de Enfermedades (ICD, por sus siglas en inglés), desarrollado por la Organización Mundial de la Salud. ICD es el sistema de clasificación oficial utilizado en Europa y muchas otras partes del mundo.

El DSM surge luego de la Segunda Guerra Mundial, cuando hubo que clasificar los trastornos mentales que presentaban los soldados. Del sistema aplicado a los veteranos surge una clasificación inicial, y de ahí sigue evolucionando hasta que se acuña el término DSM que conocemos hoy en día. En 1960, se publica la primera edición del DSM. En ella (DSM-I) se establece la diferenciación entre la depresión mayor y la condición maníaco depresiva.

En 1970, se publica el DSM II. Five y Dunner empiezan a hablar de varios tipos de trastorno bipolar y se hace la distinción entre bipolar I y II. En 1980, con la publicación del DSM III se sustituye el término maníaco depresivo con bipolar, que es el que prevalece al día de hoy. En 1987, con el DSM III-R se comienzan a subclasificar los distintos tipos de trastorno bipolar.[8] La clasificación mas reciente es la revisión del texto DSM IV-TR. Utilizaré esta última clasificación en todos los diagnósticos psiquiátricos que se describen en este libro.

El DSM IV-TR es un sistema multiaxial que consiste de 5 ejes.

---

[8] Conferencia ofrecida por la psiquiatra Dra. Ileana Fumero- 31 de enero de 2008.

- Eje I. Consiste del trastorno clínico y otras condiciones que pueden ser foco de atención clínica. Por ejemplo, los trastornos afectivos como la bipolaridad y la depresión se incluyen en este eje.

- Eje II. Consiste en el diagnóstico de retardación mental y los trastornos de personalidad como son los paranoide, antisocial, límite o "borderline", narcisista, obsesivo compulsivo, entre otros.

- Eje III. Esta incluida cualquier condición médica general presente además de la condición mental. La condición física puede ser el resultado de un trastorno mental. Por ejemplo, una gastritis alcohólica puede ser el resultado de una dependencia del alcohol.

- Eje IV. Es utilizado para codificar los problemas ambientales y psicosociales que contribuyen significativamente al desarrollo o exacerbación de un trastorno psiquiátrico. Los estresores pueden ser positivos, como una promoción laboral, pero solo deben hacerse constar si constituyen un problema o conducen a él, como cuando una persona tiene dificultades para adaptarse a una situación nueva.

  Los estresores negativos pueden ser el fallecimiento de un miembro de la familia, conflictos con el jefe o los compañeros de trabajo, desempleo, servicios médicos inadecuados, exposición a desastres, problemas con el sistema legal, entre otros. La información en cuanto a los estresores es importante para preparar un plan de tratamiento que incluya intentos para remover el o los estresores psicosociales o ayudar al paciente a enfrentarlos.

- Eje V. Es la evaluación de la actividad global (GAF, por sus siglas en inglés). Incluye la opinión del clínico acerca del nivel general de actividad del sujeto. Esta información es útil para medir el impacto, planear el tratamiento, así como predecir la evolución. La escala del GAF tiene una puntuación máxima de 100, que representa el más alto nivel de funcionamiento en todas las áreas. Personas que tienen un alto nivel de funcionamiento antes del episodio de la enfermedad generalmente tienen un mejor pronóstico que aquellas que tienen un bajo nivel de funcionamiento.

Impacto global de la depresión y la bipolaridad

En 1996, a través de la Organización Mundial de la Salud se publicó un estudio relacionado con enfermedades que producían una carga global, revelando que la depresión es responsable de más incapacidades que ninguna otra condición médica durante la edad mediana (30-40 años) y que ninguna otra enfermedad cuenta ni con la mitad de la carga total impuesta por la depresión, en estas edades promedio. Además este estudio identificó el trastorno bipolar como la sexta causa de incapacidad en estas edades.

Según un estimado del 2000, las causas que llevan a pérdida de años por incapacidad a nivel mundial en personas entre 15 a 44 años de edad fueron:

Posición	Enfermedad o lesión
1	Depresión unipolar
2	Trastorno por uso de alcohol
3	Esquizofrenia
4	Anemia por deficiencia de hierro
5	Trastorno Bipolar

En esta gráfica se observa que 4 de las 5 causas de incapacidad más frecuente en adultos jóvenes a nivel mundial son condiciones psiquiátricas, como el trastorno bipolar y la depresión, entre ellas.[9]

El investigador Greenberg y sus colegas (1996) estimaron que los costos económicos de la depresión eran de 53 billones de dólares anuales en Estados Unidos, mientras que Wyatt y Henter (1995) estimaron que el costo económico del trastorno bipolar era de 45 billones de dólares. Por lo tanto, el impacto económico de estas dos condiciones asciende a casi 100 billones de dólares anuales en el territorio americano. Han trans-

---

[9] Improving Outcome in Patients with Bipolar Disorder: Exploring the Distinction Between Efficacy and Effectiveness. Terence A, Ketter, MD. Medscape and Medicine- August 2007.

currido más de diez años desde este estudio, por lo que se estima que el impacto actual es mucho mayor.[10]

Greenberg (1993) y Jarvinen (1998) incluyeron tres categorías de costos para estimar la carga económica total de la depresión anualmente. Primero es el costo directo: los gastos del paciente en tratamiento con medicamentos, hospitalización parcial (tratamiento ambulatorio intensivo a través de un equipo interdisciplinario), hospitalización completa, tratamiento ambulatorio, y otros tratamientos con un costo de 12 billones de dólares anualmente.

Segundo son los costos económicos indirectos, que se originan de cualquier aumento en mortalidad relacionada con la depresión, como es el suicidio, con un gasto anual de 8 billones de dólares. Tercero, la mayor pérdida es la carga económica indirecta (33 billones de dólares anualmente) que se origina de la morbilidad clínica significativa, principalmente en la reducción de la capacidad productiva de la persona afectada.[11]

La persona deprimida tiene menos energía, no tiene ánimo, tiene problemas en la concentración, y esto se manifiesta en ausencias frecuentes en su trabajo y baja productividad, que, a su vez, causan una carga económica indirecta. Los trastornos afectivos son muy comunes en la clase trabajadora. Por ejemplo, en un estudio titulado "Epidemiologic Catchment Area", las personas con depresión mayor tuvieron veintisiete (27) veces más probabilidad de perder el trabajo por problemas emocionales comparado con aquellas que no tenían algún trastorno. En otros estudios se observó que pacientes con el trastorno bipolar tenían hasta siete veces más probabilidad de perder su trabajo, en comparación con otros pacientes con una condición emocional.

La pérdida económica debido a una disfunción en el trabajo por la bipolaridad alcanzó 18 billones de dólares anuales, mientras que el costo de tratamiento directo y mortalidad debido a suicidio sumó menos de 8 billones de dólares cada uno. Aproximadamente, el paciente bipolar no

---

10 Textbook of Mood Disorder, Dan J. Stein, M.D., PH,D., David J.Kupfer, M.D., and Alan F. Schatzberg, M.D.- 2006, pág. 56.

11 Textbook of Mood Disorder, Dan J. Stein, M.D., PH,D., David J.Kupfer, M.D., and Alan F. Schatzberg, M.D.- 2006, pág. 56.

tratado va a estar hospitalizado una cuarta parte de su vida adulta y otra cuarta parte estará incapacitado. Va a tener, aproximadamente, una pérdida acumulativa de productividad de 14 años.[12]

Mi experiencia clínica en pacientes con trastornos afectivos severos es que, en la mayoría de los casos, hay que otorgarles una incapacidad temporera –menor de seis meses, pero, en promedio, de treinta días- para iniciar un tratamiento intenso de psicoterapia y farmacoterapia, que puede incluir hospitalización parcial o completa. Generalmente, al cabo de dicho término, el paciente puede reiniciar sus actividades cotidianas, claro está, con un seguimiento psiquiátrico y sicológico estricto. Mientras más consecuente sea el paciente con su tratamiento, menores serán los episodios de recaída de la depresión y los cambios abruptos en el estado de ánimo del paciente bipolar.

---

12 Master classes in bipolar disorder: A clinical update- Frederick K. Goodwin, MD A Clinical Update. Teleconferencia ofrecida en un hotel de San Juan -8 de noviembre de 2007.

Capítulo 2

Depresión mayor en adultos

Los trastornos depresivos son condiciones médicas debilitantes que están asociadas con deterioro del funcionamiento ocupacional y social, trastornos cardiovasculares y otros trastornos médicos, además de un elevado riesgo de mortalidad.

La depresión se registra desde la antigüedad y la descripción de lo que son ahora los trastornos del estado de ánimo se encuentra en muchos documentos antiguos. Areteo, un médico que vivió en el siglo II d.C., describe al paciente melancólico o deprimido como "Triste, abatido sin sueño, adelgaza por su estado de agitación y pérdida de sueño reparador….en un estado más adelantado se quejan de mil fruslerías y desean la muerte".

La tristeza es una emoción que es experimentada por todos nosotros en algún momento de nuestras vidas. Nos sentimos tristes cuando fallece un ser querido, en alguna dificultad económica, frente a un divorcio, despido de empleo o alguna otra situación en la vida. Diferenciar la "emoción" causada por una desilusión o después de "tener un día malo" del de una depresión clínica que requiera tratamiento es, frecuentemente, dificultoso y requiere la experiencia de un profesional de salud mental.

Casi todos los pacientes deprimidos (97%) se quejan de disminución en la energía, dificultad en finalizar las tareas, con un deterioro en el funcionamiento escolar o laboral y con menos motivación para emprender nuevos proyectos. Aproximadamente 80% de los pacientes se quejan de problemas con el sueño, disminución de apetito y pérdida de peso, pero otros experimentan aumento de apetito, aumento de peso y duermen más horas de lo usual.

La ansiedad es un síntoma común de la depresión, que afecta aproximadamente 90% de todos los pacientes deprimidos. Otro síntoma incluye la dificultad en disfrutar las actividades sexuales. Los problemas sexuales pueden llevar a referidos inapropiados, como son los que se hacen a consejeros matrimoniales y a la terapia sexual, cuando el clínico no reconoce que el problema fundamental es una depresión mayor. La ansiedad (incluidos los ataques de pánico), abuso del alcohol, y quejas somáticas (estreñimiento y dolor de cabeza) frecuentemente complican el tratamiento de la depresión. Aproximadamente, un 50% de todos los pacientes describen una variación diurna en sus síntomas, con un aumento en la severidad en las mañanas y menor presencia de síntomas en la tarde. Los síntomas cognitivos incluyen incapacidad para concentrarse (84% de pacientes en un estudio) y deterioro en el pensamiento (67% de pacientes en otro estudio).

Aproximadamente, 10 a 15% de todos los pacientes deprimidos se suicidan, y dos terceras partes tienen ideas suicidas. Los pacientes con trastorno depresivo tienen un alto riesgo de suicidio, en la medida que van mejorando y ganando la energía necesaria para llevar a cabo el suicidio. Por lo tanto, el psiquiatra debe evitar recetar una gran cantidad de un determinado antidepresivo, cuando se da de alta del hospital.[13]

Criterios de depresión mayor en adultos según el DSM IV-TR

Los criterios del DSM-IV-TR para establecer el diagnóstico de depresión mayor requiere de al menos cinco o más de los siguientes síntomas durante un periodo de dos semanas o más, que representan un cambio respecto a la actividad previa; uno de los síntomas debe ser (1) estado de ánimo deprimido o (2) pérdida de interés o de la capacidad de sentir placer.[14]

---

13 Concise Textbook of Clinical Psychiatry- Kaplan and Sadock's ,Third Edition-2008, págs. 214-216.

14 No incluir los síntomas que son claramente debidos a enfermedad médica o las ideas delirantes o alucinaciones no congruentes con el estado de ánimo.

1. estado de ánimo depresivo la mayor parte del día, casi todos los días, según lo indica la persona (por ejemplo, se siente triste o vacío) o la observación realizada por otros (por ejemplo, llanto).[15]

2. disminución del interés o de la capacidad para el placer en todas o en casi todas las actividades, la mayor parte del día, casi cada día (según refiere el propio sujeto u observan los demás).

3. pérdida importante de peso sin hacer régimen o aumento de peso (por ej. un cambio de masa corporal del 5% del peso corporal en un mes), o pérdida o aumento de apetito sin estar en dieta o régimen especial.

4. insomnio o hipersomnia casi todos los días.

5. agitación o elentecimiento psicomotor casi cada día (observable por los demás, no meras sensaciones de inquietud o de estar elentecido).

6. fatiga o pérdida de energía casi todos los días.

7. sentimientos de inutilidad o de culpa excesivos o inapropiados (que pueden ser delirantes) casi a diario (no los simples auto reproches o culpabilidad por el hecho de estar enfermo).

8. disminución de la capacidad para pensar o concentrarse, o indecisión casi a diario (ya sea una atribución subjetiva o una observación ajena).

9. pensamientos recurrentes de muerte (no solo temor a la muerte), ideación suicida recurrente sin un plan específico o tentativa de suicido o un plan específico para suicidarse.

Es importante aclarar que, si no presenta, por lo menos, uno de los dos primeros síntomas de depresión, no se establece el diagnóstico de depresión mayor. Además, la persona que presenta síntomas de depresión mayor, como, por ejemplo, la tristeza, tiene que ser la mayor parte del día, no en ocasiones.

---

15 En los niños y adolescentes, el estado de ánimo puede ser de irritabilidad.

Causas de la depresión

La depresión tiene una naturaleza multisintomática, que se divide en varias áreas de síntomas:

- Síntomas emocionales- tristeza, anhedonia, sentimientos de culpa, ideas de no seguir viviendo o ideas de suicidio.

- Síntomas físicos- falta de energía, problemas de concentración, cambios de apetito, cambios en los patrones de sueño, problemas sicomotores.

- Síntomas asociados- pensamientos obsesivos constantes, irritabilidad, llanto, ansiedad y dolor crónico.

- Síntomas corporales no visibles – síntomas producidos por un aumento de cortisol, disminución del factor neurotrófico derivado del cerebro, entre otros. Estos aspectos se discutirán más adelante.

No existe una causa o explicación única para que la persona se deprima. A continuación les indico algunas de las posibles causas de la depresión:

- una enfermedad familiar o que sea hereditaria.

- factores del medio ambiente, ej. problemas económicos o legales, retiro, divorcio u otros cambios de vida.

- factores biológicos- Disminución de ciertas sustancias químicas llamadas neurotransmisores que transmiten mensajes entre las células nerviosas en el cerebro, dando como resultado un desequilibrio químico.

Incidencia

La depresión es el problema de salud mental más común tanto en Puerto Rico como en Estados Unidos. En las encuestas más recientes en los Estados Unidos, la depresión mayor tiene la prevalencia de por vida más alta (casi 17 porciento) de cualquier trastorno psiquiátrico. La incidencia anual (número de casos nuevos) de episodios de depresión mayor es de 1.59 porciento (mujeres, 1.89 porciento; hombres 1.10 porciento). Es una observación casi universal, independiente del país o la cultura, que la mujer tiene una prevalencia de depresión mayor dos veces más frecuente que el hombre. Las razones postuladas para estas diferencias incluyen el efecto del alumbramiento o parto, diferencias hormonales, y diferentes estresores psicosociales para la mujer y para el hombre.[16] Sin embargo, la depresión en niños es mayor en los varones, y comienza desde la adolescencia y continúa a través de la adultez.

Según un estudio realizado por el **Puerto Rico Behavioral Risk Factor Surveillance System** (BRFSS, por sus siglas en inglés), el 18% de la población adulta (508,065 personas), desde los 18 años en adelante, padece de depresión. Los datos fueron obtenidos a través de unas encuestas telefónicas realizadas en el 2006, pero el análisis del informe culminó en el 2009. Entre los descubrimientos del estudio se destaca también que las mujeres sufren dos veces más depresión que los hombres. Se recalca que más de 334 mil féminas la sufren actualmente, condición que, según la Administración de Servicios de Salud Mental y Contra la Adicción (ASSMCA), es el principal problema de salud mental en la isla. Otro dato de interés es que un porciento significativo de los afectados (28%) son personas entre los 55 y 64 años de edad, periodo del retiro para muchos individuos. El factor económico, una de las debacles que enfrenta actualmente el país, salió a relucir en el estudio, el cual reveló que el 25% de los que enfrentan a la depresión reciben un ingreso menor a $10,000 al año. En términos del perfil físico de los depresivos, se hace referencia a que la tendencia clínica es que muchos tienen historial de sufrir infecciones cardíacas (44%), angina o enfermedades coronarias (38%), asma (27%) y diabetes (24%). Otro dato interesante en este estudio es que en P.R. la depresión es un 15% mayor que en los Estados Unidos (18 de cada 100 personas padecen de depresión, mientras que en Estados Unidos es 15 de cada 100).[17]

En los EE.UU., el riesgo de que una persona presente depresión en algún momento de su vida, es de un 7 a un 12% en el hombre y de un 20 a un 25% en la mujer. Estudios investigativos muestran que la edad promedio del primer episodio de depresión es antes de los 40 años en aproximadamente 50% de los pacientes, a pesar de que puede comenzar tan temprano

---

16 Concise Textbook of Clinical Psychiatry-Kaplan and Sadock's, Third Edition-2008, pág. 201.

17 Periódico Primera Hora- 6 de agosto 2009, págs. 2-3.

como en la adolescencia o tan tarde como en la edad avanzada. Data epidemiológica reciente sugiere que la incidencia de depresión mayor está en aumento entre los jóvenes. Esto puede estar relacionado con el aumento en el uso del alcohol y el abuso de drogas en estas edades.

La depresión mayor afecta aproximadamente 14.8 millones de americanos adultos (aproximadamente 6.7 porciento de la población de EE.UU. a partir de los 18 años en un año dado). Es la primera causa de incapacidad en EE.UU. y en la economía del mercado mundial.[18] Lamentablemente, solo una tercera parte de las personas con depresión son tratadas. Las razones son diversas: o no son reconocidas por los proveedores de salud o las personas coinciben su depresión como un tipo de deficiencia moral, dando lugar a que se sientan avergonzados y tiendan a ocultar o negar la condición. Los episodios de depresión no tratados tienen una duración aproximada de 6 a 24 meses, pero pueden prolongarse y empeorar por años.

Depresión en el envejeciente

La depresión es más común en personas de edad avanzada que en la población general. Varios estudios han arrojado una prevalencia entre 25 a casi 50%, aunque el porciento de estos casos que son causados por depresión mayor es incierto.

Ciertos estudios indican que la depresión en personas de edad avanzada puede estar correlacionada con un status socioeconómico bajo, pérdida del cónyuge, una enfermedad física concurrente y aislamiento social.

En Puerto Rico no sabemos exactamente cuantos pacientes de edad avanzada tienen depresión, pero, por mi experiencia clínica, sé que es un gran número. Esta población muchas veces no está diagnosticada. En la comunidad, la prevalencia de pacientes geriátricos que están en depresión mayor es de aproximadamente un 1 a 3%. Por otro lado, en los envejecientes que están en residencias de cuidado asistido o en hogares, la prevalencia aumenta a niveles alarmantes: entre 13 a 24%. El hecho de estar en un

---

[18] RC Kessler, WT Chin, O Demler, EE Water, " Prevalence, Severity, and Comorbility of Twelve-Month DSM IV Disorder in the National Comorbidity Susvey Replication (NCS-R)," Archives of General Psychiatry, 2005 June; 62(6): 617-27.

hogar aumenta la probabilidad de 3 a 4 veces de padecer depresión.[19] El omitir el diagnóstico de depresión en pacientes con síntomas físicos en áreas de cuidado primario es una de las razones más importante para la incapacidad asociada con la depresión.[20] Hay estudios que indican que la depresión en personas de edad avanzada está menos diagnosticada y menos tratada. Hay médicos que, cuando evalúan a los pacientes geriátricos que están ubicados en residencias de cuidado asistido o en hogares, se enfocan más en el corazón o en la artritis y no le prestan atención a diagnosticar y tratar adecuadamente la depresión.

Un 30% de estos envejecientes, además de tener depresión mayor, tienen ansiedad. Es mucho mas difícil tratar la depresión si tiene un componente de ansiedad porque tarda más el medicamento en lograr una respuesta y posterior remisión de síntomas. El paciente deprimido geriátrico presenta frecuentemente tristeza, sentimientos de culpa, autoestima baja, aislamiento, desesperanza, con marcado problema en la toma de decisiones. Expresa frecuentemente la depresión a través de síntomas somáticos, con dolores en distintas partes del cuerpo.

La población en más riesgo de suicidio es la de los pacientes geriátricos, pues cuenta con un 20% de los 30,000 suicidios que ocurren por año en Estados Unidos. El promedio de personas mayores de 75 años que se suicida es tres veces mayor que el de las personas jóvenes. Las personas de edad avanzada intentan suicidarse menos que las personas jóvenes, pero lo logran más. Cuando el paciente geriátrico tiene la idea de suicidarse, lo toma en serio. Tienen un historial de dos a cuatro intentos de suicidio previo a quitarse la vida.

Los pacientes geriátricos que están en más riesgo de suicidarse son:

- varones blancos
- mujeres blancas
- enfermos debilitados crónicamente

---

19 Dr. William Julio, gerosiquiatra- Conferencia ofrecida el 20 de junio del 2008 en un hotel en San Juan, P.R.

20 Essentials of Clinical Psychopharmacology, Alan F. Schatzberg, M.D., Charles B. Nemeroff, M.D.,Ph.D. Second Edition- 2006, pág. 175.

- divorciados (el riesgo es tres veces mayor)
- viudos (el riesgo es de dos veces y media mayor)
- los que no tienen una creencia religiosa

Por cada 10 mujeres que se quitan la vida, hay 64 hombres que lo hacen.[21]

Mi experiencia en la práctica privada es que el paciente geriátrico que viene a mi oficina proveniente de un hogar de cuido es agresivo y está agitado. El paciente que está tranquilo puede estar pasando por una depresión, pero, como no da problemas, puede pasar inadvertido por los empleados del hogar. La meta del profesional de salud mental es producir una remisión de los síntomas de depresión y ansiedad para lograr una mejoría en la funcionabilidad y calidad de vida. Si se trata la depresión adecuadamente, vamos a mejorar la salud y reducimos los gastos. El paciente geriátrico tratado adecuadamente por una depresión va a visitar mucho menos los médicos primarios por las mismas quejas somáticas.

---

21 Dr. William Julio, gerosiquiatra- Conferencia ofrecida el 20 de junio del 2008 en un hotel en San Juan, P.R.

Capítulo 3

Aspectos importantes de la depresión

Comorbilidad en la depresión

El establecer un diagnóstico de depresión puede ser complicado, ya que puede existir una comorbilidad, o sea, problemas físicos o sicológicos añadidos a la depresión.

Más del 50% de los pacientes con depresión mayor sufren de un trastorno psiquiátrico comórbido, en particular, trastornos de ansiedad, uso de sustancias y trastornos de personalidad. El uso comórbido de sustancias ilícitas y los trastornos de ansiedad empeoran el pronóstico de la enfermedad y aumentan marcadamente el riesgo de suicidio entre los pacientes con depresión mayor. Una incidencia alta de comorbilidad se observa en individuos con un comienzo temprano de depresión mayor, lo cual sugiere que las condiciones comórbidas pueden ser un factor de riesgo para el desarrollo de la depresión mayor.[22] Si el paciente tiene un historial de infarto del miocardio, tiene un 20% de probabilidad de deprimirse; si es un infarto cerebral, un 50%. Los diabéticos tienen dos veces la probabilidad de deprimirse comparados con los que no lo son. Con relación a los síntomas somáticos, los deprimidos van a experimentar tres o cuatro veces más síntomas somáticos que aquellos que no lo están.[23]

---

22 Jerrold F. Rossenbaum, George W. Arana, Steven E. Hyman, Lawrence A. Labbate, Mauricio Fava, Handbook of Psychiatric Drug Therapy- Fifth Edition-2005, pág.61.

23 Dr. William Julio, gerosiquiatra- Conferencia ofrecida el 20 de junio del 2008 en hotel de San Juan, P.R.

Depresión secundaria

Un gran número de enfermedades médicas y medicamentos pueden producir un síndrome depresivo secundario. Cuando la depresión se desarrolla después de una condición médica primaria o psiquiátrica, es considerada secundaria. Cuando hay un cuidado médico apropiado o se descontinúa el medicamento causante, la depresión remite o desaparece. Hay una remisión de los síntomas de depresión, cuando se descontinúa el medicamento que produjo unos efectos directos en el estado de ánimo.

He evaluado pacientes deprimidos que han resultado con una anormalidad en la glándula tiroide, luego de ordenarse estudios a dichos efectos. Estos pacientes son referidos a sus médicos primarios para el tratamiento correspondiente, encontrándose que, al estabilizarse la condición médica, la depresión desaparece. Ejemplo de condiciones médicas previamente existentes que producen una depresión secundaria son la enfermedad de Parkinson, SIDA, diabetes mellitus, hipertiroidismo o hipotiroidismo. Enfermedades psiquiátricas como esquizofrenia, trastorno de pánico, o bulimia, entre otras o relacionadas con el abuso de drogas, como el alcohol, cocaína, sedantes, inductores de sueño.

Depresión con rasgos psicóticos

Según el DSM IV-TR, la depresión mayor severa puede cursar con síntomas psicóticos, (delirios o alucinaciones) y refleja una enfermedad severa y un indicador de pobre pronóstico. Estudios controlados demuestran que la depresión con síntomas psicóticos es más efectivamente tratada con una combinación de antidepresivos y antipsicóticos (70 a 80% exhiben una mejoría significativa), que si fuese tratada con un solo medicamento (30 a 50%) en ritmo de respuesta. La depresión con rasgos psicóticos tiene un alto riesgo de suicidio; por lo tanto, la terapia de mantenimiento es recomendada. Sin embargo, hay poca data que nos dirija a la decisión de continuar con un tratamiento combinado o un solo medicamento.[24]

---

24 Jerrold F. Rossenbaum, George W. Arana, Steven E. Hyman, Lawrence A. Labbate, Mauricio Fava- Handbook of Psychiatric Drug Therapy- Fifth Edition-2005, pág. 61.

Depresión postparto

La depresión postparto ocurre en aproximadamente 10 a 20% de mujeres, entre 4 a 6 semanas después del parto. El porciento tiende a ser más alto en madres adolescentes. Muchos expertos creen que la mujer puede pemanecer en riesgo de depresión hasta un año después del parto. Muchas mujeres no presentan una depresión postparto, sino unos síntomas congruentes con una alteración en el estado de ánimo transitorio después del parto, llamado"baby blues" Este episodio se caracteriza por un estado de ánimo lábil, tristeza, confusión subjetiva, y llanto frecuente. Estos síntomas pueden durar ciertos días, y atribuirse a cambios drásticos en los niveles hormonales, el estrés del parto y el reconocimiento de la responsabilidad que la madre tiene que adoptar ante su nueva función. No hay evidencia que concluya que el "baby blues" produce un episodio subsecuente de depresión. No se requiere un tratamiento profesional, sino educación y soporte a la nueva madre.[25] Si los síntomas persisten por más de dos semanas, la evaluación es indicada para determinar si se trata de una depresión postparto. La presentación clínica de la depresión postparto es igual que en una depresión mayor, con síntomas de estado de ánimo deprimido, excesiva ansiedad, cambio en el peso, disminución en la capacidad de sentir placer, marcado cambio en el apetito y el sueño, agitación o retardación psicomotora, disminución en la concentración, sentimientos de desesperanza o de culpa inapropiado y pensamientos recurrentes de muerte o de suicidio.

La presencia de síntomas depresivos luego del parto tiene unos efectos adversos, como son el estrés en la pareja, problemas en la interación madre-infante, problemas en el "attachment" o apego, y conducta negativa en el niño. Los niños de madres deprimidas es más probable que tengan retraso en el desarrollo motor, neurológico, cognitivo y psicológico. Basado en estudios con madres deprimidas, comparado con madres no deprimidas, se ha informado un riesgo 3 veces mayor de problemas emocionales serios en los niños y 10 veces mayor de tener una pobre relación niño-madre. La conducta negativa de una madre deprimida temprano en la vida del infante parece que afecta el apego infante-madre y resulta en

---

[25] Concise Textbook of Clinical Psychiatry-Kaplan and Sadock's-Third Edition, 2008, págs. 406- 407.

un infante irritable, que vocaliza menos y tiene pocas expresiones faciales, comparado con los infantes de madres no deprimidas. Las dificultades en la conducta del niño asociadas con la depresión en la madre pueden continuar hasta las edades de 4 a 8 años. Afortunadamente, la remisión de la depresión maternal está asociada con la reducción en el trastorno mental y de conducta en el niño. Dada las consecuencias potencialmente serias de la depresión postparto, es desafortunado que el diagnóstico y tratamiento de este problema sea escaso.[26]

La depresión postparto tiende a producir frecuentes recaídas. Casi el 80% de las mujeres con un episodio previo, o episodios de depresión postparto, recaen en depresión espontáneamente en los próximos 5 años. El manejo de la depresión postparto incluye medicamentos, psicoterapia, programas psicoeducacional y grupos de apoyo. Los antidepresivos, como los inhibidores de recaptación de serotonina, son los más comúnmente utilizados debido a una mejor eficacia en mujeres. Fluoxetina (Prozac), Sertralina (Zoloft), Fluvoxamina (Luvox) y Venlafaxina (Effexor) son algunos de los antidepresivos estudiados. Sin embargo, los estudios han sido limitados. Los resultados de un estudio con sertralina mostraron una total remisión en 67% de mujeres con depresión postparto en 8 semanas, mientras que con venlafaxina hubo una mejoría significativa de 80%. El deseo de lactar es el factor más limitante para utilizar los antidepresivos, ya que todos los medicamentos antidepresivos se secretan en la leche materna en diversas cantidades.

Desafortunadamente, la data disponible sobre el uso de antidepresivos durante la lactación y las reacciones adversas a largo plazo en infantes expuestos es bien escasa. Fluoxetina y citalopram (Celexa) son los que más se transmiten al infante durante la lactación, mientras que sertralina, fluvoxamina y paroxetina (Paxil) se transmiten menos. Citalopram puede causar disturbios en el sueño en infantes que son lactados, y fluoxetina puede producir disturbio en el sueño, llanto frecuente, vómitos y diarrea. Por lo tanto, no hay un antidepresivo que se considere seguro para la madre lactante. El psiquiatra debe discutir con la paciente los riesgos y

---

26 Postpartum Depression Screening: Importance, Methods, Barriers, and Recomendations for Practice- Dwenda K. Gjerdingen, M.D. , MS; Barbara P. Yawn, M.D., Msc- Posted 6/22/07- pág. 2.

beneficios de los antidepresivos y sus efectos en la lactación, para así ayudar a la madre a que tome la decisión correcta. Si se decide utilizar un antidepresvo durante el embarazo, lo recomendado es que utilice uno con la dosis más baja y que sea capaz de alcanzar la remisión. La conducta del infante debe ser monitoreada antes y después de iniciar un antidepresivo, para detectar eventos adversos, tan pronto como sea posible. Hay data que indica que la madre de un infante prematuro no debe lactarlo, si está utilizando antidepresivos, ya que las enzimas del hígado del infante aún no están suficientemente desarrolladas para metabolizar estos medicamentos.[27] La madre lactante que usa antidepresivos necesita un seguimiento muy de cerca de su psiquiatra, incluída la comunicación vía telefóno o celular.

En conclusión, no existen unas guías firmes que cubran todos los casos y la proporción riesgo-beneficio debe ser calculada para cada situación. Se deben tomar en consideración ciertos riesgos, como la recurrencia de depresión en la madre, si decide no utilizar los antidepresivos, el riesgo del vínculo con su infante, si decide no lactarlo o el riesgo de que el infante sea expuesto a cantidades de trazas de antidepresivos en la leche materna.[28]

---

[27] Postpartum Depression: How to Recognize and Treat This Common Condition- Aditi Mehta, M.D.; Sandeep Sheth, M.D.- From Medscape Psychiatry and Mental Health- Posted 4/24/2006.

[28] Stahl's Essential Psychopharmacology- Stephen M. Stahl, M.D., Ph D, Third Edition-2008, pág. 619.

APUNTES

Capítulo 4

Suicidio en adultos

Espectro de conducta suicida

El suicidio es aquella acción por la cual una persona decide terminar su vida. Aproximadamente, 30,000 muertes son atribuidas al suicidio cada año en Estados Unidos. Esto contrasta con aproximadamente 20,000 muertes anuales por homicidio. Aunque se han observado unos cambios significativos en la proporción de muertes por suicidio para ciertas subpoblaciones durante el último siglo (aumento en la proporción en adolescentes y disminución en las personas mayores de edad), la proporción se ha mantenido bastante constante, con un promedio de aproximadamente 12.5 por 100,000 habitantes a través del siglo 20 y en lo que va del siglo 21.[29]

El suicidio es uno de los problemas de salud pública más serios en el mundo, y es considerado una de la tres primeras causas de muerte entre personas de 15 a 44 años de edad. Durante los últimos 50 años, según estadísticas de la Organización Mundial de la Salud (OMS), las tasas de mortalidad a causa del suicidio han incrementado en un 60%. Cada año se suicidan más de un millón de personas. Cada 40 segundos, una persona se quita la vida en algún lugar del mundo, y cada 3 segundos una persona intenta quitarse la vida. Por cada persona que se quita la vida, hay 20 que fallan en el intento. Para el año 2020, la OMS estima que el índice de suicidios a nivel global podria crecer en un 50% es decir que aproximadamente 1,53 millones de personas morirán por esta causa alrededor del mundo, siendo las sociedades que viven en el subdesarrrolllo y

---

[29] Concise Textbook of Clinical Psychiatry- Kaplan and Sadock's, Third Edition-2008, pág. 428.

la pobreza, el caldo de cultivo para el desencadenamiento de este tipo de problemática.[30]

En el 2004 en EE.UU., el suicidio fue la octava causa de muerte en varones, la decimasexta en mujeres y la tercera entre jóvenes (15 a 24 años). Mientras la proporción de suicidio total se ha mantenido relativamente estable, la proporción en las edades entre 15 a 24 años ha aumentado de dos a tres veces. El suicidio es la octava causa de muerte en Estados Unidos, después de las enfermedades cardiacas, el cáncer, enfermedades cerebrovasculares, enfermedades pulmonares obstructivas crónicas, accidentes, pneumonía, influenza, y diabetes mellitus.[31] Aproximadamente, dos terceras partes de todos los pacientes deprimidos contemplan suicidarse, y 10 a 15% lo logran. Los pacientes recientemente hospitalizados luego de un intento suicida o ideación suicida tienen un riesgo mayor de suicidarse que aquellos que nunca han sido hospitalizados por ideación suicida.[32]

La conducta suicida cubre un espectro de conductas que incluyen ideación suicida, intento suicida -de varios grados y letalidad- y suicidio completado.

a. Ideación suicida- Se refiere a los pensamientos de hacerse daño o matarse, y la intensidad, frecuencia y duración de tales pensamientos varía considerablemente. Si la idea incluye un plan para suicidarse, es un riesgo a corto plazo, potencialmente inminente.

b. Letalidad- Es el grado del daño que resulta de un intento suicida.

Mientras más letal es el intento, mayor es la planificación cuidadosa, para evitar ser detectado. La persona que intenta suicidarse con una soga tiene que planificar dónde va a conseguirla, cómo hacer un buen nudo que lo pueda sostener cuando esté suspendido en el aire y buscar el lugar para suicidarse.

---

30 Asociación de Psiquiatría de America Latina (APAL)-material educativo-2009.

31 Concise Textbook of Clinical Psychiatry- Kaplan and Sadock's, Third Edition-2008, pág. 428.

32 Concise Textbook of Clinical Psychiatry- Kaplan and Sadock's, Third Edition-2008, pág. 214.

Por otro lado los intentos letales menores frecuentemente ocurren durante una crisis social y usualmente contiene un fuerte elemento de búsqueda de ayuda. Tienden a ser más impulsivos y el esfuerzo en la prevención debe ser dirigido no solo a la depresión o ansiedad que presente sino a resolver problemas de relaciones interpersonales.

c. Suicidio completado- Se ha estimado que un 50% de los pacientes que cometieron suicidio buscaron ayuda profesional médica un mes antes de cometer el acto.

Pueden buscar ayuda por presentar un trastorno psiquiátrico ej. ansiedad, depresión, insomnio etc. o por un problema médico. Por lo tanto, el médico generalista, el internista u otro especialista debe explorar síntomas de depresión o ansiedad y debe referir inmediatamente a un especialista en psiquiatría. Un reconocimiento efectivo y un tratamiento para una determinada condición psiquiátrica puede reducir el riesgo suicida significativamente. La mera prescripción de antidepresivos no es suficiente; éste paciente, en la mayoría de los casos, debe ser hospitalizado y requiere tratamiento ambulatorio posterior con psicoterapia individual y/o familiar. Este paciente requiere apoyo y seguimiento cercano, hasta la culminación de su crisis. La prescripción de antidepresivos- sin el apoyo adecuado- puede ser contraproducente, ya que le puede brindar la energía que necesita para la consecución de su meta fatal. De igual manera, la educación a su grupo primario es esencial.

Datos sobre el suicidio en Puerto Rico

El Departamento de la Policía de P.R. informó en 2004 que el método más frecuentemente utilizado para suicidarse fue el ahorcamiento, con 201 víctimas. El segundo lugar lo ocupó el dispararse con un arma, con 43 víctimas. El total de suicidios en el 2004 fue de 321 víctimas. El lugar de mayor ocurrencia fue dentro del hogar, con un total de 202 víctimas (177 hombres y 25 mujeres). Le sigue en segundo lugar el patio de su hogar con un total de 61 víctimas (59 hombres y 2 mujeres).

La incidencia de suicidios en P.R. en 2005, según estadísticas de la Policía y la Comisión para la Prevención del Suicidio, fue de 325. Los números demuestran un descenso en los últimos dos años. En el 2007, los casos de suicidio fueron 242, lo que representó una baja de 43 con relación al 2006, y de 83, respecto al 2005. Las estadísticas de la Policía revelan que la mayoría de los casos ocurridos en el 2007 se concentraron en el área de Bayamón, San Juan y Mayagüez. El 83% de los suicidios registrados fueron de hombres.[33] Muchos suicidios pasan como sobredosis de drogas y accidentes de tránsito. Desconocemos que metodología, si alguna, utiliza el departamento policíaco para discriminar en estos casos.

Factores de riesgo de suicidio en adultos

El riesgo suicida se define como la probabilidad que tiene un individuo de cometer un acto suicida en el futuro, siendo un acto suicida cualquier acto intencional con posibles consecuencias físicas que ponen en riesgo la vida. Predecir cuándo una persona va a intentar suicidarse o completar el suicidio es extremadamente difícil. Por lo tanto, a pesar de utilizar el mejor cuidado, una proporción de pacientes tienen el potencial de cometerlo.

¿Cuales son los factores que aumentan esta probabilidad?

¿Cuáles son los indicios o señales para medir dicho riesgo?

- Enfermedades mentales como la depresión, el trastorno bipolar y la esquizofrenia. El riesgo de suicidio en un paciente psiquiátrico es de 3 a 12 veces mayor que en aquél que no tiene una condición mental. Los trastornos del ánimo son los diagnósticos más comúnmente asociados con el suicidio. Muchos pacientes con depresión mayor se suicidan temprano en la enfermedad y tienden a ser personas de edad mediana o avanzada. El suicidio entre personas deprimidas es más probable que ocurra al comienzo o al final del episodio depresivo. Al igual que otros pacientes psiquiátricos, los meses después de ser dado de alta del hospital es la época de mayor riesgo.

---

33 Periódico El Nuevo Día- 3 de febrero de 2008- pág.26.

Estudios han evidenciado que más del 90% de las víctimas que se suicidaron presentaron trastornos psiquiátricos al momento del suicidio. Estudios epidemiológicos documentan que el ritmo de por vida de intento suicida es de 29.2% para el trastorno bipolar, 15.9% en trastorno unipolar y 4.2% en todos los otros trastornos del Eje I del DSM III.[34]

Otras condiciones psiquiátricas como el alcoholismo, abuso de sustancias, trastornos de ansiedad y trastornos de personalidad (antisocial, limítrofe) aumentan sigificativamente el riesgo suicida. Más del 15% de todas las personas dependientes del alcohol cometen suicidio. En Estados Unidos, entre 7,000 y 13,000 personas dependientes del alcohol cometen suicidio cada año. Aproximadamente, 80% de todas las víctimas de suicidio dependiente del alcohol son hombres.[35]

- Presencia de síntomas psicóticos como alucinaciones auditivas, o sea, voces de comando que le dice que se suicide.

- Sexo masculino-En EE.UU., el hombre completa el suicidio con una frecuencia cuatro veces mayor que la mujer. El hombre utiliza medios más letales, como son las armas de fuego o cortantes, el ahogamiento, el saltar de lugares altos o el ahorcamiento. Aunque las mujeres intentan suicidarse más frecuentemente- con un estimado de tres intentos por cada intento por parte del hombre- el suicidio es menor que en el hombre, ya que tienden a utilizar métodos menos letales (e.g. cortarse las venas, sobredosis de aspirina o de alguna otra sustancia). Por tal razón, tienen mayor probabilidad de sobrevivencia. Además, la mujer tiende a buscar más ayuda profesional, en comparación con el hombre.

La proporción de suicidio en los hombres entre 25 a 34 años de edad ha aumentado casi 30% en comparación con la pasada década.

---

34 Textbook of Mood Disorder, Dan J. Stein, M.D., PH,D., David J.Kupfer, M.D., and Alan F. Schatzberg, M.D.- 2006, pág. 486.
Eje I se refiere a la clasificación del diagnóstico de la enfermedad mental, conforme al DSM.

35 Concise Textbook of Clinical Psychiatry- Kaplan and Sadock's ,Third Edition-2008, pág. 430.

Es más frecuente el suicidio entre los hombres después de los 45 años; entre las mujeres, el número mayor de suicidios ocurre después de los 55 años.[36] Globalmente, el método más común de suicidarse es el ahorcamiento.

- Estado Civil- El estar casado disminuye el riesgo suicida significativamente, especialmente si hay hijos en la casa. Las personas solteras que nunca han sido casadas tienen un promedio de casi el doble que las personas casadas. El divorcio aumenta el riesgo suicida. El hombre divorciado tiene tres veces más probabilidad de suicidarse que la mujer divorciada. Los viudos y las viudas tienen además una alta proporción. El suicidio ocurre más frecuentemente que lo usual en personas que están aisladas socialmente y que tienen un historial familiar de suicidio (intento o real)[37]

- Pérdidas: (ej. relaciones sociales, de trabajo o financieras)

- Conducta suicida previa- Un intento de suicidio en el pasado es tal vez el mejor indicador de un riesgo alto de suicidio. Los estudios indican que aproximadamente un 40% de pacientes deprimidos que cometieron suicidio tuvieron un historial previo de intento de suicidio. El riesgo de un segundo intento es más alto dentro de los tres meses del primer intento. La depresión está asociada con un suicidio e intentos serios de suicidio.[38]

- Acceso a las armas letales: Es indispensable que en todo hogar donde existan pacientes que se han identificado con algún riesgo suicida, sean removidas las armas de fuego, para reducir así un riesgo inminente.

La Comisión para la Prevención del Suicidio ofrece unas recomendaciones para ayudar a minimizar el riesgo suicida :

---

36 Concise Textbook of Clinical Psychiatry- Kaplan and Sadock's ,Third Edition-2008, pág. 428.

37 Concise Textbook of Clinical Psychiatry- Kaplan and Sadock's ,Third Edition-2008, pág. 428.

38 Concise Textbook of Clinical Psychiatry- Kaplan and Sadock's, Third Edition-2008, pág. 430.

- Tome en serio a una persona que amenaze con quitarse la vida.
- Préstele atención.
- Ayúdele a desahogarse.
- Ayúdele a pensar, a entender lo que le pasa.
- Ayúdele a encontrar soluciones. Explíquele que todo problema tiene solución, aunque el abismo de la desesperanza le parezca que no tiene remedio.
- Ponga a la persona que manifieste conducta suicida en manos de un profesional de salud mental (psiquiatra, psicólogo clínico, trabajador social).
- No lo eche a broma.
- No lo regañe.
- Escúchelo; no lo juzgue.

Apuntes

Capítulo 5

Depresión y suicidio en niños y adolescentes

Depresión en niños y adolescentes

Los trastornos del ánimo entre niños y adolescentes han sido ampliamente reconocidos en las pasadas tres décadas. La decisión de utilizar criterios adultos para diagnosticar depresión en niños fue adoptada en 1975 en una conferencia en el Instituto Nacional de Salud Mental, y la práctica continúa en el DSM- IV-TR, en el cual el mismo criterio para depresión mayor aplica en niños, adolescentes y adultos.

Alrededor de un 3 y 8% de los niños y adolescentes, respectivamente, presentan un trastorno depresivo mayor, y más de 15% desarrollará dicha enfermedad a lo largo de su vida.[39] La depresión tiende a ser crónica cuando se inicia en edades tempranas. El comienzo en la infancia puede ser una forma severa del trastorno de ánimo y tiende a presentarse en familias con una alta incidencia de trastorno de ánimo y alcohol. El niño probablemente va a presentar complicaciones secundarias, como trastorno de conducta, abuso del alcohol y otras sustancias, y conducta antisocial.

Los niños y los adolescentes con depresión frecuentemente presentan irritabilidad, aislamiento de la familia y amigos, y deterioro académico, llevando a un aislamiento social que puede ser devastador.[40] Los niños y

---

39 Asociación de Psiquiatría de America Latina (APAL)-material educativo-2009.

40 Concise Textbook of Clinical Psychiatry- Kaplan and Sadock's ,Third Edition-2008, pág. 650.

adolescentes con depresión mayor pueden además tener delirios y alucinaciones. Usualmente consiste de una sola voz que le habla desde fuera de su cabeza, con contenido suicida o de menosprecio. Estos delirios son raros en la prepubertad, debido probablemente a la inmaduraz cognitiva, pero pueden estar presentes en casi la mitad de los adolescentes deprimidos psicóticos.

Con relación a la depresión en los niños, éstos tienden a expresar los síntomas depresivos de forma diferente de los adultos, dependiendo de las destrezas sociales, del lenguaje y madurez.

A diferencia del adulto y el adolescente que expresa su depresión directamente a través de tristeza, desesperanza o irritabilidad, el niño manifiesta una "depresión enmascarada", un término que indica que el niño no expresa la depresión directamente, más bien comunica su tristeza a través de una variedad de otros síntomas. Estos síntomas aparecen menos frecuentemente, a medida que van creciendo. Por ejemplo, las manifestaciones indirectas de una depresión en niños son: dolores de cabeza o de estómago, dificultad en la concentración, hiperactividad, disturbios en el sueño y el apetito, irritabilidad, distrabilidad, apariencia triste, disminución en la autoestima, agitación con estado de ánimo inestable, frustración o conducta oposicional entre otros.

Debe considerarse que hay depresión cuando un niño que previamente estaba funcionando bien comienza a tener problemas académicos, empieza a aislarse de sus amigos o de la sociedad. La ejecución en la escuela es invariablemente afectada por una combinación de factores, como son la dificultad en la concentración, enlentecimiento en el pensamiento, falta de interés y motivación, fatiga, somnolencia y preocupaciones.

Entre un niño deprimido y otro puede haber diferentes gradaciones de severidad. Un niño puede estar triste, con poca energía, mientras que otro puede tener mucha y ser dominante. Otro puede estar incapacitado, por la enfermedad, para participar en la escuela o en actividades extracurriculares, y otro puede funcionar completamente bien fuera de la casa, pero puede tener conflictos significativos con su familia. La depresión en un niño puede ser mal diagnosticado como un trastorno de aprendizaje.

Los síntomas que son más comunes entre los jóvenes deprimidos, al final de la adolescencia, son anhedonia, retardación psicomotora severa y un sentido de desesperanza. Otros criterios comunes en la depresión del adolescente son sentimientos de intranquilidad, malhumor, agresión, renuencia a cooperar en las empresas de la familia, aislarse de las actividades sociales, y un deseo de abandonar la casa.

Datos sobre el suicidio en niños y adolescentes

La proporción de suicidio en Estados Unidos en el 2000 entre niños y niñas en las edades entre los 10 a 14 años de edad fue de 2.3 y 0.6 por 100,000 habitantes, respectivamente, mientras que, entre los adolescentes varones y hembras, la proporción aumentó a 13.2 y 2.8 por 100,000 habitantes, respectivamente. En Estados Unidos, el suicidio es la segunda causa de muerte entre los adolescentes, después de las muertes por accidentes y los homicidios.

La depresión es considerada la principal causa de suicidio, el cual, a su vez, es una de las primeras causas de muerte entre los jóvenes. Se estima que 60-70% de los pacientes que presentan un cuadro depresivo agudo experimentan ideación suicida, y 10-15% cometerán suicidio. Más aún, la depresión parece estar presente en al menos 50% de los adultos y en el 76% de los niños suicidas; incrementando dicha enfermedad 4 a 5 veces más el riesgo de intentar el suicidio y en hasta 20 veces más el riesgo de suicidio.[41] Por lo tanto las amenazas de suicidio en los niños deben tomarse muy seriamente. En los últimos 15 años, la proporción de suicidios completados e ideación suicida han disminuido entre los adolescentes. La disminución parece que coincide con el aumento de los antidepresivos inhibidores de recaptación de serotonina prescritos a los adolescentes con disturbios de conducta y estados de ánimo.

Más de 12,000 niños y adolescentes son hospitalizados en Estados Unidos cada año debido a amenaza o conducta suicida, pero el suicidio es raro en niños más jóvenes de los 12 años.[42] En Estados Unidos, más de 6,000 niños y jóvenes se suicidan cada año; 8 al día; 1 cada 80 minutos, y más de 1 millón intentan suicidarse. Se estima que es la segunda o la

---

41 Asociación de Psiquiatría de America Latina (APAL)-material educativo-2009.

42 Concise Textbook of Clinical Psychiatry- Kaplan and Sadock's ,Third Edition-2008, pág. 654.

tercera causa de muerte juvenil. La primera causa son los accidentes, pero muchos de éstos son suicidios "disfrazados".[43]

El perfil de un adolescente que se suicida es, ocasionalmente, uno de altos logros y rasgos de carácter perfeccionista; como también el de un adolescente que puede sentirse humillado debido a un pobre rendimiento académico.

Gráfica: Muertes por suicidio en Puerto Rico

Año	Número de muertes	Número de adolescentes
1990	371	10-14 años 3 15-19 años 9 Total 12
1991	355	10-14 años 1 15-19 años 14 **Total 15**
1992	314	10-14 años 0 15-19 años 14 Total 14
1993	346	10-14 años 1 15-19 años 12 Total 13
1994	355	10-14 años 5 15-19 años 19 Total 24
1995	291	10-14 años 1 15-19 años 9 Total 10

Gráfica obtenida del libro Educandos con desórdenes emocionales y conductuales- Roberto E. Morán. Según refiere el libro, la obtención de dichos datos fue a través del ensayo de Arelys Marmolejos Rodríguez "Suicidio en niños y adolescentes, (1998)"

Factores de riesgo de suicidio en niños y adolescentes

A continuación, voy a enumerar una serie de factores de riesgo de suicidio en niños y adolescentes:

---

[43] Educandos con desórdenes emocionales y conductuales, Roberto Morán-2004.

Que esté entre las edades de 15 a 24 años:

La data nacional de suicidio en EE.UU. para el 2001 entre los jóvenes de 15 a 24 años fue de 3,971. En el 2004 fue la tercera causa de muerte entre estas edades. Se teoriza que una posible causa se deba a que es una etapa de mucha tensión, durante la cual el joven experimenta grandes cambios físicos y emocionales. La presión de grupo ejerce gran influencia en la autoestima del joven o adolescente, en una edad en que los mecanismos de defensa ante las frustraciones no están aún desarrollados.

Enfermedades psiquiátricas severas, como la depresión, bipolaridad, abuso de alcohol y/o drogas psicoactivas y trastorno psicótico.

Muchos estudios sugieren que aproximadamente un 90% de los niños, adolescentes y jóvenes adultos que se suicidan tienen un trastorno psiquiátrico. El mayor riesgo suicida para un niño o adolescente es la presencia de trastornos del estado de ánimo, principalmente la depresión y la bipolaridad. Existe una comorbilidad mucho mayor con el uso de sustancias psicoactivas. Aquellos adolescentes con trastornos del ánimo en combinación con uso de sustancias con un historial de conducta agresiva es particularmente de alto riesgo.

Un estudio indica que los adolescentes, tanto varones como hembras, que abusan del alcohol tienen aproximadamente diez veces mas riesgo de intento suicida que los demás adolescentes.

Los adolescentes con un diagnóstico de trastorno del estado de ánimo tienen 12 veces más probabilidad de cometer suicidio, que aquellos adolescentes sin dicho historial.

El historial de intentos en los adolescentes suicidas.

Aproximadamente 40% de los jóvenes que se suicidaron tuvo un tratamiento psiquiátrico previo y aproximadamente un 33% tenía historial de intentos suicidas. Es decir, mientras mayor sea el historial de intentos de suicidio en un adolescente, más aumenta el riesgo de que logre su propósito. Este riesgo es diecisiete veces mayor en aquel adolescente con historial, que en aquél que nunca lo ha cometido. Preguntas directas a los niños y adolescentes en cuanto a los pensamientos suicidas son necesarias, debido a que los estudios consecuentemente demuestran que los padres no son conscientes de tales ideas en sus niños.

Pobre control en la conducta

La conducta disruptiva en niños y adolescentes, cuyos indicadores son la impulsividad y la pobre tolerancia a la frustración, producto de un trastorno de conducta o trastorno de déficit de atención e hiperactividad, es un indicador de alto riesgo suicida.

Historial de suicidio en la familia

Aunque la conducta suicida no se hereda, existen factores hereditarios en la predisposición a padecer ciertas enfermedades mentales que eventualmente pueden desembocar en un suicidio. Niños y adolescentes que se suicidaron o que incurrieron en actos suicidas no fatales tenían un historial de padres y hermanos con conducta suicida o de haberse suicidado. La presencia de un historial familiar de conducta suicida señala la transmisión potencial a otro miembro de la familia de una enfermedad psiquiátrica que actúa como un estresor y es muestra de vulnerabilidad a la conducta suicida. Un estudio de familia en el "Old Order Amish" indica que los trastornos del estado de ánimo y la propensión al suicidio corren independientemente.[44]

Eventos negativos en la niñez

La experiencia de múltiples eventos negativos en la niñez o adolescencia ej. abuso físico y sexual, problemas de comunicación con sus padres, suspensión en la escuela, suicidio de un amigo, entre otros, conduce a un alto riesgo de intento suicida. El abuso físico y sexual en los niños y adolescentes suponen un riesgo cinco y siete veces mayor, respectivamente, de intento suicida en el adulto joven.

Problemas de conducta; constantes confrontaciones con su entorno

(ej. familia, escuela, comunidad).

---

[44] Textbook of Mood Disorder, Dan J. Stein, M.D., PH,D., David J.Kupfer, M.D., and Alan F. Schatzberg, M.D.- 2006, pág. 492.

Capítulo 6

Fases de Tratamiento Farmacológico para Trastornos Afectivos

Una de las preguntas que frecuentemente me hacen los pacientes es por cuánto tiempo van a utilizar la medicación. Entiendo que ésta pregunta obedece a :

1. La creencia popular de que los medicamentos psiquiátricos intervienen o entorpecen la capacidad de pensar correctamente.

2. La creencia popular de que todos los medicamentos psiquiátricos producen efectos sedativos o sueño.

3. La creencia popular de que todos los medicamentos psiquiátricos producen dependencia química.

A continuación discutiré las tres fases de tratamiento farmacológico para los trastornos afectivos.

Etapas durante un tratamiento antidepresivo

Figura 2

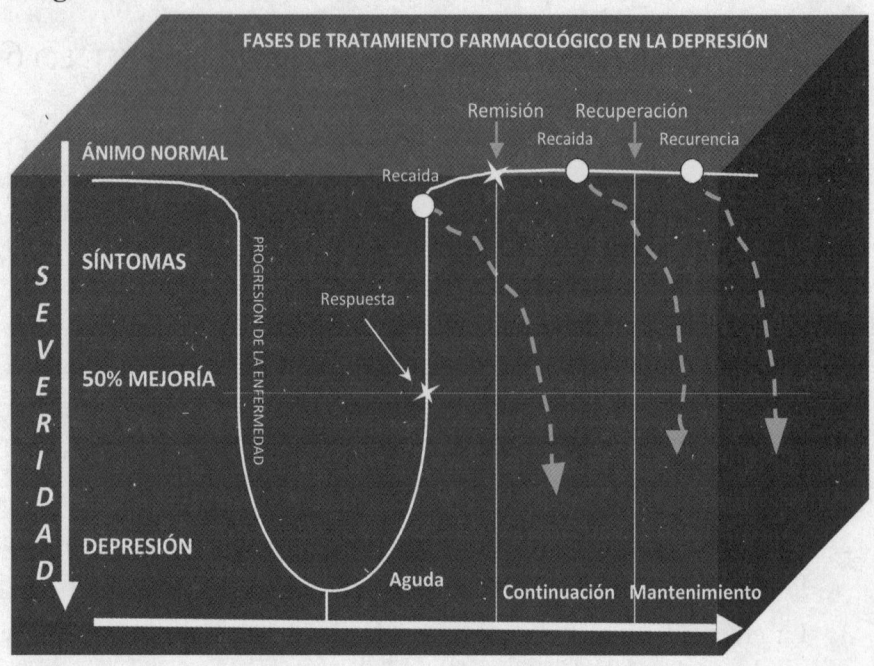

FASES DE TRATAMIENTO FARMACOLÓGICO EN LA DEPRESIÓN

Etapa Aguda

Es cuando el paciente presenta los síntomas activos de la depresión. Esta etapa dura de 2 a 4 meses desde la respuesta inicial con un antidepresivo hasta la ausencia de síntomas. La meta es controlar los síntomas agudos. La combinación de diversas modalidades de psicoterapia – individual, en pareja, familiar o grupal aumenta significativamente la efectividad del tratamiento. En mi práctica profesional, esta combinación ha resultado exitosa, en la gran mayoría de los casos.

Etapa de Continuación

Esta etapa dura de 4 a 9 meses, después del tratamiento de la fase aguda (2 a 4 meses). La etapa de continuación es una extensión de la fase del tratamiento agudo. El paciente debe entender que en esta etapa no va a presentar síntomas de depresión. No obstante, a pesar de sentirse bien, hay que continuar el tratamiento, para prevenir las recaídas. En general, el antidepresivo que produjo éxito en eliminar los síntomas de depresión, debe ser continuado en la misma dosis durante este periodo. Comunicarle al paciente que debe continuar con la medicación no empece a sentirse mejor no es tarea fácil para el facultativo, dada la resistencia natural antes expresada. Es bien común en la práctica que pacientes que han abandonado el tratamiento regresen con una crisis, hasta peor que con la que iniciaron el tratamiento.

Mantenimiento

Se mantiene el tratamiento antidepresivo por un año o más, para prevenir nuevos episodios. Ciertos factores pueden influenciar en la decisión de un tratamiento a largo plazo. El más importante es la presencia de un historial de varios episodios de depresión en el pasado o episodios crónicos. Otros factores son el presentar un historial de recuperación incompleta, ideacion suicida significativa o deterioro en el funcionamiento psicosocial. La duración de este periodo no está clara, y las recomendaciones varían desde 5 años hasta un tratamiento indefinido. Frecuentemente se prefiere el mismo medicamento que se ha utilizado para la fase aguda y de continuación.

Las fases R durante un tratamiento antidepresivo

Puede presentar un paciente cinco fases y todas empiezan con la letra R. Durante cada fase que se discuta, favor de ir a la figura 2.

Respuesta

Es cuando el paciente ha presentado una reducción de, al menos, un 50% de sus síntomas depresivos. El paciente se siente mejor pero no completamente bien. En pacientes tratados con antidepresivos, el 67% va a tener respuesta, mientras el 33% no. Por tal razón es importante la combinación de la farmacoterapia con la psicoterapia.

Remisión

Es cuando ya no presenta el paciente los síntomas de depresión después de un tratamiento exitoso en la etapa aguda. Sólo una tercera parte de los pacientes experimentan remisión. En pacientes que responden al tratamiento, muchos expertos favorecen una continuación de la terapia antidepresiva por un periodo mínimo de 6 meses seguido de la remisión.[45]

En pacientes que no alcanzan la remisión completa de síntomas, los síntomas residuales más comunes o que van a permanecer son insomnio, fatiga, quejas físicas dolorosas, problemas en la concentración y falta de interés. Los síntomas residuales menos comunes son el estado de ánimo deprimido, ideación suicida, y retardación psicomotora.[46] La meta del tratamiento en la depresión es la completa remisión de síntomas.

Recaída

Cuando la depresión retorna antes de que se presente una remisión completa de síntomas o dentro de los primeros meses después de la remisión de síntomas. Este término se utiliza para describir el resurgir de los síntomas de depresión, por ejemplo, el volver a estar triste, llorar con frecuencia, insomnio, agitación entre otros. Esta situación ocurre al abandonar el tratamiento, muchas veces en la fase de remisión, por que se sienten bien y creen que ya no es necesario continuar con el medicamento. Yo lo comparo con la utilización de los antibióticos. Un médico le indica un antibiótico por diez días para una infección en la orina, pero el paciente, al sentirse bien, abandona la medicación antes de lo indicado, y los síntomas resurgen.

Recuperación

Cuando ocurre una ausencia de síntomas de depresión por un periodo de 6 a 12 meses. La remisión entonces es considerada como una recuperación. Alcanzar la remisión y la recuperación son las metas cuando tratamos a un paciente con depresión.

---

45 Jerrold F. Rossenbaum, George W. Arana, Steven E. Hyman, Lawrence A. Labbate, Mauricio Fava- Handbook of Psychiatric Drug Therapy- Fifth Edition-2005, pág.70.

46 Stahl's Essential Psychopharmacology- Stephen M. Stahl, Third Edition-2008, pág. 517.

Recurrencia

Cuando la depresión retorna después de que el paciente se ha recuperado de un episodio de depresión. Un trastorno recurrente existe cuando vuelve un episodio de depresión luego de un periodo de, al menos, dos meses consecutivos en los que no hubo depresión. Según estudios, si una persona ha tenido su primer episodio de depresión, la probabilidad de que el episodio se repita es de menos de 50%. Si ha tenido dos episodios de depresión, la probabilidad de que recurra es de un 50 a un 90%. Si ha tenido tres o más episodios de depresión, la probabilidad de que vuelva a ocurrir es mayor de 90%. Los factores de riesgo para que un episodio de depresión se repita o recurra son: recuperaciones incompletas de episodios previos, episodios depresivos severos e historial de múltiples episodios previos de depresión.

En resumen, contestando la pregunta sobre el tiempo que hay que utilizar el antidepresivo, le informo a mis pacientes que el tratamiento, en la mayoría de los casos, es a largo plazo. Un gran número de ellos necesitará tratamiento por un año o más. El ritmo de recaída, según estudios, disminuirá en un 10 a 20 %, si la medicación es continuada por un año completo, seguido de la recuperación.

Síndrome de retirada o descontinuación

Cuando el paciente presenta la fase de remisión o la ausencia de síntomas de depresión, puede abandonar abruptamente el tratamiento, por "sentirse bien" y el resultado es la presencia de síntomas que a menudo consisten de mareos, temblores, ansiedad,"sensaciones eléctricas", dolor de cabeza, insomnio, irritabilidad, náuseas (con vómito ocasional), y palpitaciones. Generalmente, los síntomas se presentan dos días después de la retirada del medicamento y pueden durar un promedio de 10 días.

La vida media[47] de un medicamento es importante para determinar la presencia o no del síndrome de retirada o descontinuación. Por ejemplo, la

---

47   Vida media – el tiempo requerido para que la cantidad del medicamento en el organismo se reduzca a la mitad durante el proceso de eliminación. Este parámetro es importante para determinar los intervalos de dosificación del medicamento.

fluoxetina, al poseer una vida media larga, rara vez produce un síndrome de descontinuación.

Por otro lado, el síndrome de descontinuación de la paroxetina y la venlafaxina es bien frecuente, por su vida media corta. El psiquiatra debe orientar al paciente, cuando lo trata con un antidepresivo de vida media corta, para determinar los pasos a seguir con relación a bajar la dosis gradualmente y finalmente descontinuar el medicamento.

Capítulo 7

Distimia y trastorno ciclotímico

Distimia y doble depresión

En un 5 a 10%, el episodio depresivo en pacientes sin tratamiento, puede durar dos años o más. Distimia es un término introducido en 1980, y es una forma crónica de depresión, menos severa, con una duración de, al menos, dos años, o producto de un estado de recuperación parcial de un episodio de depresión mayor. Estos pacientes no reúnen los criterios de una depresión mayor. Es decir, en lugar de tener cinco síntomas, para establecer el diagnóstico de depresión mayor, pueden tener uno o dos síntomas por dos años o más, por ej. refieren sentirse vacíos, que la vida no tiene sentido, tienen dificultad para dormir, una autoestima baja, pero, en general, funcionan en su vida diaria, aunque en menor grado. Aproximadamente 50% de los pacientes con trastorno distímico experimentan un comienzo insidioso de síntomas antes de los 25 años de edad.

Aunque la distimia puede ocurrir como una complicación secundaria de otros trastornos psiquiátricos, el concepto esencial del trastorno distímico se refiere a un trastorno depresivo subclínico con (1) una cronicidad de grado bajo de, al menos, 2 años; (2) comienzo insidioso, que se origina frecuentemente en la infancia o en la adolescencia; y un (3) curso intermitente o persistente. La historia familiar de pacientes con distimia está frecuentemente repleta, tanto de trastornos depresivos como de bipolaridad, y es uno de los hallazgos más sólidos que están asociados con los trastornos del estado de ánimo.[48]

---

[48] Concise Textbook of Clinical Psychiatry- Kaplan and Sadock's, Third Edition-2008, pág. 226.

El Instituto de Salud Mental estima que la distimia afecta aproximadamente a 1.5 porciento de la población de EE.UU. desde los 18 años de edad, o aproximadamente 3.3 millones de adultos americanos.[49] Aproximadamente 40% de adultos con distimia reúnen además criterios para reconocerles depresión mayor o bipolar I ó II, en el curso del trastorno.[50] Estudios de pacientes con el diagnóstico de distimia indican que aproximadamente 20 porciento progresa a depresión mayor, 15 porciento a bipolar II, y menos de 5 porciento a bipolar I. La distimia es más común en mujeres de menos de 64 años de edad y en hombres de cualquier edad; es más común entre personas jóvenes y solteros y en aquéllos con un ingreso bajo.[51]

Aunque la distimia es más leve que la depresión mayor, este trastorno puede tener unas consecuencias profundas para la calidad de vida y para el funcionamiento efectivo en múltiples roles de su vida. Esto es debido a la duración del trastorno distímico más que por el número de síntomas. En la distimia, para establecer el diagnóstico, es importante que se descarten otros problemas cuyos síntomas son muy parecidos; por ejemplo, una condición médica general como el hipotiroidismo, el uso de sustancias ilícitas como la marihuana, la anemia y aun ciertos tipos de cáncer.

Más del 70% de los pacientes con trastorno distímico desarrollan depresión mayor y van a tener episodios de depresión mayor recurrente sobreimpuesto al trastorno distímico (doble depresión)[52]. Estos pacientes con doble depresión tienen una menor probabilidad de remisión completa entre los episodios. La data apoya la conclusión de que el paciente con doble depresión tiene un pronóstico más pobre que los pacientes que presentan un trastorno único de depresión mayor. Un 10 a un 15 % de

---

[49] RC Kessler, WT Chin, O Demler, EE Water, " Prevalence, Severity, and Comorbility of Twelve-Month DSM IV Disorder in the National Comorbidity Susvey Replication (NCS-R)," Archives of General Psychiatry, 2005 June; 62(6): 617-27.

[50] DA Regier, WE Narrow, DS Rae, et al., "The De Facto Mental and Addictive Disorder Service System. Epidemiologic Catchment Area Prospective 1- Year Prevalence Rates of Disorder and Service, Archives of General Psychiatry 1993; 50 (2): 85-94.

[51] Concise Textbook of Clinical Psychiatry- Kaplan and Sadock's ,Third Edition-2008, págs. 226 y 228.

[52] Jerrold F. Rossenbaum, George W. Arana, Steven E. Hyman, Lawrence A. Labbate, Mauricio Fava- Handbook of Psychiatric Drug Therapy- Fifth Edition-2005, pág.56.

los pacientes remiten síntomas un año despues del diagnóstico inicial. Aproximadamente un 25 porciento de todos los pacientes con trastorno distímico nunca logran una recuperación completa. El beneficio del tratamiento es mantenido con una terapia continua de antidepresivos y técnicas de psicoterapia junto al tratamiento.[53]

Ciclotimia o trastorno ciclotímico

Criterios para el trastorno ciclotímico según el DSM-IV-TR

Según el DSM IV-TR, el trastorno ciclotímico se describe como:

A. Presencia, al menos, dos años, de numerosos episodios de síntomas hipomaníacos acompañados de numerosos periodos de síntomas depresivos que no cumplen con los criterios de un episodio de depresión mayor. En los niños y adolescentes la duración debe ser de, al menos, un año.

B. Durante el período mayor de dos años (un año en niños y adolescentes) la persona no ha dejado de presentar los síntomas del criterio A durante un periodo mayor a los dos meses.

C. Durante los primeros dos años de la alteración, no se ha presentado ningún episodio de depresión mayor, episodio maníaco o episodio mixto.

D. Los síntomas del criterio A no se explican mejor por la presencia de un trastorno esquizoafectivo y no están superpuestos a una esquizofrenia, un trastorno esquizofreniforme, un trastorno delirante o un trastorno psicótico no especificado.

E. Los síntomas no se deben a los efectos fisiológicos directos de una sustancia (por ej., una droga, un medicamento) o una enfermedad física (ej. hipertiroidismo)

---

[53] Concise Textbook of Clinical Psychiatry- Kaplan and Sadock's ,Third Edition-2008, pág. 228.

F. Los síntomas provocan malestar clínicamente significativo o deterioro social, laboral o de otras áreas importantes de la actividad del individuo.

Datos sobre el trastorno ciclotímico

El trastorno ciclotímico es una forma leve del trastorno bipolar II. Es caracterizado por estados de ánimo entre hipomanía y distimia que no cumplen los criterios para un episodio de depresión mayor ni un episodio maníaco. Dependiendo del criterio utilizado, entre 0.3 a 6.0% de la población tiene ciclotímia. El 50 al 75% de todos los pacientes ciclotímicos tienen un comienzo insidioso de la condición entre los 15 y los 25 años de edad. Los hombres y las mujeres tienen igual porciento de probabilidad de desarrollar ciclotímia. Aproximadamente 30 porciento de todos los pacientes con trastorno distímico tienen historial familiar positivo para trastorno bipolar I.[54]

El investigador Akiskal considera la ciclotimia como un prodromo de una patología bipolar más severa. El trastorno ciclotímico es usualmente crónico y aproximadamente un 50% de los pacientes más tarde desarrollará bipolaridad I ó II. En estudios de seguimiento de dos a tres años por Akiskal (1977), un 6 % de pacientes con ciclotimia desarrollaron episodio maníaco, mientras que 25% presentaron al menos un episodio de depresión mayor y 16% desarrollaron hipomanía (Akiskal et al. 1979).

Las familias de personas con trastorno ciclotímico frecuentemente tienen miembros con trastorno relacionado con sustancias. El abuso del alcohol y sustancias (marihuana, cocaína, amfetaminas, alucinógenos) es común en el paciente con trastorno ciclotímico. La mitad de los pacientes ciclotímicos informaron episodios de abuso de alcohol y/o drogas. Aproximadamente el 5 al 10 porciento de todos los pacientes con trastorno ciclotímico presentan una dependencia a sustancias.

La depresión mayor comienza aproximadamente a los 20 años de edad, cuando se sobreimpone una ciclotímia, aproximadamente 20 años más

---

[54] Concise Textbook of Clinical Psychiatry- Kaplan and Sadock's ,Third Edition-2008, pág. 229.

temprano que el comienzo de una depresión unipolar (Akiskal et al. 1979).

Es común que los trastornos psiquiátricos y médicos se presenten en el paciente con ciclotímia. Cuando se compara con individuos que no son bipolares, el paciente con ciclotimía tiene un aumento en los trastornos de ansiedad (30% vs. 6%), ataques de pánico (18% vs. 4%), migraña (24% vs 11%), asma (17% vs 10%), y alergias (42% vs 29%) (Calabrese et al. 2003). Además se ha informado un aumento en el ritmo de ansiedad de separación, pánico, obsesión compulsión, trastorno sobreansioso; trastorno de hiperactividad y déficit de atención; trastorno de conducta desafiante-oposicional; y depresión mayor y disforia submayor (Lewinsohn et al. 1995; Perugi et al. 2003), además de bulimia, trastorno de personalidad "borderline" y personalidad dependiente (Perugi et al. 2003) y abuso de alcohol y droga (Akiskal et al. 1979; Gawin and Ellinwood 1988; Lewinsohn et al. 1995; Mirin et. al. 1991; Perugi et al. 2003).[55]

Los síntomas del trastorno ciclotímico son idénticos a los síntomas del trastorno bipolar II, excepto que son generalmente menos severos. En ocasiones, los síntomas pueden ser igualmente severos pero de menor duración que el bipolar II. Aproximadamente la mitad de todos los pacientes con trastorno ciclotímico tiene depresión, y es más probable que busque ayuda psiquiátrica mientras esté deprimida. Casi todos los pacientes con trastorno ciclotímico tienen periodos de síntomas mixtos con irritabilidad. En los trastornos ciclotímicos, los cambios de estado de ánimo son irregulares y abruptos, y algunas veces ocurren en cuestión de horas. La naturaleza impredecible de los cambios de estado de ánimo produce gran estrés. El paciente frecuentemene siente que su estado de ánimo está fuera de control.

---

[55] Textbook of Mood Disorder, Dan J. Stein, M.D., PH,D., David J.Kupfer, M.D., and Alan F. Schatzberg, M.D.- 2006, págs. 554 y 555.

APUNTES

50

Capítulo 8

La neurona

La neurona o célula nerviosa es la únidad básica del cerebro y de todos los otros tejidos del nervio. Las funciones del cerebro son llevadas a cabo a través de interacciones de millones de neuronas. Muchas neuronas tienen las mismas características básicas:

- axon
- dendritas
- cuerpo de la célula

Figura 3

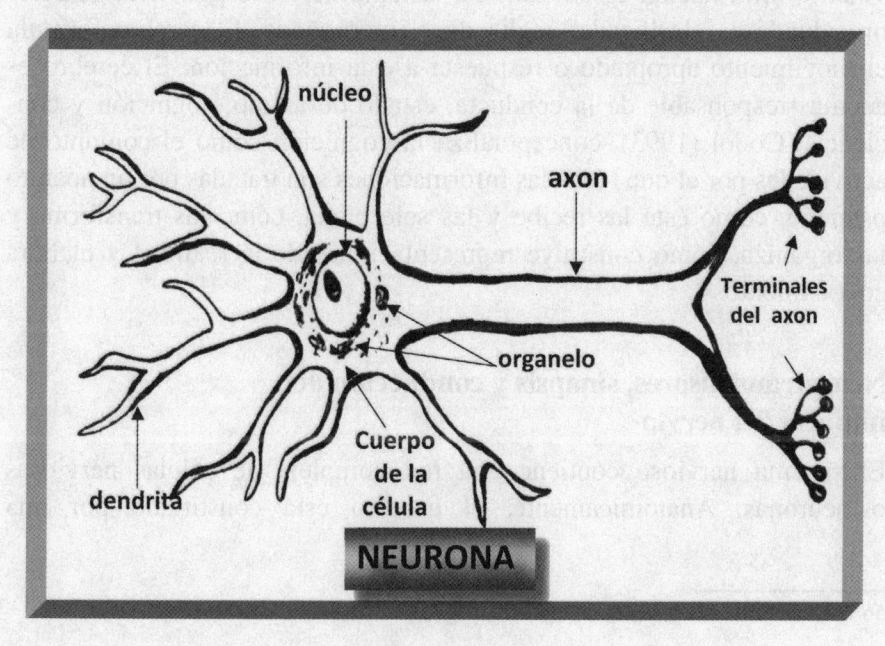

El cuerpo celular contiene el núcleo y otros organelos que tienen la función de mantener la vida de la célula. Cada neurona tiene una o varias dendritas, que son extensiones o especies de ramas que reciben señales del nervio en forma de impulsos eléctricos de otras neuronas y conduce estas señales al cuerpo de la célula.

Cada neurona tiene al menos un axon, una extensión tubular que lleva impulsos del nervio de la neurona hacia otras neuronas u otras células. Cada axon termina en muchas ramas finas especializadas llamadas terminales, las regiones en donde las neuronas transmiten impulsos a otras células.

El sistema nervioso central

El sistema nervioso es generalmente descrito de acuerdo con las siguientes divisiones:

- El sistema nervioso central (CNS, por sus siglas en inglés) que consiste del cerebro y el cordón espinal
- El sistema nervioso periférico, que consiste de los nervios sensoriales y motores en el resto del cuerpo.

Toda la información es enviada del sistema nervioso periférico al cerebro, donde es clasificada, analizada e interpretada. El cerebro formula el movimiento apropiado o respuesta a esta información. El cerebro es además responsable de la conducta, estado de ánimo, cognición y conciencia. Codol (1993), conceptualiza la cognición como el conjunto de actividades por el que todas las informaciones son tratadas por un aparato psíquico, cómo éste las recibe y las selecciona, cómo las transforma y las organiza, cómo construye representaciones de la realidad y elabora conocimientos[56].

Neurotransmisores, sinapsis y conducción del impulso del nervio

El sistema nervioso contiene una red compleja de células nerviosas o neuronas. Anatómicamente, el cerebro está constituido por una

---

56   Walter Riso -2006, Terapia Cognitiva, pág. 81.

serie de conexiones entre neuronas, parecido al alambrado de un cuadro telefónico.

La figura a continuación representa el ejemplo de dos neuronas; presináptica (antes de la sinapsis) y postsináptica (después de la sinapsis).

Figura 4

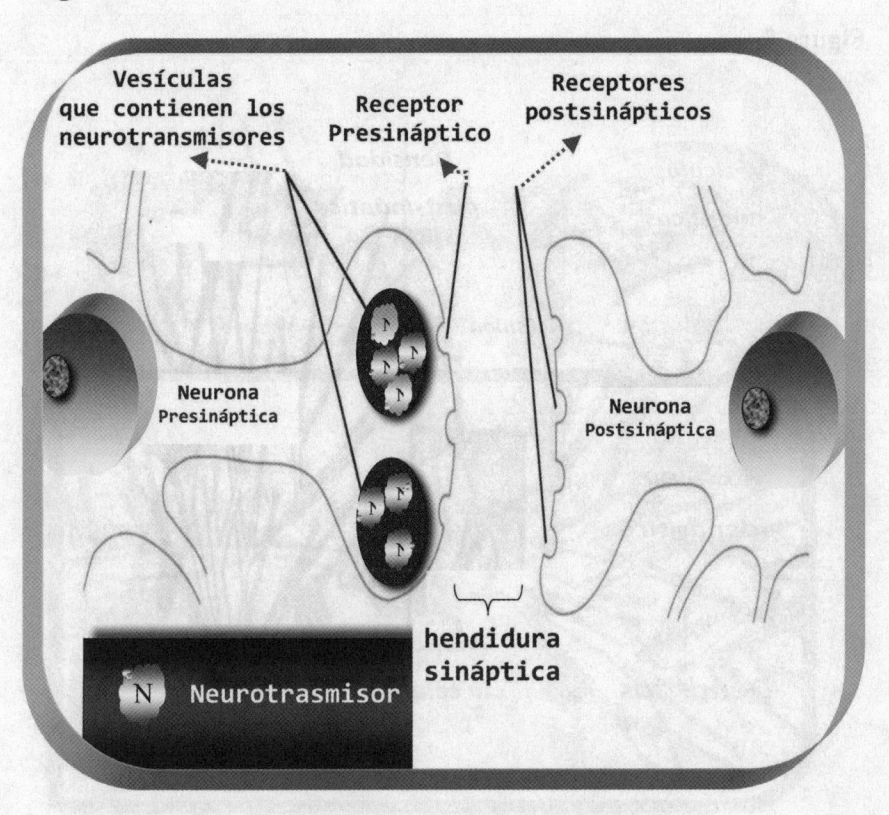

La sinapsis es un espacio, entre dos neuronas, con una estructura especializada donde ocurre la neurotransmisión quimica.

Se estima en alrededor de 100 billones de neuronas con más de 100 trillones de sinapsis en un cerebro humano. La neurona presináptica posee en su interior unas vesículas que contienen los neurotransmisores, que son los mensajeros químicos que transmiten impulsos de una neurona a otra. La presencia de un impulso eléctrico libera neurotransmisores químicos a la sinapsis. Las neuronas reciben información y luego la transmiten a la próxima neurona, utilizando los neurotransmisores. Ya dentro de la sinapsis, los neurotransmisores se dirigen a las dendritas, frecuentemente unas estructuras especializadas llamadas, espinas dendríticas, que es la porción final de la neurona post sináptica, que contiene los receptores para recibir el neurotransmisor.

Figura 5

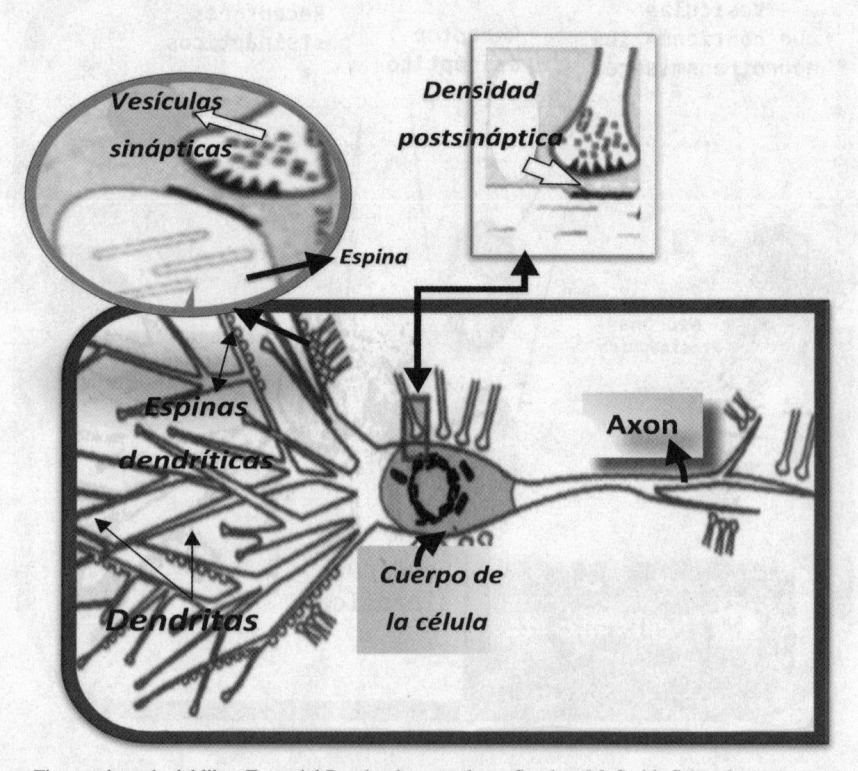

Figura adaptada del libro Essential Psychopharmacology, Stephen M. Stahl- Segunda Edición-2000 pag.3

Esta unión del neurotransmisor con el receptor específico en la superficie post sináptica puede resultar en una de dos acciones:

- Activar la célula, generando la señal del nervio en la neurona postsináptica.

- "Trigger" o disparar el proceso haciendo lo opuesto, inhibiendo el desarrollo del impulso del nervio.

Cada neurona puede recibir impulsos de muchas otras células; algunos activan y otros inhiben. La conducta de una neurona va a estar determinada por la suma de los impulsos que recibe. La unión de un neurotransmisor con el receptor es reversible. Cuando el complejo formado entre el neurotransmisor y el receptor se disocia, el neurotransmisor y el receptor son libres para funcionar de nuevo. Ya libre en la sinapsis, el neurotransmisor puede removerse, a través de "pumps" o bombas específicas en la membrana de la célula presináptica, desde la sinapsis a la neurona presináptica por un proceso que se conoce como recaptación.

Una vez en la neurona presináptica, el neurotransmisor se puede reincorporar en la vesícula o descomponerse a través de una variedad de enzimas, como es la monoaminoxidasa (MAO).

Figura 6

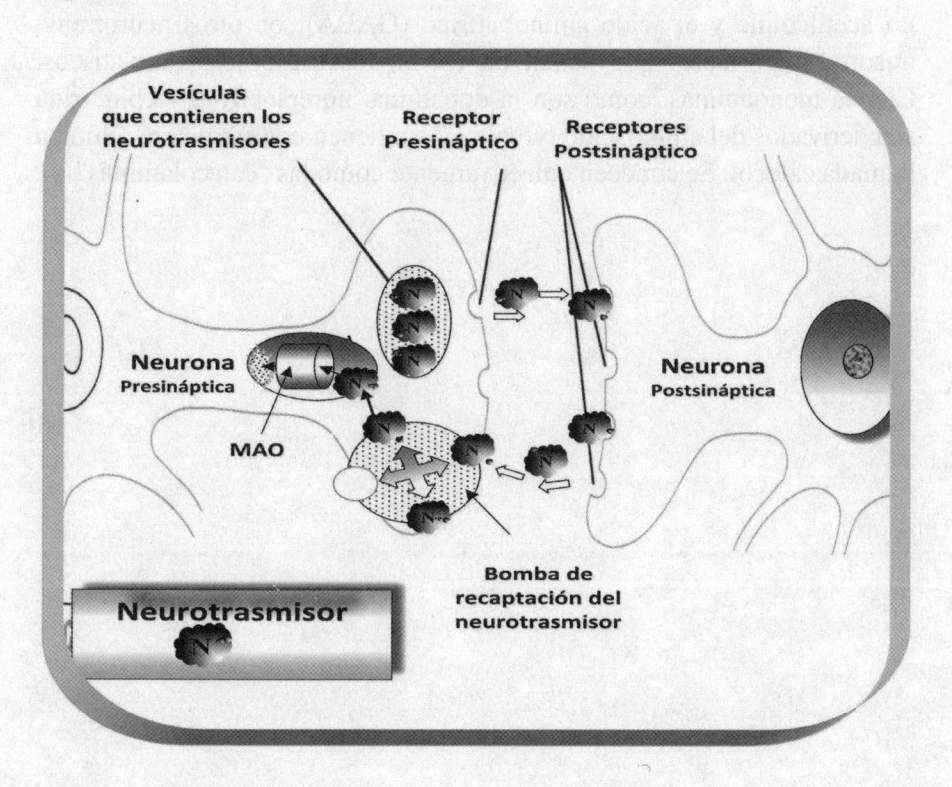

Neurotransmisores y receptores

Existen cientos de diferentes neurotransmisores, cada uno con posibles docenas de diferentes receptores. Esto produce un sistema complicado de procesar información. Hoy en día se conoce que muchas neuronas pueden tener más de un neurotransmisor.

El grupo de neurotransmisores que desempeñan un rol importante en los trastornos psiquiátricos son conocidos como las "monoaminas", debido a que son derivados de aminoácidos, incluye:

1. serotonina
2. norepinefrina
3. histamina
4. epinefrina
5. dopamina

La acetilcolina y el ácido aminobutírico (GABA) son otros neurotransmisores importantes que tienen un rol en los trastornos psiquiátricos. Ciertas monoaminas, como son la dopamina, norepinefrina y epinefrina son derivados del aminoácido tyrosina y contienen una estructura química llamada catecol. Se conocen colectivamente como las "catecolaminas".

Capítulo 9

Las monoaminas

Tipos de receptores de "monoaminas":

Neurotransmisor	Algunos tipos y subtipos de receptores
Serotonina	Receptores de serotonina 5-HT 1A, 5H-T1B, 5H-T1D, 5H-T1E, 5H-T1F, 5H-T2A, 5H-T2B, 5H-T2C, 5-TH3,5-HT4, 5-HT5, 5-HT6, 5-HT7
Dopamina	Receptores dopamina D1,D2,D3,D4,D5
Acetilcolina	Receptores colinérgicos muscarinicos: M1, M2, M3, M4, M5 nicotinico
Norepinefrina y Epinefrina	Receptores adrenérgicos Alfa1A, Alfa1B, Alfa1D, Alfa2A, Alfa2B, Alfa 2C Beta 1, Beta 2, Beta 3
Histamina	Receptores histamínico H1, H2, H3

Disfunción de la red del cerebro

El tejido cerebral consiste de dos tipos de células, las neuronas y las glias. Las neuronas son las que más predominan en el cerebro. Las glias (astrocitos, oligodendrocitos y microglias) son las estructuras de soporte del sistema nervioso. El punto de origen de los desórdenes neuropsiquiátricos a nivel célular y molecular es la neurona y la sinapsis. La mayoría de los desórdenes psiquiátricos son un proceso erróneo en el desarrollo neuronal de los circuitos o conexiones individuales que sufren modificaciones constantemente. Si estas conexiones neuronales son aberrrantes y negativas, especialmente en el proceso de embriogénesis[57], causan que las condiciones psiquiátricas se desarrollen y se fijen de por vida o que se manifiesten un poco más adelante. Se van a manifestar de manera independiente en cada persona y como responda al ambiente.

En las primeras etapas de la vida hay una predisposición mayor, si el ser humano se expone a un ambiente de estrés o de alta tensión. Kraepelin (1921) fue el primero en observar que los episodios iniciales de manía o depresión eran frecuentemente precipitados por estresores psicosociales, pero, con la presencia de suficientes recurrencias, el grado de estrés requerido era menor y los episodios surgían de manera espontánea. En un estudio de más de 600 pacientes de la Red Bipolar de la Fundación de Stanley, los pacientes que presentaban un historial de extrema adversidad ambiental en edad temprana (abuso sexual o físico en la infancia o adolescencia) frecuentemente presentaban un inicio temprano de la enfermedad bipolar; un mayor curso pernicioso de la enfermedad, y mayor comorbilidad en los Axis I, II y III (Leverich et al. 2007).

La presencia de estresores temprano en la vida puede aumentar la sensibilidad a subsiguientes estresores, que van a precipitar episodios iniciales de manía o depresión Una teoría propuesta para explicar esta observación es que el estrés que acompaña el primer episodio resulta en unos cambios de larga duración en la biología del cerebro. Estos cambios de larga duración pueden alterar el estado funcional de varios neurotransmisores y los sistema de señales intraneuronales, cambios que pueden incluir la pérdida

---

57 Embriogénesis- La producción de un embrión. El desarrollo de un nuevo individuo a través de la reproducción sexual.

de neuronas y una excesiva reducción en los contactos sinápticos. Como resultado, una persona puede tener un alto riesgo de presentar subsecuentes episodios de un trastorno de ánimo, aun sin un estresor externo.[58] Por tal razón, es importante el comportamiento de la neurona en un ambiente de alta tensión. Las neuronas reciben información de miles de neuronas y esta información es llevada a otras áreas dentro de la misma red. En las etapas tempranas es mayormente genético, pero en la adultez es multifactorial.

Hay muchos factores extrínsecos e intrínsecos que compiten para que la neurona pueda tener estas conexiones de manera individual y localizada en diferentes áreas del cerebro. La neurogénesis (desarrollo del tejido nervioso) no se detiene en el proceso de maduración y continúa en múltiples regiones. El cerebro es un objeto con plasticidad o maleable que puede modificarse aun en la adultez, aunque en menor grado. Dada la plasticidad del cerebro, hay unos procesos exógenos a la genética pura que tienden a modificar el comportamiento y las interconexiones neuronales. El funcionamiento óptimo de estas conexiones está muy ligado a cuán fuerte son las comunicaciones entre célula y célula.[59]

El evento estresante en la vida más frecuentemente asociado con la depresión es la pérdida de un padre antes de los 11 años de edad. El estresor ambiental más frecuentemente asociado con el comienzo de un episodio de depresión es la pérdida de un cónyuge. Otro factor de riesgo es el desempleo; las personas sin trabajo tienen tres veces más probabilidad de informar sintomas de depresión que aquellos que están empleados.

Hipótesis de las monoaminas - receptor neurotransmisor

La primera teoría que ofrece una explicación biológica para la causa de la depresión es la hipótesis de las monoaminas. Tres neurotransmisores han sido implicados en la patofisiología y tratamiento de los estados de ánimo. Estos son la norepinefrina (NE), dopamina (DA) y serotonina (5HT),

---

[58] Concise Textbook of Clinical Psychiatry- Kaplan and Sadock's ,Third Edition-2008, pág. 204.

[59] Extracto de la conferencia ofrecida por el psiquiatra, Dr. Jorge González Barreto, en un hotel de San Juan, P.R. el 18 de abril de 2008.

y se les llama el sistema de neurotransmisores "trimonoaminérgico". Estas tres monoaminas frecuentemente trabajan en concierto. Se postula que muchos de los síntomas de los estados de ánimo se deben a disfunción de varias combinaciones de estos tres sistemas. Esencialmente, todos los tratamientos conocidos para los trastornos del ánimo actúan en uno o más de estos tres sistemas.[60] La teoría de las monoaminas sugiere que el sistema de neurotransmisor trimonoaminérgico puede estar funcionando inadecuadamente en varios circuitos del cerebro, con diferentes neurotransmisores envueltos, dependiendo del perfil de los síntomas del paciente. De acuerdo con esta teoría, una deficiencia en serotonina, norepinefrina y/o dopamina produce depresión. Por lo tanto, un aumento en estos neurotransmisores reduce los sintomas de depresión. En 1950, unos investigadores descubrieron que ciertas drogas que disminuían los niveles de monoaminas parecía que inducían a depresión en los pacientes, mientras que drogas que aumentaban los niveles de monoaminas aliviaban la depresión.

Los neurotransmisores interactúan con múltiples tipos de receptores en el cerebro, para regular la vigilancia, atención, estados de ánimo, proceso sensorial, funciones del apetito y otras funciones del estado global. Debido a esto, las anormalidades en la función de los neurotransmisores pueden estar asociadas a un estado de ánimo deprimido y la presencia de otros síntomas.

Los trastornos de ansiedad, como son la conducta obsesiva compulsiva, trastornos de pánico, ansiedad generalizada, ansiedad social, trastorno disfórico premenstrual y trastorno de estrés post traumático están asociados con anormalidades en la serotonina. Una deficiencia de serotonina fue postulada como un factor de vulnerabilidad en el desarrrollo de enfermedades afectivas recurrentes (Coppen et al. 1972) y un aumento en la impulsividad asociado con intentos suicidas y suicidios.[61]

Niveles anormales de dopamina están asociados con disminución en la motivación y atención, elentecimiento cognitivo y disminución en la

---

60 Stahl's Essential Psychopharmacology- Stephen M. Stahl, Third Edition-2008, pág. 474.

61 Clinical Manual for Management of Bipolar Disorder in Children and Adolescents, Robert A. Kowatch, M.D., Ph.D.,Mary A. Fristad, Ph.D., A.B.P.P.-2009, pág. 106.

habilidad de experimentar placer. Anormalidades en el neurotransmisor norepinefrina están asociadas a letargia, disminución en la energía y disminución en la atención. Tanto la serotonina como la norepinefrina actúan en los trastornos de ansiedad.

Para que haya un estado normal, o sea, la ausencia de depresión, tiene que haber cantidades adecuadas del neurotransmisor en la sinapsis. La deficiencia de neurotransmisores en la sinapsis se produce por un proceso llamado recaptación, en el cual dichos neurotransmisores son removidos, desde la sinapsis a la neurona presináptica. Por lo tanto, la recaptación produce una deficiencia de neurotransmisores en la sinapsis, y ello, depresión.

Figura 7

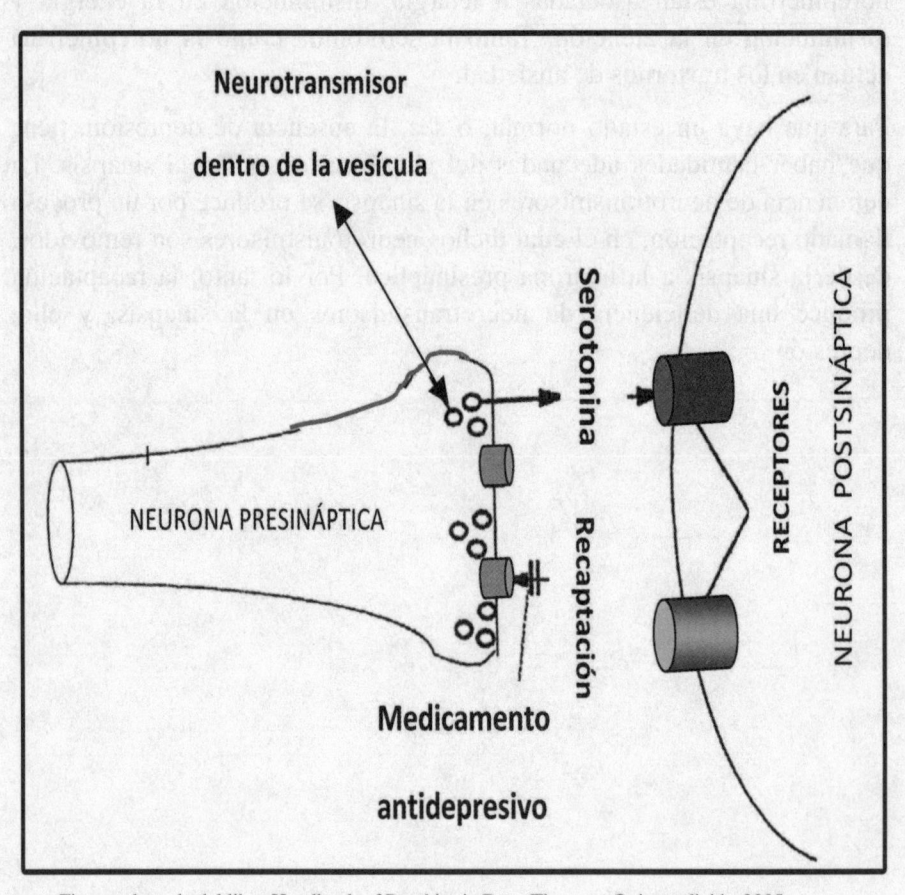

Figura adaptada del libro Handbook of Psychiatric Drug Therapy- Quinta edición-2005

Los antidepresivos bloquean la recaptación, evitando que el neurotransmisor sea removido hacía dentro de la neurona presináptica, aumentando la concentración de éstos en la sinapsis y evitando el desequilibrio químico, compensando así la relativa deficiencia. En la figura 7 se observa, por un lado, como la serotonina se libera de las vesículas en la neurona presináptica a los receptores postsinápticos. Y, por otro lado, el antidepresivo bloquea o evita la remoción de la serotonina desde la sinapsis, a la neurona presináptica. Se produce así un aumento de la serotonina a través de la sinapsis. Los antidepresivos, por lo tanto, producen un balance o equilibrio químico. Los antidepresivos que bloquean selectivamente la recaptación del neurotransmisor serotonina pertenecen a un grupo llamado los inhibidores de recaptación de serotonina, que discutiré con amplitud más adelante.

Sin embargo, ésta teoría no explica completamente la acción de los antidepresivos. Hay una falta de evidencia convincente que justifique que la depresión es causada únicamente por un estado de inadecuada neurotransmisión de serotonina o norepinefrina. Muchos investigadores consideran, que el efecto que ejercen los antidepresivos es una cascada de eventos biológicos, con el propósito de cambiar la expresión de genes, a fin de lograr un efecto en la respuesta antidepresiva.

Hipótesis de las monoaminas - expresión del gen en estrés y depresión

El término estrés se aplica a las presiones que las personas tienen en su vida diaria. Es la más común y universal de las emociones básicas del ser humano, y se encuentra presente a lo largo de toda la vida. Nos ayuda a mantenernos alerta y en condiciones de enfrentar desafíos. El estrés constituye una reacción emocional ante la percepción de una amenaza o peligro, y su finalidad es la protección del individuo. Se manifiesta como una descarga en nuestro organismo, producto de la forma en que el individuo percibe la realidad y cuya intensidad y duración varía de una persona a otra.

Durante un período de estrés, se activa el sistema de alarma y todo el organismo se condiciona para la lucha. En segundos, tanto el cerebro, los músculos, el corazón, la presión arterial, la respiración y las demás funciones se activarán al máximo para enfrentar la situación. Esto se denomina un estrés agudo.

Un estrés que se prolonga o sobrepasa en intensidad o frecuencia a lo habitual, se torna crónico y desproporcionado, resultando en una disminución de la expresión genética del factor neurotrófico derivado del cerebro- (BDNF, por sus siglas en inglés).

La función del BDNF es mantener la viabilidad, protegiendo las neuronas del cerebro. Pero bajo estrés, el gen para el BDNF, es reprimido.[62] La función del BDNF es necesaria para el crecimiento y sobrevivencia de las neuronas, y para hacer nuevas conexiones sinápticas que son importantes para el aprendizaje y la memoria a largo plazo. Un estrés desproporcionado y continuo va a producir una disminución en el crecimiento y sobrevivencia de las neuronas, produciendo neuronas aisladas. Una neurona sola no sirve para nada. La base de todo esto es la comunicación.

Figura 8

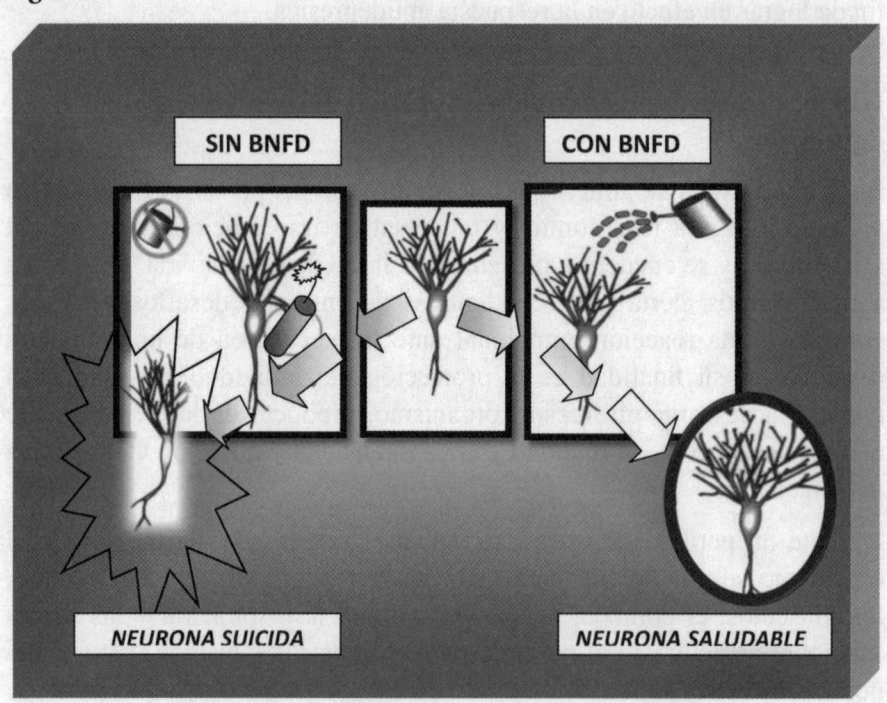

Figura adaptada del libro Essential Psychopharmacology- Segunda Edición-2000

Yo comparo el BNFD con el mantenimiento de un jardín. Si no mantengo un jardin, suministrándole agua en cantidades adecuadas, nutriéndolo con

---

62 Essential Psychopharmacology- Stephen M. Stahl, Segunda edición-2000, pág.187.

abono y podándolo regularmente, el jardín se va a deteriorar; así es el BNFD en las neuronas.

Una depresión o un estrés crónico produce unas neuronas vulnerables a atrofia[63] y posible apostosis cuando el factor neurotrófico es interrumpido. La apostosis consta de una programación dentro del genoma de varias células, incluidas las neuronas, que, cuando se activa, causa que la célula se suicide o autodestruya. Una alteración del BDNF puede afectar la función del cerebro, produciendo un aumento de los cambios neuronales, haciendo el cerebro más vulnerable a episodios futuros. En los pacientes con depresión unipolar, así como en el paciente bipolar deprimido, el BDNF esta disminuído, pero, con tratamiento, tiende a aumentar hacia lo normal. Similarmente, los episodios de manía están también asociados a una disminución del BDNF como un indicio de severidad del episodio. Es importante señalar que, durante el tratamiento, la disminución del BDNF no es aparente durante la eutimia o durante el episodio de sentirse "bien". Kapezinski y colegas (2008) informaron que la células blancas en la sangre (WBC, por sus siglas en inglés) mostraron evidencia de estrés oxidativo durante cada episodio afectivo (Andreazza et al. 2007). El estrés oxidativo genera radicales libres y otras toxinas celulares que son destructivas del funcionamiento y sobrevivencia de la célula.[64]

Los estudios evidencian que la administración de antidepresivos resulta en un aumento en la expresión genética del BNFD, desarrollando neurogénesis y sobrevivencia de las neuronas, mientras que la exposición a un estrés continuo disminuye la neurogénesis. El estrés tiene efectos detrimentales en la sobrevivencia de las neuronas, y los antidepresivos evitan la degradación neuronal inducida por el estrés, revirtiendo el proceso.[65]

---

63 Atrofia- Disminución en el tamaño de la célula, tejido u órgano.

64 Clinical Manual for Management of Bipolar Disorder in Children and Adolescents, Robert A. Kowatch, M.D., Ph.D.,Mary A. Fristad, Ph.D., A.B.P.P.-2009, pág. 69.

65 Treatment of Psychiatric Disorders- Glen O. Gabbard's-2007, pág. 386.

Apuntes

Capítulo 10

Relación entre depresión y estrés

Hipótesis de neuroprotección

Es frecuente la preocupación de pacientes con relación a la utilización de medicamentos para la depresión, bipolaridad o alguna otra condición emocional. Les preocupa que, al utilizar medicamentos, dejen de ser funcionales en el trabajo, con su familia y en otros aspectos de la vida diaria. Hay personas que creen que estos medicamentos, aprobados por la Food and Drug Administration (FDA, por sus siglas en inglés) le van a hacer daño, incluso, a su cerebro. Estas ideas son totalmente erróneas. La hipótesis actualizada sobre los antidepresivos y los agentes antimaníacos refieren que estos tienen múltiples mecanismos de acción. Promueven el crecimiento de áreas del cerebro, aumentan la comunicación entre las neuronas y el crecimiento celular, además de proteger las neurona del estrés. Los antidepresivos son neuromoduladores y neuroprotectores. Esta hipótesis es objeto de intensa investigación.[66]

La Dra. Bárbara Díaz, primera Presidenta y miembro fundador del Colegio Puertorriqueño de Neurosicofarmacología, sostiene que la depresión es una enfermedad seria, que no sólo mata neuronas, sino que también es sistémica, y por lo tanto, hay que prevenirla o tratarla a tiempo. A largo plazo, la depresión es neurodegenerativa y también puede provocar otros daños físicos tales como infartos, pérdida de masa ósea, derrames, problemas inmunológicos, desórdenes gastrointestinales, dolores de artritis, fibromialgia, demencia y otros padecimientos que son reales.[67]

---

66 Treatment of Psychiatric Disorders- Glen O. Gabbard's-2007, pág. 386.
67 Periódico Primera Hora- 5 de febrero de 2008. pág.4.

Estudios publicados por cardiólogos demuestran que la coexistencia de un infarto al corazón en un paciente previamente deprimido aumenta de 3 a 4 veces la mortalidad en el paciente.[68] Por lo tanto, los medicamentos indicados para la depresión y la bipolaridad protegen al cerebro, evitando la destrucción de este órgano.

Depresión y estrés vs. HPA

Frente a una situación de estrés se activa en el cerebro el eje hipotálamo- pituitaria- glándula adrenal (HPA, por sus siglas en inglés).

El hipotálamo está localizado en el medio de la superficie cerebral inferior.

Figura 9

Hipotálamo

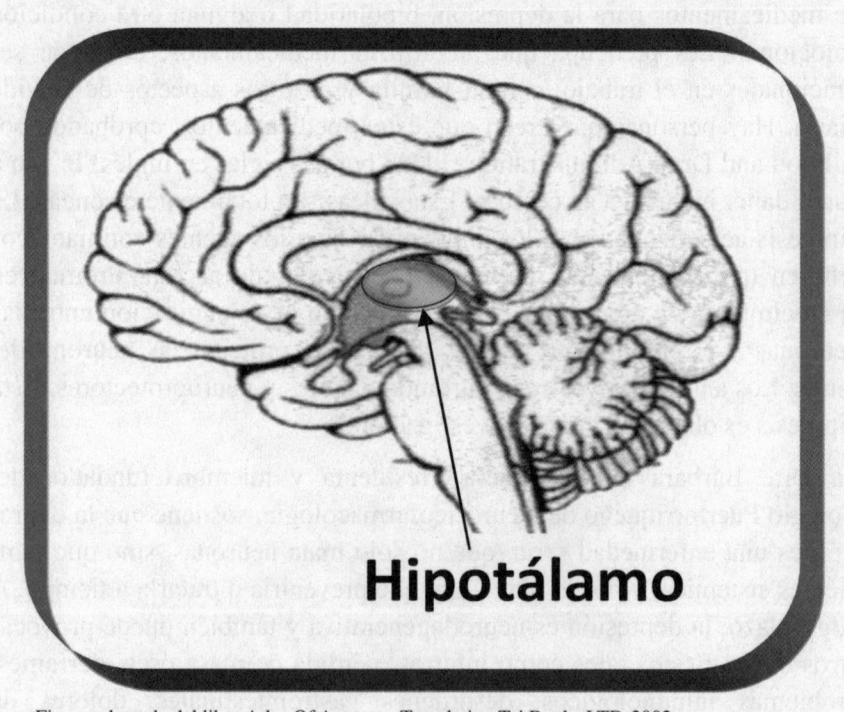

Figura adaptada del libro Atlas Of Anatomy Translation Taj Books LTD-2002

---

68 Dato suministrado por el Dr. Juan Fumero, psiquiatra.

Está envuelto en la elaboración de las emociones, sensación de placer, dolor y, aun, tristeza. El hipotálamo actúa como una conexión entre el sistema nervioso central y el sistema endocrino. Frente a un estrés, produce un péptido, la hormona factor de liberación de corticotropina (CRH, por sus siglas en inglés), que estimula la actividad de la pituitaria. A través de la circulación la CRH llega a la pituitaria.

Figura 10

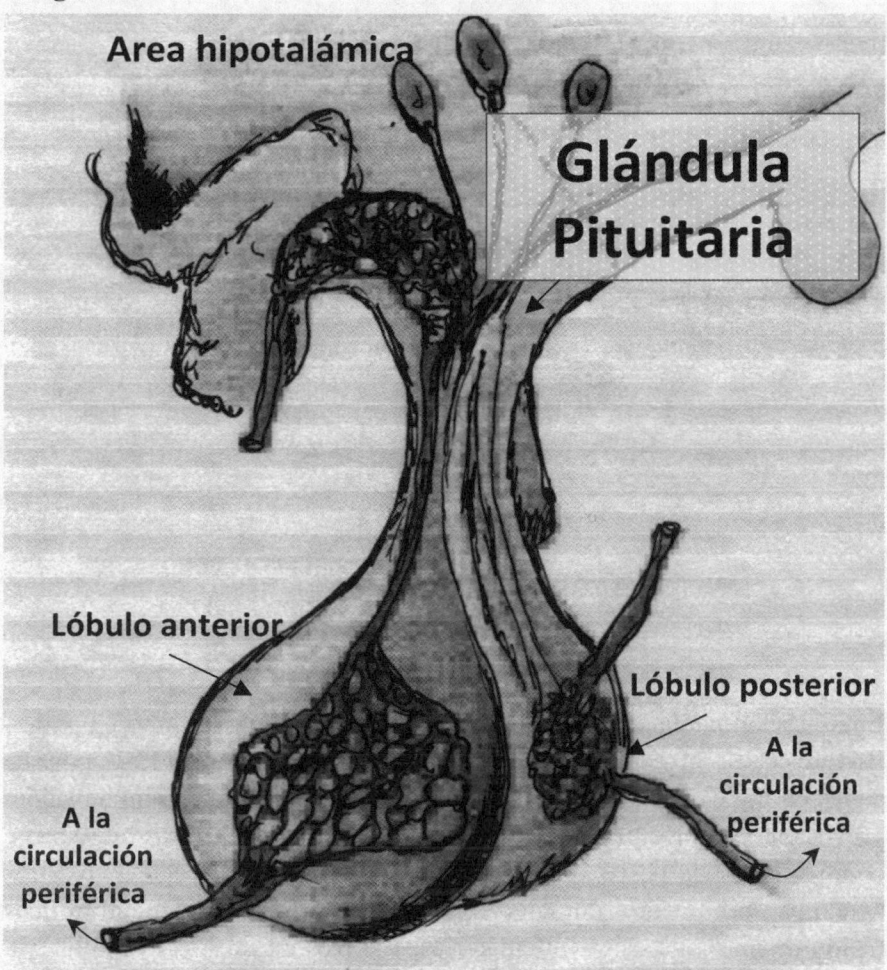

Figura adaptada del libro Atlas Of Anatomy Translation Taj Book

La glándula pituitaria estimulada libera la hormona adrenocorticotrópica (ACTH, por sus siglas en inglés). La ACTH, a través de la circulación sistémica, estimula las glándulas adrenales, liberando hormonas adrenales del estrés, como el cortisol y neurotransmisores del estrés como las catecolaminas (epinefrina y norepinefrina). Al mismo tiempo, se activa el sistema inmunológico, liberando citoquinas pro inflamatoria.

Figura 11

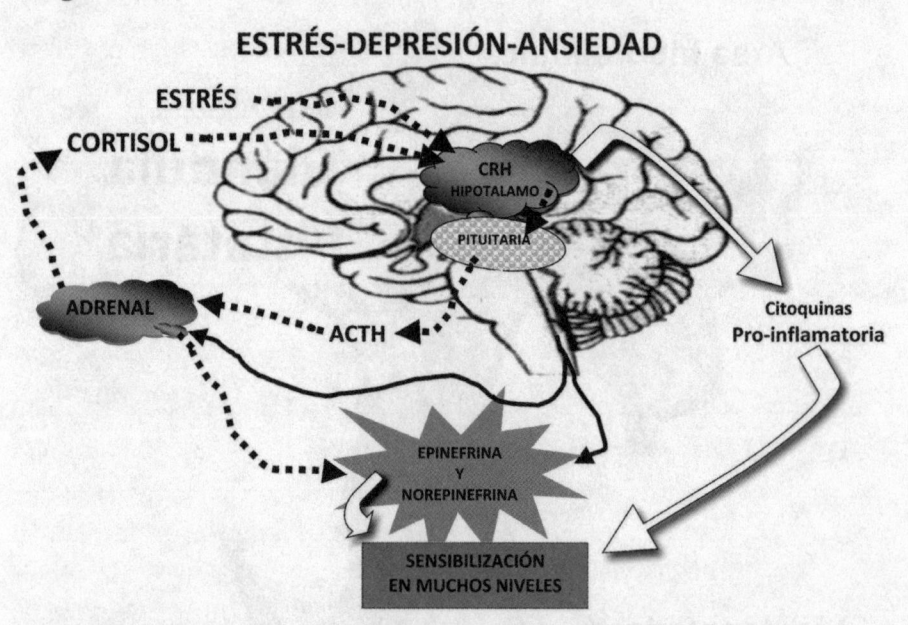

ESTRÉS-DEPRESIÓN-ANSIEDAD

Figura adaptada de la revista de psicofarmacología Psyched Up-2005- Stephen M. Stahl

Entre las citoquinas pro inflamatorias se encuentran las interleuquinas IL-1, IL-6, IL-15 e IL-18 y el factor de necrosis tumoral (TNF, por sus siglas en inglés). Estas citoquinas son las que median en la inflamación, provocando enrojecimiento, hinchazón y dolor. Existen otras citoquinas, como la IL-4 y la IL-10, que controlan esta respuesta.[69] Frente a un estrés agudo, o sea, de corta duración e intensidad, el cortisol detiene la liberación de citoquinas pro inflamatorias, a través de un efecto inhibitorio

---

69 Artículo-Artritis Reumatoide, Dra. Carmen Yolanda Pagán (Presidenta de la Asociación de Reumatólogos de Puerto Rico), Revista-Galenus, año 1, núm. 3.

sobre la liberación de las hormonas del hipotálamo (CRH) y pituitaria (ACTH).

Por otro lado, si la ansiedad o depresión es persistente, intensa y de larga duración, se rompe la modulación armoniosa del hipotálamo porque el sistema de estrés no es detenido, no ocurre un "shut down". Por lo tanto, las citoquininas pro inflamatoria y otros mediadores de inflamación estimulan prolongadamente o repetidamente el Eje HPA y la liberación de CRH y ACTH. Los efectos perjudiciales de la pérdida de la armonía del Eje HPA producto de un estrés o una depresión no tratada son:

- La CRH estimula en pequeñas cantidades pero con un impacto muy impresionante las citoquinas del sistema inmunológico. Se cree que las citoquinas no solo están implicadas en el dolor crónico sino también en trastornos cardiovaculares, metabólicos e inmunológicos. Por ejemplo, una de las citoquinas, la interleukina 6, se introduce dentro de la pared vascular de la arteria coronaria y amplifica la producción y aceleración de placas ateroscleróticas.[70] Por lo tanto, la depresión podria producir un estado inflamatorio crónico.

- Tanto la CRH como las citoquinas tienen un efecto inhibitorio para la síntesis de serotonina y norepinefrina.

- Aumento de cortisol- Sachar y otros investigadores encontraron que los pacientes deprimidos secretan consecuentemente gran cantidad de cortisol durante los episodios de depresión, y que esta sobresecreción se normaliza con la recuperación (Sachar et al. 1973).[71] Pequeñas elevaciones del nivel de cortisol degeneran las neuronas, al impactar crónicamente sobre áreas del cerebro, produciendo una estimulación de las áreas de apostosis, al bloquear las rutas moleculares de sobrevivencia neuronal.[72]

---

[70] Placas ateroscleróticas-una forma común de arteriosclerosis con formación de depósitos de placas (ateromas) que contienen colesterol, material lipoide y lipófagos en la íntima y media interna de las arterias de tamaño grande y mediano.

[71] Clinical Manual for Management of Bipolar Disorder in Children and Adolescents, Robert A. Kowatch, M.D., Ph.D.,Mary A. Fristad, Ph.D., A.B.P.P.-2009, pág. 109.

[72] Dr. Luis Mejías (farmacólogo), conferencia ofrecida el 22 de junio del 2008 en un hotel en San Juan P.R.

- Pequeñas cantidades de CRH se liberan al torrente circulatorio y llegan al testículo, específicamente a las células de Leydig[73] donde disminuye la síntesis de testosterona, pudiendo producir una disfunción sexual.[74]

- Entre otras cosas, estas sustancias bioquimicas del estrés (cortisol y catecolaminas) incrementan la presencia de una variedad de trastornos médicos ej. enfermedades cardiovasculares, con aceleración de arteriosclerosis y mortalidad postmiocardio, trastornos metabólicos con resistencia a la insulina que causa hipertensión, diabetes tipo 2, acumulación de grasas abdominales y trastornos neuroendocrinos

Figura 12

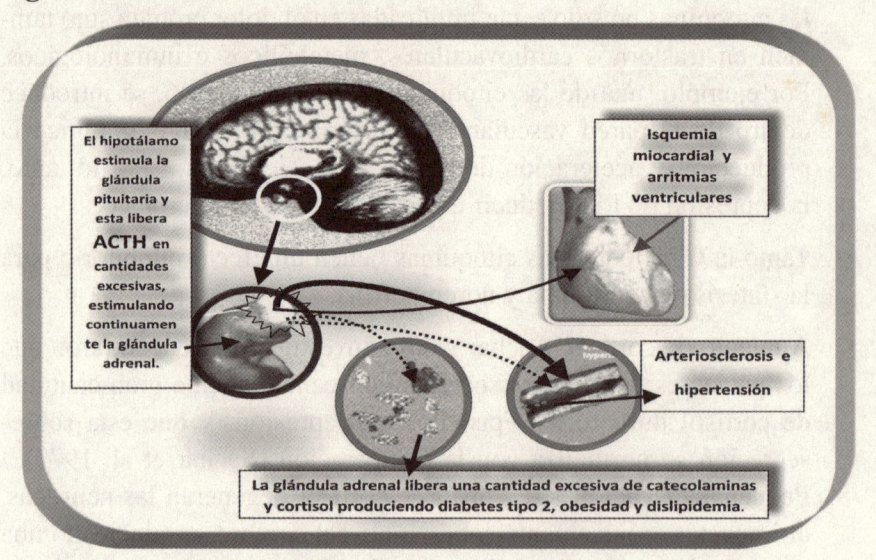

Figura adaptada de pieza de conferencia de la casa farmacéutica Lilly

Por lo tanto, las hormonas del estrés solo deben liberarse brevemente en situaciones estresantes. Sin embargo, en la vida moderna, el estrés es un factor constante. Se produce una pérdida de la armonía del eje HPA,

---

73 Células de Leydig -tejido endocrino de los testículos que elabora principalmente testosterona, la hormona responsable de los espermatozoides, entre otras características masculinas.

74 Dr. Luis Mejías- (farmacólogo), conferencia ofrecida el 22 de junio del 2008 en un hotel en San Juan, P.R.

produciendo una liberación prolongada de la hormona del hipotálamo (CRH), que, a su vez, aumenta las citoquinas proinflamatorias sensibilizando el sistema nervioso central a diferentes niveles, para modular de una manera incorrecta el dolor. Algunos estudios han demostrado que las hormonas esteroides pueden matar neuronas, cuando su concentración es muy elevada durante periodos de tiempo prolongados.

Además del CRH, la hormona liberadora de la tirotropina (TRH, por sus siglas en inglés), otro péptido localizado en el hipotálamo muestra evidencia de aumento de secreción en la enfermedad depresiva. La tirotropina se libera en la pituitaria, y la glándula tiroide secreta las hormonas tiroideas T3 y T4. La secreción de TRH puede representar uno de los mecanismos compensatorios del cuerpo, que intenta reestabilizar al paciente y actuar como un antidepresivo interno. Estos dos péptidos (CRH como representativo del "tipo malo" endógeno y TRH como representativo del "tipo bueno" endógeno) con aparentes efectos opuestos en depresión, producen un aumento de secreción durante los episodios, y se piensa que, cuando uno de estos dos péptidos predomina, ello puede explicar los periodos de enfermedad o los intervalos de sentirse "bien" entre los episodios. Esto es, cuando CRH y otros factores patológicos son hipersecretados fuera de proporción, la depresión ocurre. Sin embargo, cuando los factores adaptativos tipificado por TRH predominan, pueden surgir los periodos de bienestar (Post y Weiss 1992).[75]

Por otro lado, los antidepresivos revierten la hipersecreción de cortisol y podrían actuar como antinflamatorios, al evitar la liberación prolongada de CRH y de las citoquinas proinflamatoria.

---

75 Clinical Manual for Management of Bipolar Disorder in Children and Adolescents, Robert A. Kowatch, M.D., Ph.D.,Mary A. Fristad, Ph.D., A.B.P.P.-2009, pág. 109-111.

Apuntes

Capítulo 11

Relación entre depresión, dolor y enfermedades cardiovasculares

Depresión, neurobiología del dolor y fibromialgia

La depresión es un trastorno complejo en el que están involucradas muchas áreas del sistema nervioso central (CNS, por sus siglas en inglés). La depresión tiene una naturaleza multisintomática, con síntomas emocionales, físicos y síntomas asociados, como el dolor crónico. Desde el punto de vista de los fundamentos neurobiológicos, hay unas áreas cerebrales relacionadas con la depresión, que también forman parte de la percepción del dolor. Esto produce en los pacientes con depresión una alta tasa de dolores crónicos. Un metanálisis de archivos de medicina interna parece indicar que dos terceras partes de los pacientes deprimidos tiene algún dolor de tipo crónico.[76]

La arquitectura del sistema de neurotransmisores de monoamina en el cerebro está basada en la síntesis de neurotransmisores. Todas las neuronas productoras del neurotransmisor serotonina están agrupadas en un area del CNS llamada el " raphe nucleus" y tienen proyecciones a diferentes areas del sistema nervioso central. El neurotransmisor norepinefrina es sintetizado en el CNS principalmente en el núcleo del " locus ceruleus". Pero, además de estas conexiones que hace el " raphe nucleus" con su serotonina y el "locus ceruleus" con su norepinefrina, estas mismas regiones del CNS hacen conexiones eléctricas con diferentes zonas del cordón espinal. Son conexiones que descienden por todo el cordón espinal. Por

---

[76] Dr. Luis Mejías- (farmacólogo), conferencia ofrecida el 22 de junio del 2008 en un hotel en San Juan, P.R.

lo tanto, la función de serotonina y norepinefrina no se limita al cerebro sino que posee vías descendentes que pueden inhibir las señales del dolor ascendente. La serotonina y norepinefrina modula la percepción del dolor, regulando sus señales, a través del sistema de dolor modulatorio descendente.

Las vías serotonérgicas y noradrenérgicas que descienden por el cordón espinal son parte de un gran sistema analgésico endógeno natural, que modula de alguna manera la transmisión del dolor. Parte de la explicación actual que tenemos para los síntomas físicos dolorosos en la depresión son disfunciones serotonérgicas y noradrenérgicas sobre estas regiones del cordón espinal. Al igual que existen disfunciones serotonérgicas como noradrenérgicas a nivel del SNC, en la depresión también hay disfunciones serotonérgicas y noradrenérgicas sobre el cordón espinal, que explicarían estos dolores crónicos que hace que los pacientes sobreutilicen los servicios médicos.[77]

Recientemente, el antidepresivo duloxetina, cuyo nombre comercial es Cymbalta, recibió la aprobacion de la FDA para tratar la fibromialgia[78]. Cymbalta actúa en los neurotransmisores serotonina y norepinefrina. En la fibromialgia, hay una deficiencia de serotonina y norepinefrina en el cordón espinal que permite todos los días impulsos del dolor que se extienden por todo el cuerpo. En la fibromialgia están presentes aspectos sicológicos. Un 68% estan deprimidos y un 35% pueden presentar cualquier diagnóstico de ansiedad. Puede originarse de una consecuencia directa del dolor o de una deficiencia de estos neurotransmisores.

En mi práctica privada, evalúo con frecuencia pacientes con dolor crónico acompañado de diagnósticos psiquiátricos como ansiedad y depresión. Al tratar al paciente con un antidepresivo, no solo mejoran de su condición emocional, sino también refieren una mejoría en su condición física.

---

77 Dr. Luis Mejías (farmacólogo)- conferencia ofrecida el 22 de junio del 2008 en un hotel en San Juan, P.R.

78 Fibromialgia- dolor y rigidez en los músculos y articulaciones ya sea difuso o con múltiples puntos dolorosos.

Depresión y enfermedades cardiovasculares[79]

Se estima que para el año 2020, la depresión mayor será la segunda causa de morbilidad en el mundo, solo superada por la enfermedad cardiaca isquémica.[80]

Las enfermedades cardiovasculares incluyen el aumento de la presión arterial, enfermedad coronaria, angina de pecho, fallo cardiaco congestivo e infarto cardiaco, entre otras. Hay una relación bidireccional entre la depresión y las enfermedades cardiovasculares. Una afecta la otra.

En 1993, la cardióloga Nancy Frasure Smith, realizó un estudio en el cual observó por 6 meses a pacientes que habían presentado un infarto del miocardio. Aquellos que desarrollaron un episodio de depresión mayor durante el estudio tenían tres veces la probabilidad de morir más temprano, comparado con los que no tenían depresión. Por lo tanto, la presencia de depresión, en este estudio, representaba un riesgo de mortalidad en los pacientes con una enfermedad cardiovascular. En 1999, deciden extender el estudio por un año y la tenriencia seguía aumentado con el tiempo, y ese 3% se convirtió en un tres y medio veces más la probabilidad de morir por infarto.

Según los estudios, existe un 20 a 25% de probabilidad de desarrollar una depresión severa en un paciente con una enfermedad cardiovascular. Pero, si a esto añadimos los pacientes que presentan una depresión menor (presencia de sintomas depresivos que no cumplen los criterios de una depresión mayor) esta probabilidad aumenta a un 25% adicional. Por lo tanto, aproximadamente un 40 a 50% de los pacientes que presentan una enfermedad cardiovascular pueden desarrollar una depresión.

Lo opuesto tambien es cierto; los pacientes deprimidos son más propensos a desarrollar enfermedades isquémicas, infarto del miocardio o muerte súbita. Hace 13 años se realizó un estudio que incluía pacientes que no presentaban un episodio de depresión ni una enfermedad cardiovascular.

---

[79] Extracto de la conferencia presentada por el Dr. Juan Fumero en la sexta convención anual del APRIP en un hotel de Río Grande, 12 de septiembre de 2009.

[80] CJL Murray, AD Lopez, eds. The Global Burden of Disease and Injury Series, Vol. 1: A Comprehensive Assessment of Mortality and Disability from Disease, Injuries, and Risk Factors in 1990 and Projected to 2020.

Estos fueron observados por más de 10 años, y los que presentaron depresión durante el transcurso del estudio, tenían casi 5 veces más la probabilidad de morir por infarto que los que no presentaban depresión. Lo importante de este estudio era que la mera presencia de síntomas depresivos, aunque no cumpliese con los criterios de una depresión mayor, seguía siendo un factor de riesgo para un infarto del miocardio. Por lo tanto, el hecho de presentar síntomas depresivos ya constituía un riesgo de mortalidad.

¿Cómo explicamos la interrelación entre depresión y las enfermedades cardiovasculares? A continuación discutiré algunos aspectos de comportamiento y fisiología, para explicar dicha interrelación.

1. Aspectos de comportamiento

   a. El paciente que se deprime tiende a fumar más. Los pacientes refieren que el fumar "me tranquiliza y me quita el nerviosismo", pero es un factor de riesgo para el desarrollo de enfermedades cardiovasculares.

   b. El paciente deprimido pierde la capacidad de disfrutar, (ej., el realizar ejercicios), lo cual produce una disminución en la actividad física, aumentando la probabilidad de desarrollar una enfermedad cardiovascular.

   c. Muchos de los pacientes con depresión, no cumplen con su tratamiento de medicamentos, cuando se compara con los pacientes que no tienen depresión. Esto produce un impacto negativo tanto en el tratamiento de la depresión como en las enfermedades cardiovasculares.

2. Aspectos fisiológicos

   a. Una persona deprimida está más propensa a que el corazón no se ajuste a los cambios y pierda su variabilidad. Por ejemplo, cuando la persona hace ejercicios, el corazón se activa, pero, por el contrario, una persona inactiva produce una disminución en la función del corazón y mayor probabilidad de arritmia e infarto.

   b. Cuando una persona esta en depresión produce unas alteraciones en las plaquetas, estas se activan, liberando unos factores de coagulación, invitando a que se produzca un aumento en la probabilidad de coágulo en los vasos sanguíneos y placas ateromatosas, con mayor probabilidad de producir una enfermedad cardiovascular.

Con relación al tratamiento farmacológico, la recomendación de primera línea es la utilización de los SSRI, ya que reducen las alteraciones de las plaquetas y mejora la variabilidad cardiaca.

Apuntes

Capítulo 12

Tratamiento farmacológico para la depresión

El uso de antidepresivos para la depresión mayor aproximadamente duplica la probabilidad de que el paciente deprimido se recupere en un mes. Todos los antidepresivos disponibles tienen su efecto terapéutico en 3 a 4 semanas, aunque puede ser más temprano. Los antidepresivos disponibles son similares en eficacia, rapidez de efecto, o efectividad a largo plazo. Sin embargo, difieren en su farmacología, interacciones droga a droga, efectos secundarios a corto y largo plazo, probabilidad de síntomas de descontinuación, y facilidad en el ajuste de las dosis. La insuficiencia en tolerar o responder a una medicación no implica que falle con otros medicamentos.[81]

Para los pacientes que cumplen con los criterios del DSM IV-TR para depresión mayor, se espera que aproximadamente un cuarenta porciento (40%) alcance la remisión con una dosis de un antidepresivo en dosis adecuada de, al menos, seis (6) semanas. De un quince a un treinta porciento (30%) no van a mejorar. Del restante, pueden presentar cierta mejoría. Las razones más comunes para insuficiencia del tratamiento son una dosis inadecuada del medicamento o una duración inadecuada del tratamiento. Para aquéllos que responden inadecuadamente a un tratamiento inicial, hay docenas de alternativas, desde cambiar a otros medicamentos a hacer combinaciones. Otros pacientes responderán a la terapia electroconvulsiva, si el tratamiento es aceptado por el paciente. Sin embargo, muchos de estos pacientes requerirán un tratamiento de mantenimiento.

---

[81] Concise Textbook of Clinical Psychiatry- Kaplan and Sadock's, Third Edition-2008, págs. 222-223.

Estudios recientes han sugerido que ciertas formas de psicoterapia, como la terapia conductual cognitiva y la terapia interpersonal pueden ser tan efectivas como la farmacoterapia, y que la combinación de un antidepresivo con terapia cognitiva puede ser más eficaz que un tratamiento individual.[82]

Los antidepresivos son un grupo heterogéneo de compuestos con un efecto terapéutico común, principalmente para el tratamiento de depresión mayor. Sin embargo, muchos de estos medicamentos son además efectivos en el tratamiento de muchos trastornos de ansiedad y en trastornos de conducta alimentaria como es la anorexia nerviosa y la bulimia.

Subdivisión de los antidepresivos

Teniendo en consideración el espectro de acción terapéutica y patrones de efectos secundarios, estos antidepresivos han sido subdivididos en:

- antidepresivos de primera generación: antidepresivos tricíclicos (TCA, por sus siglas en inglés) e inhibidores de la monoamino oxidasa (MAOI, por sus siglas en inglés).

- antidepresivos de segunda generación: inhibidores de recaptación de serotonina selectiva (SSRI, por sus siglas en inglés) y bupropión.

- antidepresivos de tercera generación: La combinación de inhibidores de recaptación de serotonina y norepinefrina (SNRI, por sus siglas en inglés) como son la venlafaxina, duloxetina, atomoxetina y milnacipran. En este grupo también está incluido la nefaxodona, mirtazapina y reboxetina.[83] La FDA aprobó recientemente la desvenlafaxina, un antidepresivo SNRI.

Antidepresivos de primera generación

El primer antidepresivo fue el MAOI- iproniazida-, inicialmente aprobado como una droga antituberculosa, que fue prontamente seguido por

---

[82] Jerrold F. Rossenbaum, George W. Arana, Steven E. Hyman, Lawrence A. Labbate, Mauricio Fava- Handbook of Psychiatric Drug Therapy, Fifth Edition-2005, pág. 55.

[83] Essentials of Clinical Psychopharmacology- Alan F. Schatzberg, M.D., Charles B. Nemeroff, M.D.,Ph.D. Second Edition- 2006, pág.465.

el TCA, imipramina. Ambos fueron desarrollados al inicio del 1950. Durante los pasados 25 años se han aprobado otros antidepresivos tricíclicos y heterocíclicos, con mejor perfil de efectos secundarios.

Un 50-75% de los pacientes con depresión mayor responde a los TCA, pero actualmente no son la primera línea de elección, por la presencia de efectos secundarios potencialmente serios.

Los MAOI y los TCA se pueden indicar en casos de tratamiento dificultoso, cuando otros tratamientos de primera línea pueden fallar en producir resultados.

Los TCA y compuestos relacionados (maprotilina y amoxapina) pueden producir resequedad de la boca, dolor de cabeza, retención urinaria, disfunción sexual, visión borrosa, constipación (estreñimiento), aumento de apetito, aumento de peso, varios grados de sedación e hipotensión postural, que puede llevar a caídas, mareos y fracturas.

Una de las propiedades de todos los TCA es su habilidad de bloquear los canales de sodio sensitivo a voltaje. Cuando estos canales son bloqueados en el cerebro y en el corazón, los efectos secundarios pueden incluir coma y convulsiones (debido a la acción del sistema nervioso central), arritmia y muerte (debido a la acción cardíaca periferal), especialmente en sobredosis.[84] Los TCA pueden producir, además, una prolongación en la conducción cardíaca, con posible muerte súbita. Son potencialmente cardiotóxicos en pacientes susceptibles o en sobredosis. Combinaciones de TCA con agentes antiarrítmicos clase I como la quinidina, procainamida y disopiramida pueden tener efectos tóxicos en la conducción cardíaca, ya que ambos actúan similarmente. Por lo tanto, en un paciente cardíaco, que presente anormalidad en la conducción cardíaca preexistente, y que esté utilizando un agente antiarrítmico clase I y además esté pasando por una depresión, los TCA se deben evitar, ya que no son la mejor opción de tratamiento. Los TCA figuran en un 82% o más de muertes por envenenamiento con antidepresivos. Los agentes de segunda generación serían la mejor alternativa.

---

[84] Stephen M. Stahl- Stahl's Illustrated-Antidepressant-First published 2009, pág. 103.

Los MAOI, a diferencia de los TCA, carecen de efectos cardiotóxicos y son efectivos como antidepresivos y ansiolíticos. Los eventos adversos más comunes de MAOI incluyen mareos, dolor de cabeza, insomnio, constipación, visión borrosa, boca seca, edema periferal, olvidos e hipotensión ortostática[85]. El efecto adverso más grave de los MAOI son las crisis hipertensivas[86] inducidas por alimentos ricos en tiramina, como el queso y el vino. Por tal razón, los MAOI se utilizan en pacientes que no responden a otros tratamientos; es el tratamiento final antes de iniciar la terapia electroconvulsiva.

---

85 Hipotensión ortostática- una caída en la presión arterial asociada a mareos, visión borrosa y, en ocasiones, síncope que ocurre una vez que se está de pie, o cuando se está de pie sin movimiento, en una posición fija.

86 Crisis hipertensiva- Es una reacción potencialmente fatal caracterizado por una presión arterial mayor de 120mmHg, dolor de cabeza occipital que se puede desplazar frontalmente, palpitaciones, rigidez de cuello, náuseas, vómito, sudoración (a veces con fiebre), pupilas dilatadas, taquicardia o bradicardia.

Capítulo 13

Antidepresivos de segunda generación

Inhibidores de la recaptación de serotonina (SSRI)

Los seis -6- medicamentos que pertenecen a ésta clase de inhibidores son:

1. Paroxetina (Paxil, Aropax, Seroxat)
2. Sertralina (Zoloft)
3. Citalopram (Celexa, Cipramil)
4. Fluoxetina (Prozac)
5. Fluvoxamina (Luvox, Faverin)
6. Escitalopram (Lexapro, Cipralex)

La fluoxetina fue el primer inhibidor de recaptación de serotonina, introducido en Estados Unidos en diciembre de 1987. La fluoxetina alteró las actitudes en cuanto al tratamiento farmacológico de la depresión, ya que los efectos secundarios fueron mejor tolerados que los tratamientos existentes y por la simplicidad de la dosis de fluoxetina.

En 1980, un informe sugirió una relación entre el uso de fluoxetina y actos violentos, incluído el suicidio, pero muchos estudios posteriores no han confirmado ese hallazgo. Es importante tener en cuenta que los SSRI, como todos los antidepresivos, previenen el potencial suicida, como resultado de su acción primaria.[87]

---

[87] Concise Textbook of Clinical Psychiatry- Kaplan and Sadock's ,Third Edition-2008, pág. 537.

Los SSRI son estructuralmente y químicamente distintos. Escitalopram (Lexapro), un isómero de citalopram (Celexa), es la única excepción. Escitalopram tiene mayor potencia antidepresiva por milígramo comparado con citalopram. Los SSRI no solo inhiben la recaptación de serotonina, sino que, en menor grado, producen acciones en otros neurotransmisores y enzimas, como son la inhibición en la recaptación de dopamina y norepinefrina. Por lo tanto, aunque los SSRI comparten el mismo mecanismo de acción, perfil terapeútico y perfil de efectos secundarios, los pacientes individualmente reaccionan muy diferente a un SSRI versus el otro.

Los SSRI se han convertido en los antidepresivos más recetados en la mayoría de los países desarrollados, con un mercado que representa billones de dólares al año. Tienen mayor tolerabilidad en cuanto a efectos secundarios y son relativamente seguros en sobredosis, si se comparan con los TCA y los MAOI. No se han encontrado diferencias entre los distintos SSRI, en tasas de muerte, ni en riesgo de efectos adversos graves que produzcan trastornos potencialmente mortales. En promedio, todos los antidepresivos tienen aproximadamente igual eficacia. Los SSRI son efectivos en el tratamiento de depresión unipolar. Son además efectivos en trastornos de ansiedad, como son los trastornos de pánico, obsesivo compulsivo, ansiedad generalizada, ansiedad social, trastorno disfórico premenstrual, trastorno de estrés post traumático y trastornos alimentarios.

El balance en la transmisión del neurotransmisor serotonina parece que ayuda a elementos de ansiedad somática y angustia general. En la mayoría de los pacientes que utilizan SSRI, los efectos secundarios son mínimos y tienden a desaparecer durante las primeras semanas de tratamiento. Como efecto secundario común, el paciente puede presentar durante la fase aguda ansiedad o agitación. Conforme a mi experiencia clínica, minimizo este efecto secundario reduciendo a la mitad la dosis del antidepresivo que es efectivo para la depresión. Por ejemplo, si inicio al paciente en Prozac, comienzo en la dosis de 10 mg en la primera semana y luego 20 mg desde la segunda semana.

Si fuese Zoloft, comienzo en la dosis de 25mg en la primera semana y 50 mg desde la segunda semana. Debe orientarse al paciente para que utilice el antidepresivo preferiblemente después del desayuno, para disminuir la posibilidad de náuseas y otros trastornos gastrointestinales durante la fase aguda.

Otro efecto inicial frecuente de los SSRI son los dolores de cabeza -cefalea-, de carácter tensional. En general, responden muy bien a los analgésicos. Otros efectos secundarios adicionales usualmente informados durante la fase aguda de tratamiento son: apetito reducido, pérdida de peso, excesiva sudoración, temblor, sedación, mareos y disfunción sexual. Durante el tratamiento a largo plazo, los efectos secundarios más frecuentes son: aumento de peso (más frecuente con paroxetina que con los demás SSRI), disturbio del sueño, apatía[88], fatiga y disfunción sexual. En ciertos casos, el ritmo de estos efectos secundarios no es significativamente mayor que con el uso de un placebo[89].

La diversidad molecular de los SSRI explica por qué la respuesta individual y la tolerabilidad varía entre ellos. Es importante señalar que ciertos pacientes pueden tolerar un antidepresivo mejor que otro o no sufrir un efecto adverso particular con un SSRI diferente. Por lo tanto, debemos tratar otro SSRI para personas que no responden al primer SSRI. Con la gran variedad de antidepresivos que contamos actualmente, la selección del antidepresivo indicado para un paciente va a depender de la eficacia para la condición que va ser tratada, los efectos secundarios y el costo.

Según las recomendaciones de la Asociación de Psiquiatría Americana, si un paciente no responde a un tratamiento con un SSRI (después de 6-8 semanas de tratamiento) y con una garantía de una severidad clínica, se deben considerar las siguientes alternativas:

- aumentar la dosis del medicamento
- aumentar la intensidad de la psicoterapia
- terapia electroconvulsiva

Si no responde, se debe descontinuar el antidepresivo y seleccionar otro antidepresivo de la misma clase; en este caso, otro SSRI. Si no hay respuesta con el segundo SSRI, se descontinúa el antidepresivo y entonces

---

88 Apatía- falta de sentimiento o emoción; indiferencia.
89 Placebo- es una preparacion médica que no tiene actividad farmacológica específica.

se selecciona un antidepresivo de otra clase. Si la respuesta es parcial, se presenta una serie de alternativas como son: aumentar la dosis, añadir medicamentos que fortalezcan el efecto antidepresivo, cambiar el antidepresivo, o terapia electroconvulsiva. Si el paciente está recibiendo sicoterapia, debe cambiar la intensidad o cambiar el tipo de sicoterapia.[90] Actualmente contamos con otras alternativas de primera línea en el tratamiento de depresión mayor, como son los antidepresivos que inhiben la recaptación de dopamina y norepinefrina y los que inhiben la recaptación de serotonina y norepinefrina.[91] Más adelante explicaré con más detalle los antidepresivos disponible en el mercado.

SSRI vs. disfunción sexual

Un gran porciento de los SSRI causan disfunción sexual, y es el efecto adverso más común de los SSRI asociado con un tratamiento a largo plazo. Se estima que una incidencia entre 50 a 80%[92] de los pacientes en un SSRI pueden experimentar cambios en la líbido[93], eyaculación retardada o anorgasmia[94]. Aunque estos efectos secundarios ocasionalmente remiten espontáneamente, pueden, frecuentemente, persistir con el tiempo en un 15% de los casos.[95] Quizás los efectos secundarios sexuales constituyen el principal problema en su uso clínico, dada su frecuencia y duración. El efecto secundario de eyaculación retardada o anorgasmia de los SSRI, puede proveer un beneficio en hombres con eyaculación precoz.

La disfunción sexual no es exclusiva de los SSRI, ya que los TCA están asociados con dificultad eréctil en el hombre. Es probable que los MAOI causen anorgasmia en hombres y mujeres y retardación en el orgasmo. El

---

90 Supplement to The American Journal of Psychiatry-Practice Guidelines for the Treatment of Patients with Major Depressive Disorder (Revision)-2000. pág.2-6.

91 Stephen M. Stahl- Stahl's Illustrated-Antidepressant-First published 2009, pág.42.

92 Concise Textbook of Clinical Psychiatry- Kaplan and Sadock's ,Third Edition-2008, pag. 538.

93 Líbido-deseo sexual.

94 Anorgasmia-incapacidad para experimentar el orgasmo.

95 Jerrold F. Rossenbaum, George W. Arana, Steven E. Hyman, Lawrence A. Labbate, Mauricio Fava- Handbook of Psychiatric Drug Therapy, Fifth Edition-2005. pág.81.

psiquiatra debe explorar si la disfunción sexual es debido a la terapia antidepresiva o a la presencia de un episodio de depresión mayor. El impulso sexual disminuido es común en la depresión y afecta aproximadamente a la mitad de los pacientes deprimidos. Cuando se le pregunta directamente al paciente si el antidepresivo le ha afectado su función sexual, más del 50% pueden contestar afirmativamente, pero las cifras son más bajas cuando lo comunica espontáneamente, sin preguntársele. Hay informes anecdóticos que sugieren que el añadir amantadina, yohombina, ciproheptadina o gingko biloba puede mejorar la función sexual. Otras alternativas son descontinuar el antidepresivo y sustituirlo con nefazodona, mirtazapina o bupropión. Hay informes de tratamientos exitosos de disfunción sexual inducidos por SSRI con medicamentos como sildenafil (Viagra), que se usa para tratar disfunción eréctil.

Síndrome de descontinuación de los SSRI

El dejar de utilizar el medicamento súbitamente, especialmente la paroxetina o fluvoxamina, que tienen una vida media de corta duración, está asociado con un síndrome de retirada. Los síntomas que incluye este síndrome son: mareos, náusea, depresión de rebote, ansiedad, insomnio, síntomas parecidos a la migraña, síntomas en el aparato respiratorio superior, debilidad, y dolor de cabeza. Usualmente, no aparecen hasta después de, al menos, 6 semanas de tratamiento y, generalmente, se resuelven espontáneamente en 3 semanas. Por tal razón, estos antidepresivos de vida media corta hay que disminuirlos gradualmente (sobre 3 a 4 semanas) después de un tratamiento de larga duración, para evitar la angustia del paciente cuando ha sido expuesto al medicamento por más de 2 meses. Por otro lado, debido a la vida media de más de una semana del metabolito[96] de fluoxetina, no está asociado a este síndrome, ya que, a través del mismo, se disminuye gradualmente.

---

96 Metabolito-Cualquier sustancia producida por metabolismo o por un proceso metabólico. El metabolismo es la suma de todos los procesos químicos y físicos por la cual una sustancia organizada, viviente es producida y mantenida (anabolismo) y la transformación que produce la energía y la hace disponible para el uso del organismo (catabolismo).

Sindrome de serotonina en los SSRI

Todos los SSRI son potencialmente letales cuando se combinan con los MAOI. Puede llevar a un "síndrome de serotonina" potencialmente fatal. Estos medicamentos nunca se deben utilizar en combinación, y los pacientes no deben comenzar un MAOI por al menos dos semanas después de descontinuar un SSRI (4 semanas o más para fluoxetina). El síndrome de serotonina se presenta dentro de las primeras veinticuatro horas de iniciar o aumentar la dosis del agente serotonérgico. Consiste de una constelación de síntomas neurológicos, autonómicos y mentales. El síndrome es diagnosticado cuando el paciente presenta cuatro o al menos tres síntomas mayores y dos síntomas menores. Los síntomas mayores incluyen confusión, estado de ánimo elevado, coma, fiebre, temblores, escalofríos y rigidez (entre otros) y síntomas menores incluyen agitación, insomnio, taquicardia y deterioro en la coordinación. El tratamiento requiere la descontinuación del agente serotonérgico y remplazo de fluídos.

Fluoxetina (Prozac)

La fluoxetina está aprobada por la FDA para la depresión mayor. Generalmente, se inicia en dosis de 20 mg diarios en la mañana, ya que en esas horas del día, en algunos pacientes puede ser activante. Aunque dosis de 20 mg a 40mg por día son consideradas adecuadas, en ciertos pacientes puede requerir dosis de hasta 60 a 80 mg diarios. La fluoxetina tiene una vida media larga (2 a 4 días en promedio para fluoxetina y 7 a 9 días para su metabolito activo, norfluoxetina). La vida media larga minimiza el riesgo de aparición de síntomas inducidos por descontinuación abrupta, que han sido informados con los SSRI de vida media corta. Hay evidencia de que el tratamiento de mantenimiento con fluoxetina para ciertos pacientes, se acompaña de una dosis única semanal de 90 mg (formulación semanal). La fluoxetina es el primer antidepresivo en demostrar eficacia en el tratamiento de depresión en niños y adolescentes. Actualmente esta disponible en formulación genérica. El aumento de peso y la sedación son posibles pero no esperados con la fluoxetina.[97]

---

[97] Essential Psychopharmacology- Stephen M. Stahl, The Prescriber's Guide-2006.

Formulación: Cápsulas de 10, 20 y 40mg; tableta de 10mg; líquido-20mg/5ml- 120ml; cápsula semanal de 90mg

Dosis promedio: Entre 20-80 mg para depresión y ansiedad, 60 mg-80mg para bulimia

Aprobado para: Depresión mayor, trastorno obsesivo compulsivo, trastorno disfórico premenstrual, bulimia nerviosa, trastorno de pánico, depresión bipolar (con olanzapina)

Sertralina (Zoloft)

La sertralina es efectiva en el tratamiento de la depresión. La vida media es más corta que la fluoxetina, aproximadamente 25 horas; con un metabolito menos potente, con una vida media de 60 a 70 horas. La sertralina se inicia en 50 mg diarios hasta un máximo de 200 mg diarios. Para ciertos clínicos, la sertralina ofrece una selección razonable, debido a su vida media intermedia y su perfil de interacción con otros medicamentos relativamente favorable. Al igual que con la fluoxetina, el aumento de peso y la sedación son posibles pero no esperados. Ha sido comprobada la seguridad cardiovascular en pacientes deprimidos con infarto del miocardio o angina.[98]

Formulación: Tabletas de 25, 50 y 100mg; líquido - 20mg/ml-60ml

Dosis promedio: 50- 200mg/día

Aprobado para: Depresión mayor, trastorno obsesivo compulsivo, trastorno disfórico premenstrual, trastorno de pánico, trastorno de estrés post-traumático, trastorno de ansiedad social

Paroxetina (Paxil)

La paroxetina está aprobada en Estados Unidos para la depresión mayor, pero fue el primero en obtener la aprobación de la FDA para su uso en el tratamiento del trastorno de pánico. Es el tratamiento frecuentemente preferido para la depresión ansiosa y depresión mayor con trastorno de

---

[98] Stephen M. Stahl- Stahl's Illustrated-Antidepressants-First published 2009, pág.51.

ansiedad comórbido.[99]La paroxetina se inicia en 20 mg en la mañana; si no responde después de 4 semanas, se pueden aumentar las dosis gradualmente hasta un máximo de 50 mg. Una formulación de liberación controlada (CR) disminuye el riesgo de efectos secundarios gastrointestinales. El potencial de aumento de peso parece que es ligeramente mayor con la paroxetina que con los otros SSRI. Debido a la vida media corta de la paroxetina, es el SSRI más asociado con dificultad por la descontinuación abrupta; por tal razón, se debe disminuir gradualmente (sobre 3 a 4 semanas) para prevenir la angustia del paciente cuando ha sido expuesto a más de 2 meses con el medicamento.[100] Una mujer embarazada que tome paxil tiene un riesgo en el embarazo de categoría D (hay evidencia positiva de riesgo para el feto humano; el beneficio potencial puede todavía justificar su uso durante el embarazo). Los otros cinco SSRI tienen un riesgo de embarazo de categoría C (ciertos estudios de animales muestran efectos adversos; actualmente no existen estudios controlados en humanos).

Formulación: Tabletas de 10, 20, 30 y 40mg; CR 12.5, 25mg; líquido - 10mg/5-250ml

Dosis promedio: 20-50mg; CR 25-62.5mg

Aprobado para: Depresión mayor, trastorno obsesivo compulsivo, trastorno disfórico premenstrual, trastorno de pánico, trastorno de estrés post-traumático, trastorno de ansiedad social, trastorno de ansiedad generalizada

Citalopram (Celexa)

El citalopram está aprobado para tratar la depresión mayor. Este SSRI consiste de 2 enantiómeros,[101] R y S, uno es la imagen espejo del otro. El citalopram racémico es la mezcla de estos enantiómeros. El citalopram racémico es generalmente uno de los SSRI mejor tolerados y es uno de

---

99 Stephen M. Stahl- Stahl's Illustrated-Antidepressants-First published 2009, pág.53.

100 Handbook of Psychiatric Drug Therapy, Fifth Edition-2005, págs. 85-86.

101 Enantiómero- un par de compuestos que tiene una relación de imagen espejo.

los más favorables en el tratamiento de depresión en el envejeciente.[102] Estudios preclínicos sugieren que la actividad terapéutica del citalopram reside en el isómero-S y que citalopram- S se une con una alta afinidad al transportador de serotonina humano. Inversamente, citalopram- R es aproximadamente 30 veces menos potente que el isómero- S (escitalopram) en este transportador. Comparado con los demás SSRI, es el que menos probabilidad tiene de interacción droga- droga. Tiene una vida media sobre 30 horas y el síndrome de descontinuación es algo menos que los SSRI de vida media corta. La dosis promedio de citalopram es entre 20 a 60 mg diarios. El aumento de peso con citalopram no es frecuente y la sedación ocurre en una minoría significativa.

Formulación: Tabletas de 10, 20 y 40mg

Dosis promedio: Entre 20-60mg/día

Aprobado para: Depresión mayor

Escitalopram (Lexapro)

La solución de mejorar las propiedades del citalopram racémico (que aún es un SSRI muy seguro y efectivo) fue remover el enantiómero R indeseado. Por lo tanto el escitalopram es, en esencia, citalopram con el enantiómero R removido. El escitalopram está hecho solo del enantiómero S activo puro del compuesto racémico de citalopram. El escitalopram es considerado tal vez el SSRI más tolerado, con una disminución en la interacción con otros medicamentos, aunque se considera un medicamento costoso en muchos países, pues no esta disponible como genérico. Se considera, junto a la sertralina y el citalopram, menos asociado a interacciones droga-droga. Tiene una vida media entre 27 a 32 horas y el síndrome de descontinuación es algo menor que el de los SSRI de vida media corta. La dosis promedio de escitalopram es entre 10 a 20 mg diarios. Una dosis diaria para muchos pacientes es de 10 mg. El aumento de peso y la sedación es poco frecuente en pacientes con escitalopram.

---

102 Stahl's Essential Psychopharmacology- Stephen M. Stahl, Third Edition-2008, pág 539.

El escitalopram recibió recientemente la aprobación por la FDA, para el tratamiento agudo y de mantenimiento de depresión mayor en adolescentes entre las edades de 12 y 17 años.

Formulación: Tabletas de 10 y 20mg

Dosis promedio: Entre 10-20mg/día, solución oral 5mg/5ml

Aprobado para: Depresión mayor, trastorno de ansiedad generalizada

Fluvoxamina (Luvox)

Aunque la fluvoxamina ha sido introducida en Estados Unidos con la única indicación de tratar el trastorno obsesivo compulsivo (OCD, por sus siglas en inglés), este SSRI ha sido mercadeado para tratar la depresión en otros países, y la data clínica y experiencia predicen un espectro de eficacia similar a los otros SSRI, incluida la eficacia para depresión mayor.[103] Al igual que los otros SSRI, es probable que cause disfunción sexual, pero, posiblemente, en menor grado.

Formulación: Tabletas de 25, 50 y 100mg; cápsulas CR de 100 y 150mg

Dosis promedio: Entre 100-200mg/día para depresión

Entre 100-300mg/día para el OCD

Aprobado para: Trastorno obsesivo compulsivo

Bupropión (Wellbutrin)

El bupropión pertenece a los antidepresivos de segunda generación, junto a los SSRI. Tiene la aprobación de la FDA para tratar la depresión mayor y la dependencia a la nicotina, disminuyendo los síntomas de abstinencia producido por el cigarrillo y aumentando el porciento de pacientes en abstinencia. Se ha sugerido que además, tiene un efecto en el trastorno de hiperactividad y déficit de atención. Estudios con niños y adultos apoyan esta conclusión. El bupropión es un inhibidor de la recaptación de dopamina y norepinefrina. Los efectos del neurotransmisor norepinefrina

---

103 Handbook of Psychiatric Drug Therapy, Fifth Edition- 2005, pág. 87.

son mediadores significativos de la activación, reduciendo la anhedonia (disminución del interés o de la capacidad del placer). Por tal razón, yo uso este medicamento en pacientes deprimidos con apatía y poca energía y motivación para realizar las funciones de la vida diaria. He tratado pacientes que, luego de una remisión de síntomas de depresión, con un tratamiento de un SSRI, me manifiestan: "Doctor ya no me siento deprimido, pero no tengo deseos de hacer las cosas... me falta energía." Una de las estrategias que utilizo - y que es bien popular entre los psiquiatras - es añadir bupropión al tratamiento de un SSRI establecido. La evidencia de esta combinación es principalmente anecdótica. Sin embargo, un estudio reciente ha sugerido que la combinación de citalopram y bupropión, entre pacientes que no responden a un SSRI, es más efectiva que mantenerlo con un medicamento individual[104].

El bupropión ha sido comprobado como un antidepresivo útil, no solo para pacientes que no pueden tolerar los efectos secundarios serotonérgicos de los SSRI, sino además para aquéllos cuya depresión no responde a un "boost" serotonérgico de los SSRI. Además, el bupropión parece que no causa la incomodidad de la disfunción sexual que frecuentemente ocurre con antidepresivos como los SSRI, probablemente debido a que carece de un componente serotonérgico significativo en su mecanismo de acción.[105] Hay que indicarlo con precaución en pacientes con enfermedad cardiovascular.[106]

Los efectos secundarios del bupropión son relativamente benignos. Eventos adversos incluyen temblores, constipación, ansiedad, agitación, insomnio, palpitaciones, boca seca, mareos, náuseas, dolor de cabeza y convulsiones. Comparado con los SSRI, el bupropión tiene las ventajas de estar menos asociado a la disfunción sexual y el aumento de peso. El mayor evento adverso médicamente importante asociado con el bupropión son las convulsiones. Con la formulación de liberación inmediata (IR) con un máximo de 450 mg/día, la incidencia de convulsiones fue de

---

104 Jerrold F. Rossenbaum, George W. Arana, Steven E. Hyman, Lawrence A. Labbate, Mauricio Fava- Handbook of Psychiatric Drug Therapy, Fifth Edition-2005, pág. 91.

105 Stahl's Essential Psychopharmacology, Stephen M. Stahl- Third Edition-2008, pág. 556.

106 Stephen M. Stahl- Stahl's Illustrated-Antidepressants-First published 2009, pág.77.

aproximadamente 0.4% (4 en 1,000 expuestos). El riesgo para la formulación de liberación sostenida, (SR) fue de 0.1% (1 en 1,000 expuestos) en 300 mg/día. Debido al riesgo de convulsiones, se recomienda que la dosis diaria total de bupropión no sea mayor de 450mg en ninguna de sus formulaciones.

Una formulación XL de bupropión fue desarrollada para proveer una dosis diaria y ha sido mercadeada desde septiembre del 2003, siendo aprobada basada en la bioequivalencia con las formulaciones IR y SR.

Según el manufacturero el uso de bupropión esta contraindicado en situaciones como:

1. Un historial previo de convulsiones.
2. Diagnóstico presente o pasado de bulimia nerviosa o anorexia nerviosa.
3. Tumor del cerebro.
4. Severo trauma de la cabeza.
5. Uso concomitante de estimulantes (ej. cocaína) o la retirada potencial de hipnóticos sedantes (incluido el alcohol excesivo o el uso de benzodiazepina como el alprazolam) y cirrosis hepática grave.

El bupropión puede causar psicosis.[107] Por tal razón, se debe utilizar con precaución en pacientes con síntomas psicóticos, como delirios o alucinaciones. El término psicosis lo discutiré en detalle más adelante.

Formulación: Bupropión: tabletas de 75 y 100mg. SR: tabletas de 100, 150 y 200mg.XL: tabletas de 150 y 300mg

Dosis promedio: Bupropión: 225-450 mg en 3 dosis dividida (150mg dosis individual máxima). SR: 200-450 mg en 2 dosis dividida (200mg dosis individual máxima). XL: 150-450 mg una vez al día (450 mg dosis máxima)

Aprobado para: Depresión mayor y adicción a nicotina

---

107 Treatment of Psychiatric Disorder, Glen O. Gabbard's-2007, págs. 390-391.

Capítulo 14

Antidepresivos de tercera generación

Inhibidores de la recaptación de serotonina y norepinefrina (SNRI)

Los ocho medicamentos que pertenecen a esta clase son:

1. venlafaxina (Effexor y Effexor XR)
2. duloxetina (Cymbalta)
3. milnacipran (Toledomina)
4. desvenlafaxina (Pristiq)
5. reboxetina (Norebox o Edronax)
6. atomoxetina (Strattera)
7. mirtazapina (Remeron)
8. nefaxodona (Serzone)

La hipótesis de que la acción dual en serotonina y norepinefrina puede ser superior al bloqueo de la recaptación de un neurotransmisor fue indirectamente probada en 1991 por Nelson y colega. Estos informaron una gran eficacia con una combinación de dos agentes (desipramina y fluoxetina), en lugar de utilizarlo de forma individual.[108]

---

[108] Essential of Clinical Psychopharmacology- Alan F. Schatzberg, M.D., Charles B. Nemeroff, M.D.,Ph.D. Second Edition- 2006, pág. 171.

Venlafaxina (Effexor y Effexor XR)

Venlafaxina es el primer SNRI mercadeado en Estados Unidos. Es el pionero en el concepto de múltiples mecanismos farmacológicos en un medicamento único, unido a una mayor eficacia que un mecanismo farmacológico individual, ya sea en términos de aumento en el ritmo de remisión, mayor eficacia para depresión resistente a tratamiento, o remisión sostenida más robusta en un tratamiento a largo plazo. Estudios recientes de prevención de recurrencia a largo plazo con venlafaxina muestran un ritmo de recurrencia bien bajo, no solo en el primer año, sino, sorprendentemente, en el segundo año de tratamiento de mantenimiento.[109]

La venlafaxina puede ser útil en pacientes que presentan una depresión resistente a tratamiento o en combinación con otros antidepresivos, para casos refractarios a tratamiento.[110]

La venlafaxina tiene cierta eficacia en el trastorno de hiperactividad y déficit de atención. Estudios preliminares sugieren eficacia en el tratamiento del dolor neuropático y la fibromialgia.

Para muchos pacientes, la dosis de comienzo recomendada en depresión mayor para Effexor XR es de 75mg/día, administrada en una dosis individual. Para otros pacientes, es preferible comenzar en 37.5 mg/día por 4 a 7 días, para permitir que el paciente se ajuste al medicamento antes de aumentarlo a 75 mg/día. Mientras que la relación entre dosis y respuesta para Effexor XR no ha sido adecuadamente explorada, pacientes que no responden a una dosis inicial de 75 mg/día se pueden beneficiar de un aumento de dosis hasta un máximo de aproximadamente 225 mg/día.

La venlafaxina presenta diferentes grados de inhibición de recaptación de norepinefrina, dependiendo de la dosis, mientras que la inhibición de la recaptacion de serotonina es moderadamente potente y presente en todas las dosis aprobadas.[111] La venlafaxina a dosis alta inhibe la recaptación

---

[109] Stahl's Essential Psychopharmacology, Stephen M. Stahl- Third Edition-2008, pág. 547.

[110] Stephen M. Stahl- Stahl's Illustrated-Antidepressants-First published 2009, pág. 63.

[111] Stephen M. Stahl- Stahl's Illustrated-Antidepressants-First published 2009, pág. 62.

de serotonina y norepinefrina. Los efectos secundarios más comunes de venlafaxina son insomnio, ansiedad y náusea. Además, se han informado efectos de sedación, fatiga, sudoración, mareos, dolor de cabeza, pérdida de apetito, constipación (estreñimiento) y boca seca. Sin embargo, las anormalidades con relación a la eyaculación/orgasmo ocurren en aproximadamente 10% de los pacientes.[112]

La venlafaxina puede producir un aumento de la presión arterial y está relacionado con la dosis. En dosis entre 100 - 300 mg/día, el riesgo de hipertensión es de un 3 a 7%. Por encima de 300 mg/día, el riesgo es de un 13%. Por lo tanto, la hipertensión inducida por venlafaxina puede minimizarse al reducir la dosis. Los efectos en la presión arterial no han sido un obstáculo en su uso en la práctica clínica. No estamos hablando del evento de hipertensión severa observado con el uso de los MAOI. Sin embargo, se recomienda supervisión de la presión arterial.

Este medicamento tiene una vida media corta, y por tal razón las reacciones de descontinuación se pueden observar aunque sean por interrupciones breves. La descontinuación abrupta con el uso de venlafaxina puede producir un síndrome de descontinuación que consiste de mareos, ansiedad, náusea, somnolencia e insomnio. Por tal razón, la venlafaxina se debe descontinuar gradualmente en 2 a 4 semanas.

Formulación: Cápsulas (ER) de 37.5, 75 y 150mg; tabletas de 25, 37.5, 50, 75 y 100mg

Dosis promedio: Entre 150-225mg/día para el trastorno de ansiedad generalizada, 75-225 mg/día para depresión una vez diaria (liberación extendida) o dividido en 2-3 dosis (liberación inmediata)

Aprobado para: Depresión mayor, trastorno de pánico, trastorno de ansiedad social, trastorno de ansiedad generalizada

Duloxetina (Cymbalta)

Tiene la aprobación de la FDA para tratar la depresión mayor, trastorno de ansiedad generalizada, dolor neuropático periferal diabético y fibromialgia, recibiendo esta última indicación a mediados de junio del

---

[112] Handbook of Psychiatric Drugs, New Treatments- Rhoda K. Hahn, M.D., Lawrence J. Albers, M.D., Christopher Reist, M.D.- 2008, pág.25.

2008. Este agente parece que es útil en tratar los síntomas físicos dolorosos asociados con el episodio de depresión mayor, además de tratar la depresión geriátrica, que es frecuentemente asociada con disfunción cognitiva.[113] Parece que la acción dual de los SNRI como duloxetina y otros SNRI es superior a la de los SSRI, para tratar condiciones como el dolor neuropático de la diabetes y síntomas físicos dolorosos crónicos asociados con la depresión. La duloxetina tiene el efecto de inhibir la recaptación de serotonina y norepinefrina. En contraste con venlafaxina; la duloxetina parece que induce un porciento bajo de hipertensión espontánea (menos de un 2%).

Los efectos adversos más comunmente informados son: náuseas (más común), mareos, constipación, fatiga, sudoración, insomnio, sedación, boca seca, disminución de apetito. Hay una incidencia pequeña de disfunción sexual, principalmente en el hombre. El aumento de peso es inusual. La duloxetina puede causar enzimas hepáticas elevadas, hepatitis e ictericia colestática. Estos efectos son más probables en pacientes con uso de alcohol sustancial o enfermedad del hígado pre-existente; por tal razón, se debe evitar el uso de duloxetina en estos pacientes.

En depresión mayor, la duloxetina se administra en una dosis total de 40mg/día (20 mg dos veces al día) a 60 mg/día (ya sea una vez al día ó 30mg dos veces al día). Para ciertos pacientes, es preferible comenzar en 30 mg una vez al día por una semana, para permitir que el paciente se ajuste al medicamento antes de aumentarlo a 60mg diarios. No hay evidencia de que una dosis mayor de 60 mg/día produzca algún beneficio adicional. La descontinuación abrupta de duloxetina se debe evitar, debido a que produce un síndrome de descontinuación similar al de la venlafaxina. Se recomienda una reducción de dosis gradual.

Formulación: Cápsulas de 20, 30 y 60mg

Dosis promedio: Entre 40-60mg/día en 1-2 dosis para depresión; 60mg/día una vez al día para dolor neuropático periferal diabético

Aprobado para: Depresión mayor, dolor neuropático periferal diabético y fibromialgia

---

113 Stephen M. Stahl- Stahl's Illustrated-Antidepressants-First published 2009, pág. 67.

Minalcipran (Toledomina)

Minalcipran es el primer SNRI mercadeado en Japón y muchos países europeos como Francia. Esta aprobado para el tratamiento de depresión en ciertos paises; no así en Estados Unidos.

Se trata de un inhibidor de recaptación de serotonina y norepinefrina disponible para el tratamiento de la depresión. Minalcipran puede ser más energizante y activador que otros SNRI debido a su acción noradrenérgica relativamente potente. La data sugiere que el minalcipran es efectivo en síntomas de ansiedad, incluidos la agitación y somatización. Parece que es relativamente libre de cardiotoxicidad, incluso la hipertensión o hipotensión. Es seguro, efectivo y bien tolerado en pacientes mayores de edad. Se administra, generalmente, dos veces al día, debido a su vida media relativamente corta.

Formulación: Cápsulas de 25 y 50mg (Europa y otros mercados mundiales). Capsulas de 15, 25 y 50mg (Japón)

Dosis promedio: 30-200mg/día en dos dosis

Aprobado para: Depresión mayor, fibromialgia y dolor crónico

Desvenlafaxina (Pristiq)

Es el más reciente antidepresivo inhibidor de recaptación de serotonina y norepinefrina. Tiene la indicación de la FDA para el tratamiento de depresión mayor. La eficacia de la desvenlafaxina ha sido establecida en estudios de 8 semanas, controlado por placebo, en pacientes ambulatorios, que reunieron los criterios del DSM-IV para depresión mayor. Desvenlafaxina es el metabolito activo de la venlafaxina (Effexor). Como metabolito activo, tiene unas peculiaridades:

- Menos probabilidad de interacción en el hígado con otros medicamentos.

- El metabolito es más liposoluble, cruzando la barrera hematoencefálica con más facilidad. Lo que va a llegar al CNS es mucho más equitativo a la concentración plasmática. Por ejemplo, si indico al paciente una determinada dosis, la probabilidad de que llegue esa cantidad al CNS es mucho más alta; por lo tanto, mantenemos una dosis constante.[114]

Las reacciones adversas más comunes, que se presentaron en los estudios a corto plazo, más de 8 semanas, en al menos 2% de los pacientes tratados con desvenlafaxina fueron: náuseas (4%); mareos, dolor de cabeza y vómito (2% cada uno); en estudios a largo plazo, más de 9 meses, la reacción adversa más común fue vómito (2%). Las náuseas y muchos de estos efectos secundarios fueron disminuyendo marcadamente según pasaba el tiempo de la terapia. Con relación a la seguridad cardiovascular, se informó un aumento de la presión arterial en las dosis más altas. En la dosis inicial de 50 mg una vez al día, que es la dosis terapéutica, ésta se comportó como si fuera un placebo. Pero, se recomienda monitorear la presión arterial.

Muchas mujeres en el periodo de la perimenopausia[115] desarrollan "hot flashes" y otros síntomas vasomotores, incluyendo sudoración en las noches, insomnio, y aun depresión, pero no desean utilizar terapia de remplazo de estrógeno. La desvenlafaxina parece tener una gran eficacia en reducir los síntomas vasomotores en tales mujeres y proveer una alternativa a la terapia de remplazo de estrógeno.[116]

Con relación a las contraindicaciones, si el paciente tiene una hipersensibilidad a la venlafaxina, hay que tener precaución con la desvenlafaxina. Si estaba utilizando un MAOI, tenemos que descontinuarlo 14 días antes de iniciar la terapia.

Formulación: Tabletas de 50 y 100mg

Dosis promedio: 50mg una vez al día. Estudios clínicos indican efectividad entre 50- 400mg/día; dosis mayores no han probado su beneficio

Aprobado para: Depresión mayor

---

114 Conferencia ofrecida por la psiquiatra Dra. Ileana Fumero, en un hotel en San Juan, P.R- 22 de junio de 2008.

115 Perimenopausia- el tiempo justo antes y después de la menopausia durante el cual hay una caída notable en los niveles de estrógeno por tres a cinco años previo a la menopausia.

116 Stahl's Essential Psychopharmacology, Stephen M. Stahl, Third Edition-2008, pág. 550.

Reboxetina (Norebox o Edronax) y Atomoxetina (Strattera)

El primer inhibidor de recaptación de norepinefrina selectivo (NRI) mercadeado en Europa y en otros lugares es reboxetina; el primero en Estados Unidos es atomoxetina. La reboxetina está aprobada como antidepresivo en Europa, pero no en Estados Unidos. Estudios extensos en Estados Unidos sugieren eficacia variable en depresión mayor, con la posibilidad de menor efectividad comparado con los SSRI, por lo que al reboxetina ha disminuido la posibilidad de ser aprobada más adelante como antidepresivo.[117]

Por otro lado, atomoxetina tiene la aprobación en EE.UU. para el trastorno de hiperactividad y deficit de atención. Aunque no tiene la aprobación para tratamiento de trastornos depresivos, en un estudio clínico publicado de fase II, se evidenció su eficacia para la depresión.[118] Debido a su mecanismo de acción como un NRI, puede ser de utilidad cuando se añade como un agente de aumentación con SSRI u otros agentes, para depresión resistente a tratamiento[119]

Mirtazapina (Remeron)

Es un antidepresivo serotonérgico específico y noradrenérgico. No tiene afinidad significativa para los receptores de dopamina, baja afinidad para los receptores colinérgicos muscarínicos (De Boer 1996), y alta afinidad para los receptores de histamina (De Boer 1996).[120]

Es un potente antagonista de los receptores adrenérgico alfa 2, además de bloquear tres receptores de serotonina (5HT): 5HT2A, 5HT2C Y 5HT3. Finalmente, bloquea los receptores de histamina 1 (H1). El bloqueo de mirtazapina en estos receptores contribuye, teóricamente, al efecto antidepresivo, ansiolítico y restaurador del sueño, pero el bloqueo de los

---

117 Stahl's Essential Psychopharmacology, Stephen M. Stahl, Third Edition-2008, pág.557.

118 Textbook of Mood Disorder Dan J. Stein, M.D., PH,D., David J.Kupfer, M.D., and Alan F. Schatzberg, M.D.- 2006, pág. 273.

119 Stephen M. Stahl- Stahl's Illustrated-Antidepressants-First published 2009, pág. 78.

120 Essentials of Clinical Psychopharmacology- Alan F. Schatzberg, M.D., Charles B. Nemeroff, M.D.,Ph.D. Second Edition- 2006, pág.153.

receptores de histamina puede contribuir al aumento de peso y la somnolencia durante el día. Mirtazapina es uno de los pocos antidepresivos que puede aumentar la liberación de serotonina sin causar una disfunción sexual significativa.[121]

El añadir mirtazapina a un SSRI o SNRI puede ser sinergístico para depresión severa.

> **Formulación:** Tabletas de 15, 30 y 45mg. SolTab son tabletas que se desintegran de 15, 30 y 45 mg
>
> **Dosis promedio:** 15-45 en la noche
>
> **Aprobado para:** Depresión mayor

Nefaxodona (Serzone)

Posee una acción antagonista o de bloqueo fuerte en el receptor 5HT2A. A través del bloqueo de este receptor, los problemas del sueño pueden mejorar. Es un antagonista débil en 5HT2C.

Este medicamento en particular no se indica con frecuencia, debido al potencial de una rara toxicidad del hígado.

> **Formulación:** Tabletas de 50, 200 y 250mg
>
> **Dosis promedio:** 300-600mg por día
>
> **Aprobado para:** Depresión, prevención de recaída en depresión mayor

Nota: Las formulaciones, dosis promedio y aprobaciones de todos los antidepresivos presentado en este libro fueron obtenido del libro **Stephen M. Stahl- Stahl's Illustrated-Antidepressants-2009.**

---

121 Stahl's Essential Psychopharmacology- Stephen M. Stahl- Third Edition, 2008, pág.562.

Capítulo 15

El uso de antidepresivos en poblaciones especiales

Antidepresivos en el embarazo

La depresión mayor que ocurre durante el embarazo es un problema terapéutico dificultoso. El tratamiento dependerá de la gravedad de la enfermedad. La depresión leve o moderada podría tratarse con psicoterapia solamente, pero esto varía con cada paciente, reservándose el uso de medicamentos para los casos de depresión severa.

La prevalencia de depresión durante el embarazo oscila entre 10% a 17%. Además, las mujeres con historial de un trastorno del estado de ánimo (depresión o bipolaridad) tienen un riesgo grande de presentar recaída durante el embarazo.

Descontinuar la terapia de antidepresivos durante el embarazo puede causar más daño que beneficio, produciendo estrés, cronicidad del cuadro depresivo y ansiedad. Esto se asocia a parto prematuro, alteraciones del crecimiento fetal con bajo peso al nacer, como consecuencia de poco aumento de peso materno. Además, el niño puede experimentar retraso en el desarrollo en las áreas motora, social y cognitiva, y puede presentar alta sensibilidad al cortisol, trayendo como consecuencia posible desarrollo de hipertensión, diabetes, aceleración de arteriosclerosis y otras condiciones médicas, además de disminuir la respuesta frente al estrés.

En este momento, no hay evidencia de que los antidepresivos tricíclicos o SSRI causen daño intrauterino o defectos en el nacimiento, pero carecemos de data definitiva.

Sin embargo, en un estudio con una muestra grande se evidenciaron tres o más anormalidades físicas menores en infantes expuestos a fluoxetina. Este estudio demostró que los fetos expuestos a fluoxetina después de 25 semanas de embarazo tuvieron poco peso al nacer, asociado con poco aumento de peso en la madre.

Se han estudiado los antidepresivos tricíclicos y fluoxetina y no han evidenciado efectos en la condición cognitiva, temperamento, o conducta general. Se realizó otro estudio, en el que se incluyó una serie de antidepresivos, entre ellos los tricíclicos, y se expusieron desde el primer trimestre del embarazo (que es el trimestre de mayor riesgo para el feto, ya que se produce la órgano génesis), a lo largo del embarazo y durante el nacimiento de estos niños que estuvieron expuestos a dichos antidepresivos. Se realizaron unas pruebas que no revelaron influencia negativa en el desarrollo cognitivo, del lenguaje o el temperamento. Mientras, en el otro grupo de mujeres con depresión no tratada, hubo influencia negativa en el rendimiento cognitivo y en el desarrollo del lenguaje de sus hijos.

Se han realizado otros estudios en los que los defectos de nacimiento, como son las malformaciones de órganos por la exposición a los SSRI y otros antidepresivos nuevos, no ocurren con frecuencias estadísticamente mayores que en neonatos no expuestos. Se hizo un estudio de mujeres que utilizaron antidepresivos durante el primer trimestre de embarazo y sugirió un aumento de malformaciones congénitas mayores para paroxetina en comparación con otros antidepresivos. La Administración de Drogas y Alimentos no ha aprobado el uso de ningún antidepresivo durante el embarazo. Ha clasificado la mayoría de los antidepresivos como categoría C en riesgo de embarazo. Esto es "el riesgo no se debe excluir". Se carece de estudios con humanos adecuados y bien controlados. Mientras que en estudios con animales hay tanto resultados positivos como negativos para riesgo fetal. Los médicos deben estar orientados con lo más reciente en la literatura con relación a este tema y evaluar caso por caso los riesgos y beneficios, tanto para la madre como para el niño. La decisión de continuar el medicamento depende del profesional de salud mental y de la interacción con el médico obstetra.

A continuación presentaré los riesgos de tratar o no tratar a la mujer con depresión durante el embarazo.

Riesgos de tratar con antidepresivos durante el embarazo
- Malformaciones cardiacas congénitas (especialmente en el primer trimestre; paroxetina)
- Hipertensión pulmonar persistente en el recién nacido (tercer trimestre; SSRI)
- Síndrome de retirada en el neonato (tercer trimestre: SSRI)
- Prematuro, bajo peso al nacer
- Anormalidades en el neurodesarrollo a largo plazo
- Aumento de suicidio, debido al uso de antidepresivo (mayor de 25 años)
- Riesgo médico legal con el uso de antidepresivos

Riesgos de no tratar con antidepresivos durante el embarazo
- Recaída de depresión mayor
- Aumento de la probabilidad de suicidio, debido al no uso de antidepresivo
- Pobre autocuidado
- Pobre motivación para el cuidado prenatal
- Disrupción del vínculo entre el infante y la madre
- Bajo peso al nacer, retraso del desarrollo en el niño de la madre con depresión no tratada
- Daño al infante
- Daño a ella misma
- Riesgo médico legal al no utilizar antidepresivo[122]

---

[122] La información de los riesgos de tratar o no tratar a la mujer con antidepresivos durante el embarazo fue obtenida del libro Stahl's Illustrated-Antidepressants-2009.

Antidepresivos para niños y adolescentes

No es extraño que los padres o familiares de mis pacientes me pregunten con preocupación sobre lo que han leído en la prensa o visto en televisión con relación al riesgo de suicidio con el uso de los antidepresivos en niños y adolescentes. En la actualidad, es un tema ampliamente difundido tanto en la prensa popular como en publicaciones científicas, motivadas desde una perspectiva más emocional que analítica y rigurosa de los datos. La interpretación general de la prensa fue inequívoca, en presumir y propagar la idea de que los antidepresivos eran letales. Además, muchos titulares de periódicos explícitamente se refieren a la medicación como inductora de suicidio y no en los términos adecuados. Por ejemplo, el Washington Post titulaba "las drogas (antidepresivas) incrementan el riesgo de suicidio; análisis de datos confieren preocupación al uso de antidepresivos".[123]

La FDA sugirió una posible relación entre los antidepresivos y el suicidio en niños y adolescentes.Una revisión por parte de Wooltorton (2003) trajo como consecuencia que la FDA publicara una advertencia basada en tres estudios controlados con adolescentes deprimidos que mostraron diferencias entre el uso de paroxetina y un placebo. En estos estudios, los pensamientos suicidas, intentos suicidas y la autoagresión fueron más frecuentes entre adolescentes que utilizaban paroxetina (5.3% de 378) comparado con los que utilizaban placebo (2.8% de 285). Resultados similares fueron informados en estudios de adolescentes con trastorno de ansiedad social (paroxetina: 2.4% de 165; placebo 0% de 157). Basado en estos hallazgos, Wooltorton expresó que " la paroxetina esta contraindicada para pacientes menores de 18 años de edad... cualquier paciente pediátrico que esté utilizando paroxetina debe ser evaluado en cuanto a pensamientos suicidas, intentos suicidas o episodios de autoagresión".[124]

A base de datos similares, los clínicos han sido advertidos en cuanto al riesgo de conducta suicida en adolescentes que reciben venlafaxina de liberación prolongada.

---

123 Asociación de Psiquiatría de America Latina (APAL)-material educativo-2009.

124 Textbook of Mood Disorders, Dan J. Stein, M.D PH, D., David J.Kupfer, M.D and Alan F. Schatzberg, M.D.- 2006, pág. 275.

El manufacturero de venlafaxina (Wyeth Inc.) suministró una información de eventos adversos en estudios acerca de la depresión y el trastorno de ansiedad generalizada en niños y adolescentes en el "Dear Healthcare Professional". La compañía encontró un exceso de descontinuación por eventos adversos en tres categorías: hostilidad (venlafaxina, 2%; placebo, menos de 1%), ideas suicidas (2% vs. 0%) o cambio de conducta (1% vs. 0%) y concluyó: "El Effexor y Effexor XR no se recomienda para pacientes pediatricos". A base de esta data, no se recomienda utilizar paroxetina ni venlafaxina en niños o adolescentes.[125]

En el 2004, la FDA incluyó una advertencia tipo "black box", en el sentido de que los antidepresivos "aumentan el riesgo de pensamientos o comportamientos (tendencias suicidas) en niños y adolescentes con depresión mayor y otros trastornos psiquiátricos". La base de esta advertencia fue la realización de un análisis en conjunto de 23 estudios a corto plazo, con más de 4,400 niños y adolescentes con depresión mayor. La duración fue de 4 a 16 semanas e incluyó la utilización de 9 antidepresivos, entre ellos los SSRI. El resultado fue un riesgo promedio de pensamiento o conducta suicida de 3.8% para pacientes que recibieron un antidepresivo comparado con 2.1% para los que recibieron un placebo. Sin embargo, no se informó suicidio en ninguno de estos estudios. Es importante señalar que este riesgo es bajo, comparado con el de suicidio en pacientes con depresión. Luego de esta advertencia, hubo una fuerte y rápida disminución en la prescripción antidepresiva, con un impacto incierto a nivel de salud pública. Tanto la American Medical Association como la American Psychiatric Association advirtieron de las implicaciones que podria tener la disminución del acceso a los antidepresivos por parte de los pacientes que objetivamente podrían beneficiarse de ellos.

Un estudio publicado por la "American Journal of Psychiatry" reflejó que disminuyó el uso de SSRI en aproximadamente un 22% en EE.UU. y el Reino Unido después de la advertencia de la FDA sobre el riesgo de pensamiento y conducta suicida por el uso de los antidepresivos. Los resultados del estudio demostraron que en el Reino Unido el ritmo de suicidio en jóvenes aumentó a un 49% entre 2003 y 2005. En EE.UU.,

---

125 Textbook of Mood Disorders, Dan J. Stein, M.D., PH,D., David J.Kupfer, M.D., and Alan F. Schatzberg, M.D.- 2006, pág. 275.

el ritmo de suicidio en esta población de pacientes aumentó a 14% entre 2003 y 2004, siendo el cambio más grande de un año a otro en ritmo suicida en esta población, desde que el Centro para Control de Enfermedad y Prevención comenzó a registrar los suicidios en 1979.

De acuerdo con el Centro de Control de Enfermedades y Prevención, los pensamientos y los intentos suicidas son comunes en adolescentes, y ocurren respectivamente en aproximadamente 17% y 8.5% de adolescentes cada año. Como resultado de tales intentos, solo 0.002% en niñas y 0.012% en niños mueren; por tal razón, resalta el hecho de que los pensamientos y la conducta suicida no son equivalentes al suicidio.

El 3 de febrero de 2005, el black box original fue cambiado por la FDA, precisando que el uso de antidepresivos produciría incremento de la ideación y de conductas, no así de suicidio como tal. El comunicado señalaba que todos los antidepresivos aumentaban el riesgo de pensamientos y comportamientos suicidas en niños y adolescentes, y que dicha información debía ser citada en todo tipo de publicidad relacionada con los antidepresivos inclusive en el prospecto de cada caja comercializada, donde además debía establecerse que muchos de los antidepresivos no estaban aprobados para ser usado en niños y adolescentes.

La FDA recomienda que "todos los pacientes pediátricos tratados con un antidepresivo para cualquier indicación, deberán ser observados estrechamente por un profesional de salud mental para supervisar algún incremento clínico en el pensamiento o conducta suicida y/o cambios inusuales de conducta, especialmente durante los primeros meses de una terapia de medicamentos, o un cambio de dosis, ya sea aumento o disminución".

La FDA sugiere un aumento de frecuencia en visitas (semanalmente para las primeras 4 semanas, bisemanalmente para las próximas 8 semanas), con prescripciones para "las cantidades más pequeñas de tabletas, que sean consecuentes con un buen manejo del paciente, para reducir el riesgo de sobredosis". La FDA además recomienda que los pacientes sean evaluados para descartar el trastorno bipolar, antes de iniciar una terapia de antidepresivos. Es importante que la familia y los cuidadores de pacientes adultos y pediátricos observen a los pacientes para detectar agitación, irritabilidad, hostilidad (agresividad), impulsividad, ansiedad, ataques de pánico, insomnio, hipomanía, manía, o cambios inusuales de conducta, de tal manera que los síntomas sean informados inmediatamente al profesional de salud mental.

Por otro lado, a pesar de la postura de la FDA, existe una fuerte evidencia de que los antidepresivos resultan útiles en la reducción del riesgo suicida. Una progresiva y significativa disminución en las tasas de suicidio entre pacientes depresivos se produjo desde los inicios de la terapéutica en psiquiatría. Así, en la era "pre-terapéutica" (1900-1939), en la era de la "terapia electroconvulsiva" (1940-1959), y en la era de los antidepresivos (1960-1992), las tasas se redujeron de modo progresivo (6.3, 5.7 y 3.3 por cada 1,000 pacientes).[126]

Con la introducción de los SSRI en 1988 ha habido una evidente reducción en las tasas de suicidio durante la década de los 90. Desde 1985 a 1999, la tasa de suicidio en los EE.UU. disminuyó de 12.4 x 100,000 habitantes a 10.7 x 100,000, mientras que la prescripción de los antidepresivos - fundamentalmente los SSRI - se incrementó 4 veces. La declinación fue más pronunciada en mujeres que en hombres, coincidente con el hecho que las mujeres recibieron 2 veces más antidepresivos que los varones. Otro hecho que apoya la acción positiva de los antidepresivos es que el incremento de un 13 % en las ventas de los SSRI en 27 paises durante 1999 se tradujo en una reducción del 2.5% en las tasas suicidas. Por su parte, en Suecia, la reducción del 25% en las tasas de suicidio estaría asociada a un aumento del 400% en el uso de antidepresivos.[127]

Se ha demostrado la eficacia de los SSRI como la fluoxetina, citalopram y sertralina, comparados con placebos en el tratamiento de depresión mayor en niños y adolescentes. Estudios con fluoxetina sostienen la indicación de la FDA para el tratamiento de depresión en niños y adolescentes. El estudio"Treatment for Adolescents With Depression Study" (TADS, por sus siglas en inglés), patrocinado por el Instituto Nacional de Salud Mental, consistió de 12 semanas de tratamiento con fluoxetina, en jóvenes con depresión mayor, de moderada a severa. Los resultados fueron una respuesta utilizando solo fluoxetina con 60.9%,

---

[126] Asociación de Psiquiatría de America Latina (APAL)-material educativo-2009.

[127] Asociación de Psiquiatría de America Latina (APAL)-material educativo-2009.

con placebo 35% o terapia cognitiva con 43.2%. La fluoxetina en combinación con terapia cognitiva fue asociada con una gran respuesta de (71%.). Hubo una mejoría en el pensamiento suicida en todos los grupos.[128]

El mayor riesgo en el niño o adolescente deprimido es la enfermedad misma; el uso de un antidepresivo parece que reduce el riesgo. Olfson et al. (2003) utilizó una gran base de datos de farmacia para evaluar la relación entre los cambios en el tratamiento de medicación antidepresiva y el suicidio en adolescentes entre 1990 a 2000. El encontró que un 1% de aumento en frecuencia de prescripción de antidepresivos resultaba en una disminución en frecuencia de suicidio de 0.23 por 100,000. Además, en el periodo de 1991-2001 en EE.UU., el ritmo de suicidio para niños entre las edades de 10-14 años declinó aproximadamente 14%, mientras el ritmo para las edades de 15-19 disminuyó 31.5% (Centro de Control de Enfermedades y Prevención, 2004). El aumento en la frecuencia de prescripciones de antidepresivos en el mismo periodo sugiere que estos medicamentos contribuyeron a este declive.[129]

La Academia Americana de Psiquiatría de Niños y Adolescentes se opone a la advertencia del "Black Box" y recomienda continuar con el uso de antidepresivos, incluidos los SSRI, para depresión en niños y adolescentes, acompañado de una educación apropiada a la familia con relación al riesgo suicida y una supervisión adecuada. En un editorial del "Journal of the American Psychiatric Association (2007) concluyeron que "es mucho más probable que la conducta suicida lleve al tratamiento que el tratamiento lleve a la conducta suicida."

Antidepresivos en envejecientes

Los antidepresivos más recomendados para esta población, por su efectividad y seguridad, son los SSRI. Los más estudiados han sido la sertralina y el escitalopram. Los que actúan en dos neurotransmisores como

---

[128] Practice Guidelines for the Treatment of Patients with Major Depressive Disorder, 2nd edition.

[129] Textbook of Mood Disorders, Dan J. Stein, M.D., PH,D., David J.Kupfer, M.D., and Alan F. Schatzberg, M.D.- 2006, págs. 275-276.

la duloxetina tienen muy buenos resultados y ayudan en el componente físico del dolor. El bupropión es bien efectivo para los pacientes sin energía o motivación. La mirtazapina los ayuda a dormir mejor y les estimula el apetito. No se recomiendan los TCA, por los riesgos cardiacos, ni los MAOI.[130]

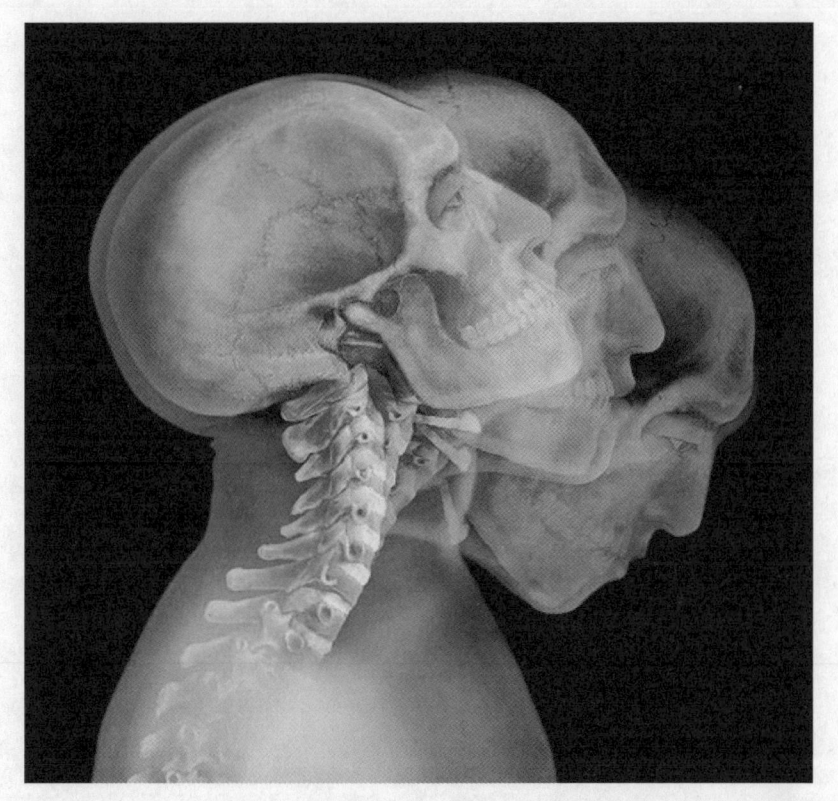

Trastorno Bipolar

---

[130] Dr. William Julio, gerosiquiatra, conferencia ofrecida el 20 de junio del 2008 en un hotel en San Juan, P.R.

Apuntes

Capítulo 16

Trastorno Bipolar

Definición de bipolaridad

El término "bipolar" fue acuñado en 1953 por Karl Kleist, MD, un pionero en la neuropsiquiatría alemana. Oficialmente, el término "trastorno bipolar" fue utilizado en psiquiatría para hacer una clara distinción entre dos polos opuestos: los episodios de manía o euforia (más alegre de lo normal), y los episodios de depresión. El trastorno bipolar es una enfermedad del sistema nervioso central que afecta tanto al cerebro como al cuerpo. Factores de índole ambiental, hereditarios, genéticos y biológicos producen cambios en las células del cerebro, provocando un desequilibrio químico en el sistema nervioso, lo cual da como resultado fluctuaciones anormales del metabolismo, las emociones y los procesos del pensamiento, alterando, incluso, la capacidad de prestar atención.[131] El nombre previo del trastorno bipolar fue enfermedad maníaco depresiva. El término fue cambiado por la comunidad de salud mental en 1970, como parte de un intento de añadir claridad y uniformidad al diagnóstico psiquiátrico.

El trastorno bipolar se caracteriza por oscilaciones dramáticas en el estado de ánimo "mood swings" entre depresión mayor y euforia, acompañadas por disturbios en el pensamiento, distorsión de la percepción y deterioro del funcionamiento social. El trastorno bipolar es fundamentalmente depresión. Casi el 70% de quienes lo padecen tienen depresión en algún momento. Cuando se trata el trastorno bipolar de manera inadecuada, las personas pasan un promedio de cuatro meses al año en la fase depresiva. Muchas personas experimentan síntomas principalmente

---

131 Manual del Trastorno Bipolar, Dr. Wes Burgess- 2006, pág. 13.

maníacos durante su juventud, aunque, con los años, la enfermedad se manifiesta mayormente en su fase depresiva.[132] La persona experimenta periodos de eutimia o estado de ánimo "normal" entre los episodios de los dos extremos.

Aunque no está probada, la hipótesis preponderante en el campo de la psiquiatría, al presente, es que el trastorno bipolar es progresivo. Al inicio del trastorno bipolar se presentan episodios discretos maníacos y depresivos, pero, a medida que progresa la enfermedad, aparecen episodios disfóricos y mixtos, y finalmente, se presentan con más frecuencia los episodios maníacos/hipomaníacos y depresivos, con una resistencia cada vez mayor al tratamiento. Por tal razón, es importante reconocer y tratar la depresión y bipolaridad lo más rápidamente posible, para lograr que todos los síntomas remitan por largos periodos, y con ello evitar que estas devastadoras enfermedades progresen a estados más dificultosos.

Existen dos subtipos del trastorno bipolar:

- Trastorno bipolar I- Requiere el historial de, al menos, un episodio severo maníaco o mixto. En la severidad puede estar de por medio una psicosis u hospitalización o ser catastrófico, como la encarcelación o quedar en quiebra.

  Puede presentarse con o sin episodio de depresión mayor, aunque con más frecuencia comienza con depresión (75 porciento del tiempo en mujeres, 67 porciento en hombres) y es un trastorno recurrente. Muchos pacientes experimentan ambos episodios, depresivos y maníacos, aunque 10 a 20% experimentan solo episodios maníacos.[133]

- Trastorno bipolar II- Requiere que ocurran uno o más episodios de depresión mayor y, al menos, un episodio hipomaníaco. Debido a que no es tan severo como el bipolar I, el bipolar II es más difícil de diagnosticar. Esto es especialmente cierto en pacientes con depresión que han experimentado una elevación leve del estado de ánimo. Por lo tanto, se necesita información adicional de personas significativas, como el cónyuge, que contesten preguntas con rela-

---

132 Manual del Trastorno Bipolar, Dr. Wes Burgess- 2006, pág. 35.

133 Concise Textbook of Clinical Psychiatry, Kaplan and Sadock's ,Third Edition-2008, pág. 220.

ción al historial de episodios hipomaníacos. El trastorno bipolar II es una enfermedad crónica que necesita estrategias de tratamiento a largo plazo.

Los episodios maníacos, mixtos e hipomaníacos los discutiré detalladamente más adelante.

De acuerdo con la Asociación Nacional Depresiva Maníaca y Depresiva, los pacientes bipolares pasan un promedio de 8 a 10 años sin recibir un diagnóstico preciso y tratamiento médico efectivo.[134] A continuación, se presenta una gráfica en la que se observa el número de años que transcurre para establecer un diagnóstico de bipolaridad.

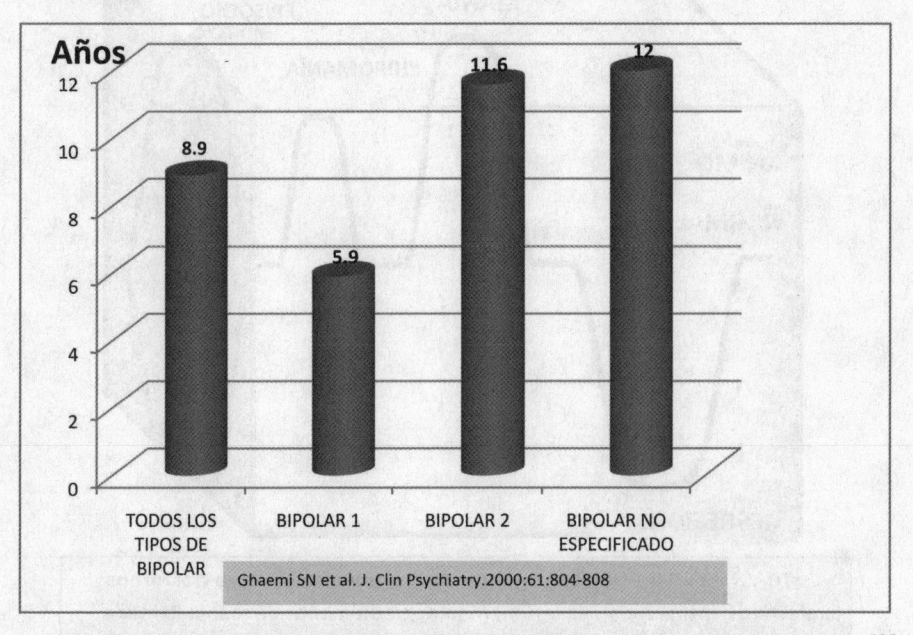

Figura 13

Años	
TODOS LOS TIPOS DE BIPOLAR	8.9
BIPOLAR 1	5.9
BIPOLAR 2	11.6
BIPOLAR NO ESPECIFICADO	12

Ghaemi SN et al. J. Clin Psychiatry.2000:61:804-808

La bipolaridad tiende a ser severa, acortando la vida en unos 9 años[135] reduciendo 12 años a una adecuada calidad de vida y 14 años de una ac-

---

134 SW Woods, "The Economic Burden of Bipolar Disease," J Clinic Psychiatry 2000;61 Supp 13:38.

135 Bipolar, Eberhard J. Wormer, pág.19.

tividad vital normal, en lo que se refiere a familia y trabajo. Por lo tanto, la bipolaridad es una enfermedad de por vida. Representa un trastorno médico potencialmente letal, si no es tratado adecuadamente. Con un diagnóstico apropiado y tratamiento con medicamentos y psicoterapia, es posible que un 70 a 80% de pacientes con trastorno bipolar lleven una vida normal y extremadamente productiva.[136]

Las observaciones clínicas han mostrado que el trastorno bipolar no es una enfermedad uniforme, sino que, dentro de un denominado "espectro de trastorno bipolar", hay diferentes variaciones de la condición.

Figura 14

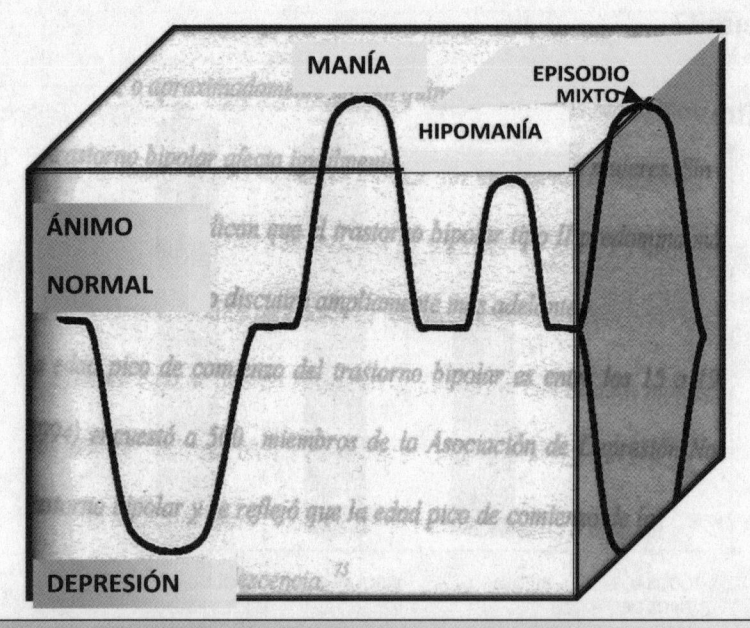

El TRASTORNO BIPOLAR es caracterizado por varios tipos de trastornos afectivos, Incluyendo depresión, manía, grado menor de manía llamada hipomanía y episodios mixtos en donde la manía y la depresión coinciden.

En esta figura se ejemplifica la diversidad del trastorno bipolar

---

136 Ronald R. Fieve, M.D. Bipolar II- The Essential Guide to Recognize and Treat the Mood Swings of this Increasingly, Common Disorder- 2006, pág.32.

Curso de la bipolaridad

La incidencia del trastorno bipolar en Estados Unidos está entre 2% y 7%. En ese país hay más de siete millones de niños y adultos que padecen de trastorno bipolar. Casi diez millones de personas desarrollarán la enfermedad en algún momento de sus vidas. Aproximadamente la mitad de ellas nunca obtendrán el diagnóstico o el tratamiento correcto.[137]

Aproximadamente 1% de la población mundial padece de trastorno bipolar I, mientras que 0.5% sufre del trastorno bipolar II. Basado en siete estudios, la probabilidad de ser afectado por una condición dentro del espectro bipolar fluctúa entre un 3.0 a 6.5% de la población.[138] El trastorno bipolar afecta igualmente a hombres y a mujeres. Sin embargo, estudios epidemiológicos indican que el trastorno bipolar tipo II predomina más en las mujeres. La bipolaridad II la discutiré ampliamente más adelante.

La edad pico de comienzo del trastorno bipolar es entre los 15 a 19 años. Lish et al. (1994) encuestó a 500 miembros de la Asociación Nacional de Depresión que tenían trastorno bipolar, y se reflejó que la edad pico de comienzo de los síntomas fue en la adolescencia.[139] Mientras, el inicio del primer episodio después de los 30 años es menos común (aproximadamente un 16%), siendo más probable debido a problemas médicos y neurológicos, el comienzo temprano del trastorno bipolar está asociado a un historial familiar. Es importante reconocer que, en el primer episodio, el inicio más común en el trastorno bipolar es un episodio de depresión mayor, más que un episodio maníaco. Por tal razón, la meta del profesional de la salud mental es identificar el trastorno bipolar, antes del primer episodio maníaco. Mas adelante discutiré con detalle el episodio maníaco.

---

137 Manual del trastorno bipolar, Dr. Wes Burges- 2006, págs. 10 y 14.

138 Improving Outcome in Patient With Bipolar Disorder: Exploring the Distinction Between Efficacy and Effectiveness. Terence A, Ketter, MD. Medscape and Medicine-August 2007.

139 Bipolar Depression- Rif S. El- Mallakh, M.D., S.Nassir Ghaemi, M.D., M.P.H.-2006, pág.103.

Recurrencia en el trastorno bipolar

Cuando los episodios de manía y depresión ocurren repetidamente durante un lapso de meses o años, se considera la enfermedad psiquiátrica como recurrente. Más del 90% de los pacientes bipolares tienen episodios adicionales. Una persona que tenga un episodio maníaco único, tiene un 90% de probabilidad de tener otro. Aproximadamente 40 a 50% de los pacientes con trastorno bipolar I puede tener un segundo episodio maníaco en 2 años, luego del primer episodio. Aproximadamente 7 porciento de los pacientes con trastorno bipolar I no presentan recurrencia de síntomas, 45 porciento presentan más de un episodio, y 40 porciento tienen un trastorno crónico. Los pacientes pueden tener entre 2 y 30 episodios maníacos, aunque el número promedio son 9 episodios. Aproximadamente 40 porciento de todos los pacientes tienen más de 10 episodios. En seguimiento a largo plazo, 15 porciento de todos los pacientes con trastorno bipolar están estables emocionalmente, 45 porciento están estables pero presentan múltiples recaídas, 30 porciento están en remisión parcial, y 10 porciento estan crónicamente enfermos.[140]

Entre el 85 y el 90% de los pacientes bipolares, sufrirán después de una primera fase de la enfermedad, unos 8 a 10 episodios posteriores.[141] La recurrencia de los episodios de estado de ánimo es más común en la bipolaridad que en depresión unipolar. En la depresión unipolar, en estudios de seguimiento por 13.5 años, una cuarta parte no experimentó episodios de estado de ánimo adicionales.

El paciente bipolar alterna episodios de depresión con estados maníacos o hipomaníacos y periodos de "sentirse bien." Es frecuente que se presenten periodos, cortos o largos, de completo bienestar entre periodos de depresión y manía o hipomania.

El famoso psiquiatra alemán Emil Kraepelin, frecuentemente llamado el padre de la psiquiatría moderna, encontró en su clínica en Munich que el periodo promedio de sentirse "bien" después de un episodio de estado de ánimo fue:

---

140 Concise Textbook of Clinical Psychiatry- Kaplan and Sadock's ,Third Edition-2008, pág. 220.

141 Eberhard J. Wormer: Bipolar-2003, pág. 18.

- 4.3 años después del primer episodio
- 2.8 años después del segundo episodio
- 1.8 años después del tercer episodio
- 1.7 años después del cuarto episodio
- 1.5 años después del quinto episodio[142]

Kraepelin fue de los primeros en documentar que el periodo de sentirse "bien" entre el primero y segundo episodio era de mayor duración que el intervalo entre el segundo y tercero y otros episodios sucesivos. Por lo tanto, sin un tratamiento adecuado, los intervalos sin síntomas se van acortando. Después de aproximadamente 5 episodios, los intervalos interepisodios frecuentemente se estabilizan en 6 a 9 meses.

Mi experiencia clínica me ha enseñado que, cuando el paciente presenta su primer episodio de bipolaridad y abandona el tratamiento, los episodios que le siguen, sean de hipomanía o de depresión, tienden a ser más intensos, más continuos y de peor pronóstico. Las oscilaciones del estado de ánimo se van dificultando, teniendo que emplear una mayor cantidad de medicamentos para lograr su estabilización y la remisión de síntomas. Estos episodios generalmente están acompañados de disfunción en el trabajo, problemas con la familia, uso de alcohol o sustancias ilícitas (cocaína, heroína, marihuana).

Sin embargo, el peor enemigo para la recuperación de la salud física y emocional del paciente bipolar es la negación o falta de aceptación de la enfermedad, tanto por familiares como por el paciente mismo. No es raro que el paciente logre una estabilización y abandone luego el tratamiento, regresando de crisis en crisis. El paciente con esta mala práctica, se niega a sí mismo la oportunidad de vivir con control de los síntomas de la enfermedad y, por ello, de su propia vida. Cuando el paciente tiene confianza en la pericia de su médico, y tiene un conocimiento informado, debe mantenerse fiel al tratamiento.

---

142 Ronald R. Fieve, M.D. Bipolar II- The Essential Guide to Recognize and Treat the Mood Swings of this Increasingly, Common Disorder- 2006, pág.12.

Concluimos, por tanto, que, la educación, el diagnóstico temprano y un tratamiento efectivo, que incluya los medicamentos que estabilizen el estado de ánimo, va a prevenir el deterioro o desarrollo de los síntomas negativos del trastorno bipolar tipo II.[143] Se preguntara el lector cuánto tiempo se estima persista, en promedio, un episodio de depresión unipolar no tratada: entre 6 y 12 meses, y de 3 a 6 meses en la depresión bipolar.

---

143 Ronald R. Fieve, M.D. Bipolar II- The Essential Guide to Recognize and Treat the Mood Swings of this Increasingly, Common Disorder- 2006, pág.13.

Capítulo 17

Aspectos importantes en la bipolaridad

Cicladores rápidos

Los cicladores rápidos son aquellos pacientes que presentan 4 ó más episodios de estados mixtos, hipomaníaco o maníaco en un año. El ciclador rápido es más común en trastorno bipolar que en depresión unipolar. Un curso de ciclador rápido puede ser intermitente o persistente, y puede ocurrir en cualquier momento durante una enfermedad. Es más común en pacientes con una variedad de condiciones médicas, incluidas el hipotiroidismo, condiciones neurológicas, y retardación mental. Si presenta distintos cambios de estado de ánimo en un intervalo de semanas o días, el patrón es considerado, ultra rápido. A los cambios de ánimo abruptos, de menos de 12 horas de duración se les conoce como ciclo ultra-ultra rápido. Este patrón es más frecuentemente observado en niños bipolares.

Las mujeres tienen tres veces más probabilidad de tener un curso de ciclador rápido, en comparación con el hombre. No hay data que indique que los cicladores rápidos tienen un patrón familiar de herencia, pero factores externos, como el estrés o tratamiento con medicamentos, pueden estar envueltos en la patogénesis de los cicladores rápidos.

Comorbilidad en la bipolaridad

El paciente bipolar tiene una alta predisposición a la comorbilidad, esto es, el presentar a la vez otras enfermedades, como son la psicosis, los trastornos de ansiedad, trastorno de control de impulso, trastorno de hiperactividad con déficit de atención, trastornos de conducta, trastorno de personalidad limítrofe, migraña, bulimia, trastornos de tiroides, y otros más. Las enfermedades psiquiátricas comórbidas más frecuentes en el paciente bipolar son:

- uso/abuso de sustancias- 44% a 61%
- trastorno de ansiedad- 24% a 42%
- trastorno de personalidad- 30%
- trastorno alimentario- 0.5% a 3 %[144]

La presencia de comorbilidad puede complicar el diagnóstico y el tratamiento del trastorno bipolar por:

- deterioro en cuanto a su funcionabilidad.
- contribuye a una aceleración cíclica y episodios más severos.
- complica el tratamiento, debido a interacción de drogas o deterioro de la función de algún órgano.
- requiere un tratamiento agresivo de comorbilidad, para mejorar el pronóstico a largo plazo.[145]

Uso/abuso de sustancias en la bipolaridad

El paciente hipomaníaco es propenso al alcohol y/o al uso de drogas. Esto lo hace con el propósito de automedicarse, por la aguda ansiedad que sufre durante el estado depresivo o para aumentar la euforía y energía durante la fase hipomaníaca. Aunque hay ciertos pacientes que dejan de ingerir alcohol cuando están deprimidos, el paciente bipolar II aumenta la ingesta de alcohol durante los estados de ánimo bajo. Cuando el paciente presenta dos diagnósticos psiquiátricos simultáneos como son el alcoholismo y el trastorno bipolar II, el término utilizado es diagnóstico dual (doble diagnóstico). De hecho, el trastorno bipolar está asociado con una mayor frecuencia de abuso de sustancias que cualquier otra enfermedad psiquiátrica. Casi dos terceras partes de los hombres y las mujeres con trastorno bipolar I y II reúnen el criterio diagnóstico para un trastorno

---

144 Decoding Bipolar Disorder-2007, pág.116.

145 Decoding Bipolar Disorder-2007, pág.113.

adictivo.[146] Entre un 60 y el 80% de los enfermos de trastorno bipolar sufrirán alcoholismo o abusarán de las drogas durante su vida.[147] Según el estudio del "NIMH Epidemiologic Catchment Area" (ECA, por sus siglas en inglés), entre el grupo de trastorno bipolar I, el 60.7% tienen un trastorno de uso de sustancia comórbido; 46% tienen un diagnóstico de alcoholismo y 40.7% tienen un diagnóstico de abuso o de dependencia de drogas o sustancias sicoactivas (Reiger et al.1990).[148]

La cocaína, amfetaminas y/o fenciclidina (PCP, polvo de angel) pueden originar un comportamiento muy parecido al de la manía. De hecho, la incidencia de pacientes bipolares que utilizan cocaína es la más alta que cualquier otra categoría de abuso de sustancia. Aproximadamente, 15% de todos los adultos que tienen una enfermedad psiquiátrica en cualquier año dado experimentan además un trastorno de abuso de sustancia que complica el tratamiento.[149]

Entre pacientes bipolares I y II, la frecuencia de abuso de sustancias es tan alta como un 60%. Específicamente, el abuso de cocaína es informado en un 30%. En cuanto a género, el hombre parece que tiene una frecuencia más alta de abuso/dependencia de alcohol comórbido y de abuso/dependencia de marihuana. Los pacientes bipolares que abusan del alcohol o las drogas usualmente tiene un peor pronóstico que los pacientes bipolares II que no abusan de sustancias. Similarmente, los pacientes bipolares II que tienen además problemas de abuso de sustancia tienen 15 veces mayor probabilidad de cometer suicidio que aquellos sin diagnóstico dual.[150]

La cocaína produce ataques de ansiedad que pueden llevar a una franca psicosis con alucinaciones. El bipolar II con abuso de sustancias comórbido, frecuentemente presenta estados de ciclador rápido o mixto con cor-

---

146 Ronald R. Fieve, M.D. Bipolar II- The Essential Guide to Recognize and Treat the Mood Swings of this Increasingly, Common Disorder- 2006, pág. 119.

147 Manual del Trastorno Bipolar, Dr. Wes Burgess- 2006, pág. 111.

148 Bipolar Disorder in Childhood and Early Adolescence, Barbara Geller, MD, Melissa P. Del Bello, MD-2003, pág.85.

149 Surgeon General's Report on Mental Health, 1999.

150 Ronald R. Fieve, M.D. Bipolar II- The Essential Guide to Recognize and Treat the Mood Swings of this Increasingly, Common Disorder- 2006, pág.120.

tos periodos de exaltación y depresión profunda. Dichos síntomas pueden durar horas, días o semanas. En un estado mixto, la persona puede sentir estados de ánimo alto y bajo, representado por irritabilidad y paranoia.[151]

En julio del 2008 se publicó un estudio dirigido por Timothy E. Wilens, MD, del Hospital General de Massachusetts y de la Escuela de Medicina de Harvard, en Boston Massachussetts. El propósito de dicho estudio era determinar la incidencia del uso de sustancias en pacientes bipolares jóvenes. Los investigadores examinaron 105 jóvenes bipolares (edad promedio 13.6 +/- 2.5 años, 70% masculino) y 98 control, o sea, sin diagnóstico psiquiátrico (edad promedio 13.7 +/- 2.1 años, 60% masculino); todos provenientes de la comunidad circundante. Los hallazgos de importancia en este estudio con relación a la incidencia de cualquier trastorno de uso de sustancia, abuso de alcohol, abuso de droga ilícita, dependencia de droga ilícita y uso de cigarrillo fue uno significativamente mayor en los participantes con trastorno bipolar, comparado con los sujetos control.

Uso de sustancia	Incidencia en joven bipolar (%)	Incidencia en joven control (%)
Prevalencia de por vida de cualquier uso de sustancia	34	4
Abuso de alcohol	23	3
Abuso de droga	22	1
Dependencia de droga	14	1
Fumar cigarrillo	22	4

---

151 Ronald R. Fieve, M.D. Bipolar II- The Essential Guide to Recognize and Treat the Mood Swings of this Increasingly, Common Disorder- 2006, pág.159.

El Dr. Wilens concluye que, a base de este estudio, las personas jóvenes con trastorno bipolar deben ser cuidadosamente examinadas para detectar el abuso de sustancias. Igualmente, los adolescentes que abusen de drogas y alcohol, con inestabilidad del estado de ánimo, deben ser evaluados para detectar el trastorno bipolar.[152] Un sujeto con trastorno bipolar I ó II unido a un abuso comórbido de alcohol o drogas tiene 5 veces mayor probabilidad de cometer suicidio que aquel paciente sin el diagnóstico dual.

Suicidio en la bipolaridad

Una de las preocupaciones que tiene el profesional de la salud mental cuando está manejando un paciente bipolar es el riesgo suicida. La bipolaridad presenta una de las tasas de suicidio más altas de todas las enfermedades mentales. La proporción de suicidio de todos los pacientes con trastorno bipolar es 30 veces mayor que la población general (Ostacher y Eidelman 2006). La evidencia sugiere que la frecuencia y duración de los episodios depresivos en adultos con trastorno bipolar están asociadas con un alto riesgo de suicidio en esta población. El periodo inmediatamente seguido de la hospitalización y del alta del hospital es muy vulnerable y está asociado con un aumento en la probabilidad de conducta suicida (Ostacher y Eidelman 2006). Aproximadamente, entre un 25% a 50% de los pacientes bipolares intentan suicidarse en algun momento de su vida (Compton y Nemeroff 2000).[153] Casi el 15% de los afectados se suicida entre los 2 a 5 años después del primer episodio.[154] En los niños bipolares existe un diez por ciento de riesgo.

Chen y Dilsaver (1996) determinaron que el porciento de por vida de intentos suicidas es alto en pacientes bipolares (29.2%), comparado con los pacientes con depresión unipolar (15.9%) y otros trastornos en el eje I

---

[152] Huge Risk of Substance Abuse Found Among Teens With Bipolar Disorder- Timothy E. Wilens, MD- Medscape Medical News- July 2008.

[153] Essentials of Clinical Psychopharmacology- Alan F. Schatzberg, M.D., Charles B. Nemeroff, M.D.,Ph.D, Second Edition- 2006, pág. 338.

[154] Eberhard J. Wormer, Bipolar-2003, pág.19.

(4.2%) así como en la población general. [155]Los factores de riesgo suicida para un bipolar incluyen:

- comienzo en edad temprana
- numerosos episodios depresivos
- abuso del alcohol
- historial familiar de conducta suicida
- impulsividad y hostilidad

En un estudio se encontró que los adolescentes que se suicidaron tenían nueve veces más probabilidad de tener un trastorno bipolar, comparado con adolescentes sin conducta suicida. Esta frecuencia parece similar a la informada en estudios de adultos, que indican que aproximadamente un 10%-15% de los individuos con trastorno bipolar se suicidaron.[156] El paciente bipolar generalmente utiliza medios más violentos para suicidarse, que aquéllos que sufren de depresión unipolar.

En un estudio de 2,395 pacientes hospitalizados con trastorno bipolar éstos tenían hasta seis veces más probabilidad de seleccionar métodos muy letales para intentar suicidarse, lo que sugiere una mayor probabilidad de lograrlo. Aunque la conducta homicida (daño a otros) no es común, el profesional debe explorar la presencia de impulsos agresivos. El profesional de salud mental debe hacer preguntas directas con relación al acceso a medicamentos o armas que puedan ser utilizadas para cometer actos suicidas u homicidas. Por otro lado, el riesgo de suicidio disminuye sustancialmente cuando el trastorno bipolar es controlado mediante tratamiento.

Irritabilidad en la bipolaridad

Es frecuente encontrar en mi práctica que el paciente bipolar presenta irritabilidad y ataques de coraje. El paciente se queja de episodios en los cuales dice: "exploto de cualquier cosa y no me puedo controlar". Las

---

155 Clinical Manual for Management of Bipolar Disorder in Children and Adolescents, Robert A. Kowatch, M.D., Ph.D.,Mary A. Fristad, Ph.D., A.B.P.P.-2009, pág. 284.

156 Dan J. Stein, M.D., PH.D., David J. Kupfer, M.D., and Alan F. Schatberg, M.D.- Textbook of Mood Disorders- 2006, pág. 500.

investigaciones de Kraepelin y estudios recientes con adultos (Cassidy y Carrol) sugieren que la irritabilidad y la conducta agresiva son componentes importantes de episodios maníacos en muchos pacientes. Los investigadores Benazzi y Akiskal informaron que los episodios de depresión mayor con irritabilidad estuvieron presentes en 59.7% de 348 pacientes con trastorno bipolar tipo 2 y 37.4% de 254, en pacientes con depresión unipolar. En un estudio realizado en Estados Unidos, con setenta y nueve pacientes, tanto bipolares como unipolares, se informó que los ataques de coraje en un paciente bipolar son más frecuentes (62%), en comparación con el paciente unipolar (26%).[157]

Esta irritabilidad puede cursar con violencia. Recuerdo haber leído en un rotativo del país que la violencia es un problema de salud pública. Esto me lleva a concluir que existen personas con la condición bipolar- no diagnosticada- que pueden cursar con actos de violencia y, por ende, tener problemas legales y familiares. Esta violencia puede ser dirigida a uno mismo (conducta autodestructiva, suicidio) o la violencia puede ser interpersonal, con amenazas de agredir, matar, tirar o romper objetos. El paciente bipolar puede tornarse fácilmente irritable por periodos extendidos, con muy baja tolerancia a la frustración, con episodios de agitación, trayendo como consecuencia el irritar a los que le rodean (ej. familiares, amigos, compañeros de trabajo, estudio, o vecinos). La violencia puede ser dirigida a la familia, pareja o el ambiente que les rodea.

---

157 Bipolar Depression- Rif S. El- Mallakh, M.D., S.Nassir Ghaemi, M.D., M.P.H.-2006, págs.10 y 11.

Apuntes

Capítulo 18

Aspectos genéticos y de herencia en la bipolaridad

Bipolaridad e historial familiar

La bipolaridad es una enfermedad hereditaria con una base genética fuerte. Hay una relación consecuente entre historial familiar y riesgo de trastorno bipolar. Los estudios demuestran que, si su madre o su padre tienen trastorno bipolar, entonces las probabilidades de que usted desarrolle la enfermedad son siete veces más altas que el resto de la población. Si su hermano o su hermana tienen esta patología, entonces el riesgo de que usted la desarrolle será quince veces superior al del individuo promedio. Si tiene un hermano gemelo con trastorno bipolar, el riesgo se incrementa radicalmente, siendo sesenta y cinco veces mayor que el resto de la población.[158]

No todos los niños de padres bipolares van a desarrollar trastorno bipolar; muchos pueden desarrollar un problema psiquiátrico enteramente diferente, como es el trastorno de hiperactividad y déficit de atención, depresión mayor o abuso de sustancias.[159] A finales del 1990, hubo estudios que señalaron que aproximadamente 50% de hijos de padres bipolares iban a cumplir los criterios de, al menos, un trastorno psiquiátrico del DSM IV.[160] El psiquiatra Kiki Chang, director del Programa de Trastorno

---

158 Manual del Trastorno Bipolar, Dr. Wes Burges- 2006, pág.23.

159 KD Chang, Cblasey,TA Ketter, and H Steiner, "Family Environment of Children and Adolescents with Bipolar Parent," Bipolar Disorder, 2001: 2:68-72.

160 KD Chang, H Steiner, and TA Ketter, " Psychiatric Phenomenology of Child and Adolescent Bipolar Offspring," J Am Acad Child Adolesc Psychiatry, April 2000; 39(4): 453-60.

Bipolar Pediátrico de la Universidad de Stanford, y varios colegas descubrieron que niños que tienen, al menos, un padre biológico con el trastorno bipolar I ó II tienen una alta probabilidad de adquirir la condición. El Dr. Chang señaló que 51 % de los hijos de padres bipolares iban a presentar un trastorno psiquiátrico, más comúnmente depresión mayor, distimia, trastorno bipolar y trastorno de hiperactividad y/o déficit de atención.[161]

Un historial familiar de trastorno bipolar predice un comienzo temprano de síntomas depresivos (33%) o síntomas mixtos, y está asociado con un curso dificultoso de la enfermedad en la adultez. Aproximadamente 50% de los pacientes con síntomas no fueron tratados durante un periodo de cinco años o más. La demora fue mayor cuando los síntomas se iniciaron en la infancia o adolescencia. Aun después de estar bajo el cuidado de un profesional de salud mental, muchos pacientes no recibieron un diagnóstico de trastorno bipolar en los primeros años de consulta.[162] En estudios realizados en niños con padres bipolares, se ha encontrado que, cuando uno de los padres está afectado con bipolaridad, existe un riesgo del 27% de que los descendientes sufran de algún trastorno bipolar, una probabilidad del 11.2% de que padezcan de depresión unipolar y un 19% de padecer alguna otra forma de alteración del estado de ánimo. Si uno de los padres tiene un trastorno afectivo y el otro es bipolar, el niño tiene un 50 a 75 % mayor de riesgo de padecer de una enfermedad afectiva. Si ambos padres son bipolares, el riesgo aumenta a un 60%. Estos datos contrastan con un 0.5 a 1.5 % de la población general. Estudios clásicos realizados por el investigador Perris en 1960, sugieren que pacientes con trastorno bipolar tienen miembros de la familia, al mismo tiempo, diagnosticados con trastorno bipolar. Sin embargo, pacientes con depresión unipolar pueden tener miembros de la familia con depresión unipolar, y no así el trastorno bipolar.

Existe un amplio espectro de manifestaciones en una familia bipolar, que incluye abuso del alcohol o sustancias ilícitas, intento o suicidio completado, depresión, sociopatía (conducta antisocial), trastorno de hiperactividad y déficit de atención y trastorno bipolar I y II, entre otras. El obtener

---

[161] Bipolar II- Ronald R. Fieve, M.D. pág. 67.

[162] Bipolar Depression- Rif S. El- Mallakh, M.D., S.Nassir Ghaemi, M.D., M.P.H.-2006, pág.103.

un buen historial de la familia por parte del profesional de la salud mental es muy importante, ya que es posible que un miembro de la familia sea bipolar o tenga alguna otra condición emocional, como intentos suicidas, hospitalización por alguna condición mental o historial de abuso de sustancias.

Bipolaridad y genética

La comunidad de salud mental acepta generalmente que la causa del trastorno bipolar es principalmente biológica y que tiene su raíz en los genes o en cambios particulares en el cerebro. Investigaciones recientes se han enfocado en localizar los genes específicos del trastorno bipolar. Cuando los científicos comparan el ADN de los enfermos de trastorno bipolar con el de otros miembros de la familia que no padecen de la enfermedad, descubren que ciertos genes están estrechamente asociados con el trastorno bipolar. Algunos de estos genes bipolares tienen nombre propio: 4p, 18p11, 11q2-23 y 22q.[163] Hoy día se acepta que el trastorno bipolar no está basado en un único defecto genético, sino que varios genes interactúan para hacer al individuo más vulnerable a desarrollar la enfermedad.

La vulnerabilidad genética asociada con la enfermedad bipolar es más evidente a través de estudios de gemelos idénticos comparado con gemelos fraternales. Los gemelos idénticos comparten los mismos genes y, por lo tanto, las mismas enfermedades. Los gemelos idénticos coinciden mucho en la enfermedad bipolar (ambos tienen la enfermedad a la vez entre 40% y 70%; un ritmo mucho más alto que para otras enfermedades psiquiátricas), mientras que la probabilidad es menos de la mitad para los gemelos fraternales (no comparten los mismos genes pero comparten el mismo ambiente) (Craddock y Jones 1999).

Ciertos investigadores sugieren que el paciente puede tener la predisposición genética, pero los síntomas no se desarrollan, a menos que se exponga a un estrés significativo. Las investigaciones científicas sobre la sensibilidad (vulnerabilidad) genética forman la base de la explicación del trastorno bipolar. Vulnerabilidad significa que existe una tendencia condicionada genéticamente, adquirida de forma precoz (por

---

[163] Manual del trastorno bipolar, Dr. Wes Burges- 2006, pág.23.

modificaciones bioquímicas y del tejido cerebral), que, bajo la influencia de factores estresantes, ambientales, perinatales, así como factores médicos y/o sicológicos, fomentan las manifestaciones de la enfermedad. El ambiente y los estresores mayores pueden disparar la vulnerabilidad genética compleja y los mecanismos bioquímicos que son responsables de los "mood swings." El uso de sustancias por tiempo prolongado o la presencia de algún trauma como es el abuso sexual o físico pueden precipitar la vulnerabilidad-estrés e iniciar el episodio en una edad temprana. Esto trae como consecuencia un curso de enfermedad más adverso, con mayores desórdenes psiquiátricos comórbidos y mayor incidencia de intentos suicidias serios.

Capítulo 19

Episodio maníaco de la bipolaridad

La bipolaridad consiste de dos polos o episodios:

- polo de depresión o irritabilidad- discutido anteriormente.
- polo de manía o hipomanía

Criterios para el episodio maníaco según el DSM IV-TR

Según el DSM IV-TR, el polo o episodio maníaco se describe como:

A. un periodo diferenciado de un estado de ánimo anormal y persistentemente elevado, expansivo (eufórico) o irritable, con duración de, al menos, una semana (o cualquier duración, si la hospitalización es necesaria).

B. Durante este periodo de alteración del estado de ánimo, tres (o más) de los siguientes síntomas han persistido (cuatro, si el estado de ánimo es sólo irritabilidad) y ha estado presente en un grado significativo:

1. autoestima exagerada o de grandiosidad.

2. disminución en la necesidad de dormir (por ejemplo, se siente descansado tras sólo tres horas de sueño).

3. más hablador de lo usual o verborreico.

4. fuga de ideas o experiencia del sujeto de que los pensamientos van rápida o aceleradamente.

5. distracción (la atención se dirige muy fácilmente a estímulos externos irrelevantes).

6. aumento en actividades dirigidas hacia un fin (ya sea socialmente, en el trabajo, los estudios, o sexualmente) o agitación sicomotora.

7. participación excesiva en actividades placenteras que pueden tener un alto potencial de consecuencias dolorosas (tiende a gastar sin control, indiscreciones sexuales, malas inversiones económicas).

C. Los síntomas no cumplen los criterios para el episodio mixto.

Nota: El episodio mixto se discutirá más adelante.

D. La alteración del estado de ánimo es suficientemente grave como para provocar marcado deterioro laboral, de las actividades sociales habituales o de las relaciones con los demás, o para necesitar hospitalización con el fin de prevenir los daños a uno mismo o a los demás, o hay síntomas psicóticos.

E. Los síntomas no se deben a los efectos fisiológicos directos de una sustancia (por ejemplo, una droga, un medicamento u otro tratamiento) ni a una enfermedad física (por ejemplo, hipertiroidismo).

Descripción del episodio maníaco

El inicio del episodio maníaco es súbito y puede ser seguido por un estresor psicosocial. ¿Son todos los episodios maníacos iguales? No. Por ejemplo, la manía completa reúne todos los síntomas de manía con todos los síntomas de depresión. La mania disfórica reúne síntomas completos de manía, con dos síntomas de depresión. O puede presentar dos síntomas de manía con una presentación del cuadro depresivo completo. Por lo tanto, cada presentación es individual.

Carlson y Goodwin realizaron un estudio longitudinal de cambios de estado de ánimo en pacientes con manía y describieron las siguientes tres etapas en la mayoría de las presentaciones clásicas:

- estado de ánimo predominantemente eufórico
- estado de ánimo irritable, disfórico y deprimido

- estado de ánimo caracterizado por ansiedad, pánico, disforia y síntomas psicóticos.[164]

El episodio maníaco es uno de mucha energía. Esta cualidad energética le crea problemas el paciente y a los que le rodean. Los niveles de energía los puede descargar participando en múltiples actividades (por ejemplo, sexuales, laborales, políticas, religiosas). La persona se torna más habladora de lo usual o verborreica, y se hace difícil interrumpirla. Puede tener el pensamiento acelerado, cambiando de un tema a otro. Esto, unido a la tendencia hacia la distracción, puede provocar desviaciones del tema principal durante la conversación (tagencialidad), o la pérdida total del hilo de la conversación (bloqueo). Si agrega demasiados detalles innecesarios, con extensas argumentaciones a la conversación, suele decirse que su hablar es circunstancial.

Casi invariablemente hay un aumento de la sociabilidad (por ejemplo, reencontrando a viejos conocidos o llamando a los amigos o, incluso, a desconocidos a cualquier hora del día o de la noche), sin tener en cuenta la naturaleza entrometida, dominante y demandante de esas interacciones.[165]

El paciente maníaco duerme poco o no duerme. Se enfoca en nuevos proyectos, pero no de manera productiva. Inicia muchos proyectos y termina pocos. Mientras el maníaco puede tener una alegría descontrolada, sus amigos y familiares reconocen su conducta como excesiva. Frecuentemente, al inicio de la enfermedad, el paciente exhibe un estado de ánimo predominantemente eufórico, y a medida que progresa la condición, se torna irritable, llevando a confrontaciones y ataques de ira. Algunos pacientes, en su fase maníaca, participan en conductas ilegales, como el abuso de sustancias. Las drogas y/o el alcohol o los estimulantes pueden empeorar o prolongar el episodio, tal vez en un intento de automedicarse. Tienen por ello más probabilidad que la población general de tener problemas con el sistema legal. Por ej. arrestos, historial de estar encarcelado o en probatoria. Pueden presentar además un deterioro sig-

---

[164] Carlson GA, Goodwin FK. The stages of mania. A longitudinal analysis of the manic episode. Archive General Psychiatry.1973;28(2)221-8.

[165] American Psychiatric Association. Diagnostic and Statistical Manual of Mental Disorders, IV- 1994 pág.329.

nificativo en sus relaciones interpersonales, como problemas de pareja, familiares, con compañeros de trabajo, o supervisores.

El paciente maníaco puede tener la forma más severa de la enfermedad, conocida como manía psicótica. Generalmente, en la mitad de los episodios maníacos se presentan síntomas psicóticos. Estos generalmente están incluidos en tres categorías:

- Alucinaciones- Percepciones sensoriales, en ausencia de estímulos externos. Se pueden presentar en cualquier modalidad sensorial (visual, auditiva, olfatoria, táctil).

- Delirios- Falsas creencias que usualmente envuelve una mala interpretación de la percepción. Por ejemplo, delirios de grandiosidad, por los que la persona tiene una seguridad en sí misma que tiende a ser exagerada.

- Trastorno del pensamiento. Se refiere a una disrupción en la forma u organización del pensamiento. La persona presenta incoherencia, dificultad en comunicarse con otros, pérdida de asociación de ideas. Mientras más crónico, más difícil es la comprensión.

Los delirios ocurren en 75% de todos los pacientes maníacos. Los delirios maníacos congruentes con el estado de ánimo son frecuentemente con grandes riquezas, habilidades extraordinarias o poder. Delirios extraños o incongruentes con el estado de ánimo, dependiendo de su cronicidad, pueden creer que seres extraterrestres le están enviando un mensaje secreto a través de la televisión con relación a una misión que tienen que realizar en la tierra. Dentro de su psicosis, es más o menos frecuente que el paciente maníaco presente delirios de grandiosidad.

El paciente en etapa de manía aguda casi siempre rehúsa el tratamiento médico, ya que no percibe que está enfermo y, por lo tanto, ve la hospitalización como innecesaria. En muchas ocasiones, el familiar debe solicitar en un tribunal la orden 408, para que el paciente sea evaluado involuntariamente en una institución hospitalaria psiquiátrica. Es en esta etapa en la que los familiares o allegados al paciente se ven en la disyuntiva de hacer esta gestión en el tribunal, por el temor a la reacción del paciente en contra de la familia. La institución informará al tribunal el resultado de la evaluación y solicitará hospitalización, de ser necesario.

La ley, sin embargo, no provee mecanismos para comprometer al paciente bipolar o sus encargados a mantener la continuidad del tratamiento ambulatorio post-hospitalario. De esta forma, dada la negación y renuencia del paciente bipolar en aceptar su condición, se condena a la sociedad y a los familiares del paciente a vivir este evento traumático una y otra vez, con el agravante de que los episodios de manía serán cada vez más frecuentes y severos. La situación de los niños y adolescentes bipolares es más triste porque los padres, en su negación, pueden privar al menor de una mejor calidad de vida y de un mejor desarrollo personal. Es muy común ver en mi oficina a padres que negligentemente han abandonado el tratamiento de sus hijos y han regresado a la oficina luego de que éstos han cometido alguna falta y están entonces bajo la tutela del Tribunal. Es el juez a cargo quien sostiene entonces un seguimiento al tratamiento del menor. Tan pronto el caso en el Tribunal se resuelve, el paciente abandona nuevamente el tratamiento, repitiéndose la historia una y otra vez.

Exhorto a las autoridades gubernamentales a establecer un mecanismo mediante el cual se obligue y se supervise la continuidad del tratamiento a todo paciente con diagnóstico de bipolaridad o depresión cuya conducta haya puesto en riesgo la seguridad pública o tenga riesgo suicida. En la ley contra el maltrato de menores debe establecerse como delito la negligencia de los padres o encargados en brindarle el tratamiento ambulatorio a los menores de edad. Muchos actos de violencia podrían evitarse con esta medida de prevención.

Se estima que aproximadamente el 90% de personas con trastorno bipolar I tiene, al menos, una hospitalización psiquiátrica, y dos terceras partes tiene dos o más hospitalizaciones en su vida.[166] Por lo tanto, el episodio de manía es severamente disfuncional y está cargado con excesiva energía, intranquilidad y agitación. Los estados de ánimo van a ser más eufóricos o irritables, con una conducta más impredecible y un juicio mas deteriorado. Un episodio maníaco- no tratado- usualmente persiste por semanas o meses, y puede finalizar de manera abrupta.

---

166 S.W. Woods, "The Economic Burden of Bipolar Disease," J Clin Psychiatry 2000; 61 Supp 13:38.

Apuntes

Capítulo 20

Episodio hipomaníaco de la bipolaridad

Criterios para el episodio hipomaníaco según el DSM-IV-TR

El término "hipomanía" fue utilizado por primera vez en 1881 por el psiquiatra alemán Méndez para describir estados de ligera euforia e hiperactividad que no desarrollan totalmente en manía ("hipo" es un término griego que significa bajo).[167]

Una gran mayoría de médicos de cuidado primario y aun ciertos psiquiatras no utilizan el diagnóstico de trastorno bipolar II. No es extraño que un paciente haya ido a cuatro o cinco médicos, antes de ir a un psiquiatra que finalmente establece el diagnóstico y tratamiento apropiado. Los criterios del DSM-IV-TR para establecer el diagnóstico de hipomanía son:

A. Un periodo diferenciado durante el cual el estado de ánimo es persistentemente elevado, expansivo o irritable con una duración de, al menos, 4 días y que es claramente diferenciado del estado de ánimo habitual.

Durante el periodo de alteración de estado de ánimo, han persistido tres (o más) de los siguientes síntomas (cuatro, si el estado de ánimo es solo irritabilidad) y ha habido en un grado significativo:

1. autoestima exagerada o de grandiosidad.

---

[167] Bipolar- Eberhard J. Wormer pág.26.

2. disminución en la necesidad de dormir (por ejemplo, se siente descansado con sólo tres horas de sueño).

3. más hablador de lo usual o verborreico.

4. fuga de ideas o experiencia del sujeto de que los pensamientos van rápida o aceleradamente.

5. distracción (la atención se dirige muy fácilmente a estímulos irrelevantes).

6. aumento en actividades dirigidas hacia un fin (ya sea socialmente, en el trabajo, los estudios, o sexualmente) o agitación sicomotora.

7. participación excesiva en actividades placenteras que pueden tener un alto potencial de consecuencias graves (tiende a gastar sin control, indiscreciones sexuales, malas inversiones económicas).

B. El episodio está asociado a un cambio inequívoco en funcionamiento que no es característico del sujeto cuando está asintomático (ausencia de síntomas).

C. La alteración del estado de ánimo y el cambio de la actividad son observables por los demás.

D. El episodio no es suficientemente grave como para provocar un deterioro laboral o social importante o para necesitar hospitalización, ni hay síntomas psicóticos.

E. Los sintomas no se deben a los efectos fisiológicos directos de una sustancia (por ejemplo, una droga, un medicamento u otro tratamiento) ni una enfermedad médica (por ejemplo, hipertiroidismo).

Diferencias entre manía e hipomanía según el DSM IV-TR

Si repasamos los síntomas establecido por el DSM IV- TR para el episodio maníaco, nos daremos cuenta de que son los mismos para el episodio hipomaníaco, pero existen diferencias determinantes entre ellos, que se presentan a continuación:

- Duración - En la hipomanía, los síntomas duran cuatro días, (y una semana para manía). Aunque el DSM IV-TR describe la duración de la hipomanía en 4 días, estudios han revelado que 1 a 3 días es también indicativo de hipomanía.

- Grado de severidad - Contrario a lo que sucede en un episodio maníaco, un episodio hipomaníaco no es suficientemente grave como para producir un deterioro significativo en el área laboral o social que necesite hospitalización. La hipomanía es, por mucho, más funcional que el episodio maníaco.

- Psicosis - En el episodio hipomaníaco, no hay presencia de psicosis. Si presenta síntomas psicóticos, automáticamente, se define el episodio como maníaco.

Descripción del episodio hipomaníaco

El episodio hipomaníaco es difícil de diagnosticar, por ser uno de corta duración, por su variabilidad en presentación de síntomas y por omitir el paciente este episodio, al verlo como uno productivo. La información que nos provea el familiar es vital, debido a que el paciente subestima su disfunción interpersonal. Muchas veces es difícil trazar una línea entre "maníaco" e "hipomaníaco" puesto que el "deterioro marcado" versus el "pequeño o ausencia de deterioro" es, necesariamente, una evaluación subjetiva. Por tal razón, es vital que sea evaluado por un profesional de salud mental experimentado.

Muchos hipomaníacos son escritores, artistas, médicos, abogados, banqueros y políticos, entre otros. En otras palabras, han alcanzado las más altas distinciones en sus vidas profesionales. Tienden a ser encantadores, seductores, dinámicos, con mucha energía y productividad. Pero, muchos de ellos refieren que, durante la etapa hipomaníaca, han hecho decisiones impulsivas erróneas, de las cuales se han arrepentido. Es importante aclarar que no todo el que sea entusiasta, muy productivo, exitoso financieramente, con poca necesidad de dormir está hipomaníaco, pues dicha persona puede poseer un estado de ánimo normal, sin que se afecten las actividades de la vida diaria, con capacidad de hacer decisiones correctas y con adecuadas relaciones interpersonales.

Los pacientes hipomaníacos son muy activos social, física y sexualmente. Cuando el hipomaníaco es hipersexual, la mayor parte del tiempo, no practica el "sexo seguro." Muchos de los pacientes admiten haber tenido numerosas parejas sexuales. Algunos pueden adquirir una enfermedad de transmisión sexual o son adictos a la pornografia "online." Muchos pacientes bipolares no reconocen que su hipersexualidad ha llegado a un punto de adicción; por lo tanto, no reconocen el peligro asociado con este problema.

Los pacientes hipomaníacos -como los maníacos- frecuentemente tienen "presión del habla", con un patrón de hablar excesivamente rápido que puede hacer difícil el entenderlo. Tienden a dominar la conversación y ser persuasivos frente a familiares, colegas y amigos. Tienen un impulso interno que los motiva a trabajar mucho. Son intranquilos e impacientes.

Muchos de los bipolares tipo II duemen 3 ó 4 horas y se sienten descansados, con apatía hacia el sueño, considerándolo como una pérdida de tiempo, pero, cuando están en la fase depresiva, pueden dormir diez o más horas. El paciente hipomaníaco presenta pensamientos rápidos, más frecuente en la noche, con muchas ideas de distintos temas, con dificultad en detenerlos, produciendo interrupción del sueño.

Hay pacientes con un estado de euforia leve que se aproximan a un episodio maníaco, descuidando tareas que ejecutan diariamente y en su funcionabilidad. El paciente hipomaníaco puede exhibir una conducta inapropiada o atrevida, con riesgos irresponsables, guiando temerariamente, viajando extensamente o hablando sin cesar.

Hay millones de bipolares II a nivel mundial diagnosticados incorrectamente, a quienes se les han recetado medicamentos para la ansiedad y para dormir por su médico primario, creándoles dependencia, con un pronóstico pobre. Dichos pacientes pueden estar sufriendo innecesariamente por años un tratamiento incorrecto, con un aumento en los costos del cuidado de la salud, comprometiendo su creatividad, calidad de vida, relaciones sociales y familiares. Hay personas que tienden a confundir el trastorno bipolar II con su hipomanía, pero en realidad, muchas vidas y muchas familias han sido arruinadas. Estos pacientes deberían ser referidos al psiquiatra para establecer el diagnóstico y tratamiento correcto.

La hipomanía comienza y termina abruptamente, de manera similar a la manía.

Entre 5 a 15% de los pacientes hipomaníacos no tratados adecuadamente, desarrollarán luego un episodio maníaco o mixto. Sin un tratamiento efectivo, el trastorno bipolar II puede llevar al suicidio en casi uno de cada cinco casos.[168] Por otro lado, el bipolar I con episodios de manía está menos propenso al suicidio.

Cuestionario sobre los trastorno del ánimo

El cuestionario sobre los trastornos del ánimo (MDQ, por sus siglas en inglés), desarrollado por Robert Hirschfeld, lo utilizo frecuentemente en mi oficina. Este cuestionario evalúa cualquier paciente nuevo del cual se sospeche un trastorno del estado de ánimo y ayuda a distinguir pacientes con trastorno bipolar de aquellos con un trastorno depresivo. Es capaz de identificar correctamente 7 de cada 10 pacientes bipolares con una gran especificidad, porque el 90% de los pacientes con un MDQ positivo presenta trastorno bipolar de acuerdo con la Entrevista Clínica Estructurada para el DSM-IV (SCDI, por sus siglas en ingles; Primero et al. 1997) y buena sensibilidad por que el 73% de los pacientes con trastorno bipolar por la SCDI tiene un MDQ positivo (Hirschfeld et el. 2000).[169]

Este cuestionario consta de tres preguntas principales:

- La primera pregunta consiste de los síntomas específicos del trastorno bipolar y se divide en una lista de verificación con 13 alternativas de "sí" o "no". Es importante señalar de manera afirmativa si presenta los síntomas actualmente o los ha presentado en el pasado. Este cuestionario ayuda a identificar episodios pasados de manía o hipomanía.

- La segunda pregunta se refiere a la ocurrencia simultánea de los síntomas y también tiene un formato de "sí" o "no". Es

---

168 F Stallone, DL. Dunner, J Ahearn, and RR Fieve, " Statistical Predictions of Suicide in Depressives." Compr. Psichiatry, 1980 September- October; 21(5) 381-87.

169 Handbook of Diagnosis and Treatment of Bipolar Disorder- Terence A. Ketter, M.D.,2010- págs. 43-46.

importante recordar que los síntomas de la bipolaridad se presentan en episodios.

- La tercera pregunta explora la gravedad de la bipolaridad en determinadas situaciones, desde "sin problemas" hasta "problemas serios."

Para poder determinar una alta sospecha de bipolaridad, un paciente debe:

1. responder "sí" a, por lo menos, 7 de las 13 partes de la pregunta 1
2. responder "sí" a la pregunta 2
3. manifestar un grado de disfunción " moderado" o "serio"

Cuestionario sobre los trastornos del ánimo (MDQ)[170]

1. Se ha sentido usted en momentos en que no ha sido el mismo y...

... se sintió tan bien o tan hiperactivo que otras personas pensaban que usted no era el de siempre, o usted estaba tan hiperactivo que se metió en problemas?	Si	No
... se sintió con tanto coraje que le gritó a otras personas e inició discusiones o peleas?	Si	No
... se sintió con mucha más seguridad en sí mismo que como se siente usualmente?	Si	No
... durmió mucho menos que lo usual y sintió que en realidad no le hacía falta dormir?	Si	No
... hablaba mucho más o con mucha más rapidez que lo habitual?	Si	No
... los pensamientos pasaban muy rápido por su cabeza y/o no podía detener su mente?	Si	No

---

[170] Este cuestionario fue extraído del libro Decoding Bipolar Disorder- 2007, pág. 92.

... se distraía con tanta facilidad en lo que estaba a su alrededor que le dificultaba concentrarse o persistir en lo que estaba haciendo?	Si	No
... tuvo mucho más energía que lo usual?	Si	No
... se sintió mucho más activo o hizo más cosas que las que hace usualmente?	Si	No
... fue mucho más sociable que lo habitual, por ejemplo, llamando amigos por teléfono a altas horas de la noche?	Si	No
... tuvo más interés en el sexo que lo usual?	Si	No
... hizo cosas poco usuales para usted o que otras personas hayan considerado excesivas, tontas o arriesgadas?	Si	No
... gastó dinero al punto de crear problemas para usted o su familia?	Si	No

2. *Si respondió "Sí" a más de una de las preguntas anteriores, ¿ocurrieron varias de las situaciones mencionadas durante un episodio o durante un mismo periodo?*   Si   No

3. *¿Algunas de estas situaciones le causó problemas, por ejemplo, no poder ir a trabajar, tener dificultades familiares, legales o de dinero, entrar en discusiones o peleas?*

   ____Ningún problema

   ____Problemas menores

   ____Problemas moderados

   ____Problemas serios

ABUNTES

Capítulo 21

Episodio de depresión bipolar

Dificultad en el diagnóstico de depresión bipolar

Uno de los desarrrollos más importantes en el campo de los trastornos del ánimo en los ultimos años es el reconocimiento de que muchos pacientes una vez considerados de depresión mayor tienen realmente una forma de trastorno bipolar, específicamente, trastorno bipolar II o una de las condiciones del espectro bipolar. Puesto que pacientes sintomáticos con trastorno bipolar se encuentran la mayor parte del tiempo más en la fase deprimida que en la maníaca, hipomaníaca o estado mixto, significa que muchos pacientes deprimidos en el pasado fueron incorrectamente diagnosticados con depresión mayor unipolar y tratados con monoterapia de antidepresivos, en lugar de ser diagnosticados como bipolar y tratado primero con litio, estabilizadores del ánimo, anticonvulsantes y/o antipsicóticos atípicos, previo a iniciar con un antidepresivo.[171]

Un estudio publicado por una revista de psiquiatria en EE.UU. (2002) reveló que el paciente con depresión bipolar va a experimentar síntomas la mitad de su vida (50%). La depresión (32 de ese 50%) va a ser el episodio predominante. La frecuencia de la depresión en dicho estudio fue 3.5 veces mayor que el episodio maníaco. En otro estudio realizado tomando como base 600 pacientes bipolares, se encontró que el 69% de ellos fueron erróneamente diagnosticados inicialmente con depresión unipolar. Según el historial obtenido de estos pacientes bipolares, el 35% de ellos tuvo síntomas por más de 10 años consecutivos, antes de establecer un diagnóstico y tratamiento apropiado.

---

171 Stahl's Essential Psychopharmacology- Stephen M. Stahl, Third Edition-2008, pág. 468.

Otro dato importante en este estudio fue que el paciente consultó un promedio de cuatro médicos antes de obtener el diagnóstico correcto de bipolaridad.

Cinco estudios realizados con pacientes bipolares revelaron que por cada paciente diagnosticado apropiadamente como bipolar hay uno mal diagnosticado con depresión unipolar, es decir, aproximadamente 50% están erróneamente diagnosticado.[172] ¿Cuál es la razón para que el diagnóstico de trastorno bipolar II sea tan dificultoso?. Para el profesional de salud mental, es difícil establecer un diagnóstico de bipolar II porque generalmente el paciente acude a la oficina en la fase de depresión y nos podemos enfocar únicamente en este episodio y no exploramos episodios hipomaníacos previos. Mi experiencia en la práctica privada es que el paciente rara vez viene a la oficina en la fase hipomaníaca, a menos que la hipomanía le esté produciendo alguna disfunción en su vida. Para muchos pacientes, la fase hipomaníaca representa un funcionamiento óptimo y aumento de productividad, aun cuando la familia y los amigos vean estos cambios de ánimo como algo distinto de la conducta usual del paciente. Los síntomas de depresión en el bipolar II son idénticos a los de la depresión unipolar. Por lo tanto, obtener únicamente la sintomatología actual del paciente para establecer el diagnóstico de bipolar II no es suficiente. Se necesita incluir a los miembros de la familia en la evaluación del paciente deprimido que viene a la oficina. Además, obtener un historial de los trastornos del ánimo presente en los miembros de la familia, las hospitalizaciones psiquiátricas, historial de suicidio, si han utilizado medicamentos como litio, antipsicóticos o antidepresivos.

Es también importante administrar instrumentos de cernimiento, como el MDQ, tanto en el paciente como al familiar que sospechemos tenga algún trastorno de estado de ánimo. Hay pacientes -muchos de ellos profesionales- que han acudido a mi oficina presentando síntomas de depresión. Luego de una evaluación exhaustiva, la cual incluye información adicional de la familia inmediata y extendida, he logrado establecer el diagnóstico de trastorno bipolar II en fase depresiva. La reacción del paciente, en

---

172 Goodwin FK, Jamison KR, Manic Depressive Illness, 2nd ed. New York, NY: Oxford University Press: 2007.

algunas ocasiones, ha sido de negación, por lo que deciden buscar otra opinión profesional.

Yo he sido testigo de la ruina financiera de algunos pacientes en depresión bipolar profunda. Estos pacientes pueden presentar intranquilidad, problemas con el sueño, impulsividad, irritabilidad y señalar que la vida carece de placer y que no vale la pena vivir. Los pacientes con depresión bipolar presentan un dolor interno muy intenso, tan agudo que, a menudo, las personas pasan días enteros llorando. Muchos se sienten inmovilizados, impactando significativamente la capacidad de la persona para funcionar, siendo ésta, tal vez, la expresión de la enfermedad bipolar más dificultosa de tratar.

La bipolaridad es una enfermedad como lo es la hipertensión y la diabetes. No es sinónimo de locura, sino un desbalance bioquímico del cerebro. Hay muchas personas que prefieren vivir una vida disfuncional con estados de ánimo volátiles, en lugar de ser tratadas con medicamentos y psicoterapia y vivir una vida con control de sus emociones.

Por otro lado, hay pacientes bipolares que acuden a mi oficina y, luego de lograr la estabilidad, expresan que, si hubieran buscado tratamiento antes, hubieran evitado el divorcio, la pérdida de sus empleos o alguna otra decisión incorrecta que repercutió negativamente en su vida. Hoy puedo aseverar, conforme a mis años de experiencia clínica, evaluando miles de casos, que el paciente bipolar puede lograr tener una vida normal, con un tratamiento adecuado.

Uso de información del trastorno bipolar no establecida en el DSM-IV-TR[173]

Hay data que indica que los clínicos estan comenzando a utilizar información fuera del DSM-IV-TR, con el propósito de facilitar el diagnóstico de trastorno bipolar, ya que las limitaciones en cuanto a la nosología de los trastorno del ánimo en el DSM-IV-TR son significativamente problemáticas. En esta sección se va a incorporar información con relación

---

[173] Esta sección fue obtenida del libro Handbook of Diagnosis and Treatment of Bipolar Disorder- Terence A. Ketter, M.D.,2010- págs.55-62.

a los síntomas adicionales, curso de la enfermedad, historial familiar y componentes probabilísticos (dimensional).

Sintomatología adicional

Un informe recientemente publicado del subgrupo de depresión bipolar del *"Task Force on Diagnostic Guidelines of the International Society for Bipolar Disorder"* revisó la evidencia en detalle y proveyó sugerencias para integrar esta información en una vía probabilística para el diagnóstico de depresión bipolar (Mitchell et al. 2008).

Síntomas depresivos atípicos

La presencia de síntomas depresivos atípicos puede ser un marcador de riesgo aumentado de bipolaridad (Benazzi 2003; Mitchell et al. 2001; Serretti et al. 2002). Por ejemplo un aumento en las horas de sueño puede sugerir un riesgo aumentado de bipolaridad, mientras que una disminución en el sueño puede ser un marcador de riesgo aumentado de enfermedad unipolar. Similarmente, un aumento en el apetito y ganancia de peso pueden indicar un aumento de riesgo de bipolaridad, mientras que una disminución del apetito y pérdida de peso puede sugerir un aumento de riesgo de enfermedad unipolar.

Síntomas de elevación del ánimo

Síntomas de elevación del ánimo, como son la labilidad del ánimo, irritabillidad, impulsividad, mayor locuacidad de lo usual o verborreico, aumento en actividades dirigidas hacia un fin (ya sea socialmente, en el trabajo, los estudios, o sexualmente) son sugestivos de riesgo aumentado de bipolaridad.

Rasgos psicóticos

Los rasgos psicóticos son indicativos de riesgo aumentado de bipolaridad en múltiples estudios. En el Programa Colaborativo en la Psicobiología de Depresión, la psicosis se presentó en un 22% de los pacientes con trastorno bipolar I, comparado con solo 8% de los pacientes con depresión mayor unipolar (Solomon et al. 2006).

Trastorno comórbido

El trastorno comórbido como es el de pánico, el uso de alcohol y el de ansiedad generalizada parecen que es un marcador de un riesgo aumentado de bipolaridad. Otros trastornos de comorbilidad son los de conducta disruptiva (trastorno desafiante oposicional, hiperactividad y déficit de atención, y de conducta) y explosivo intermitente (Kessler et al. 2005).

Curso de la enfermedad

Inicio temprano de la depresión

Un inicio temprano de la depresión puede ser un marcador de riesgo aumentado de bipolaridad. En el Programa Colaborativo en la Psicobiología de Depresión, la edad promedio de inicio en participantes con trastorno bipolar I fue casi una década más temprano (23.0 años) que en el trastorno depresivo mayor unipolar (32.7 años) (Salomon et al. 2006). En los pacientes con trastorno bipolar, el inicio temprano es comúnmente acompañado por la presencia de padres afectados con una condición emocional, y parece que tiene asociaciones importantes con otras condiciones médicas. Por ejemplo, en el Instituto Nacional del Programa de Mejoramiento de Tratamiento Sistemático de Salud Mental para el Trastorno Bipolar (STEP-BD, por sus siglas en inglés), el inicio temprano fue asociado con un ritmo alto de comorbilidad como son los trastorno de ansiedad y abuso de sustancias, más recurrencias, gran probabilidad de intentos suicidas y violencia y periodos breves de eutimia. (Perlis et al. 2004). El inicio de la depresión en la prepubertad es de particular significado porque casi el 50% de los pacientes reúne el criterio de trastorno bipolar dentro de una década (Geller et al. 2001). Una persona entre las edades de 18 a 25 años que ha sido hospitalizada por depresión severa tiene un 40% de probabilidad de ser diagnosticada con trastorno bipolar en un promedio de 15 años.[174]

Mayores episodios depresivos previos

La presencia de mayores episodios depresivos previos puede ser un marcador de riesgo aumentado de bipolaridad. Aproximadamente 90%

---

[174] Improving Outcome in Patients With Bipolar Disorder: Exploring the Distinction Between Efficacy and Effectiveness. Terence A, Ketter, MD, Medscape and Medicine- August 2007.

de los pacientes con trastorno bipolar I presentan episodios recurrentes, comparado con aproximadamente 50% con trastorno de depresión mayor unipolar. En el Programa Colaborativo en la Psicobiología de Depresión, un historial de depresión recurrente fue obtenido en el 96% de los participantes con trastorno bipolar I, comparado con 59% de los participantes con trastorno de depresión mayor unipolar. Por otra parte, un historial de tres o más episodios previos de depresión fue evidente en 78% de los participantes con trastorno bipolar I, comparado con solo 23 % de los participantes con trastorno de depresión mayor unipolar.

Historial familiar

Un historial familiar bipolar es un marcador consecuente de riesgo aumentado de bipolaridad. El trastorno bipolar está entre los trastornos psiquiátricos que más se transmiten en la familia. Un padre con trastorno bipolar puede representar un 20% de riesgo, mientras que dos padres con trastorno bipolar o un gemelo idéntico afectado puede aumentar el riesgo en aproximadamente 70%.

Componentes probabilistico (Dimensional)

Hay un efecto aditivo, cuando están presentes simultáneamente 2 o más factores de riesgo mencionados previamente para trastorno bipolar en pacientes deprimidos. Por ejemplo, si un paciente presenta un historial de un episodio de depresión mayor, además de un historial de psicosis o una depresión de inicio temprano o un historial familiar de trastorno bipolar, esto produce un riesgo doble o triple de presentar un trastorno bipolar, respectivamente.

El informe publicado recientemente del subgrupo de depresión bipolar *"Task Force on Diagnostic Guidelines of the International Society for Bipolar Disorder"* provee sugerencias para integrar los factores de riesgo previamente mencionados en acceso probabilístico al diagnóstico de depresión bipolar (Mitchell et al. 2008). El subgrupo sugiere que los pacientes deprimidos que presenten al menos 5 de los factores de riesgo mencionados previamente, tendrán mayor probabilidad de sufrir de trastorno bipolar, mientras que la presencia de 4 de los (generalmente opuesto) factores de riesgo unipolar, estarán asociado con una mayor probabilidad (unipolar) de trastorno de depresión mayor. Tal esquema permite al clínico cuantificar el grado de probabilidad de un trastorno bipolar, comparado con un trastorno depresivo.

Tabla. Acceso probabilístico de depresión bipolar propuesto por el *"Task Force on Diagnostic Guidelines of the International Society for Bipolar Disorder"*:

Depresión bipolar I es más probable, si presenta al menos 5:	Depresión unipolar es más probable, si presenta al menos 4:
Hipersomnia	Insomnio
Aumento de apetito	Disminución de apetito
Retardación psicomotor	Agitación psicomotora
Otros síntomas "atipicos"	
Psicosis y/o culpa patológica	Quejas somáticas
Labilidad del ánimo o síntomas maníacos	
Inicio temprano (menos de 25 años)	Inicio tardío (más de 25 años)
Múltiples depresiones (más de 5 episodios)	Depresión de más de 6 meses de duración
Historial familiar de trastorno bipolar	Sin historial familiar de trastorno bipolar

Otro acceso dimensional potencial es el índice de bipolaridad, un instrumento propuesto por el Dr. Gary Sachs (2004) en el Hospital General de Masschussets y utilizado en el STEP-BD. El índice de bipolaridad consta de una escala de 5 criterios (características del episodio, edad de comienzo, curso de la enfermedad/ rasgos asociados, respuesta al tratamiento, e historial familiar) contribuyendo 20 puntos por cada criterio, a una puntuacion total maxima de 100 puntos.

La edad de inicio de 19 años o menos resulta en una puntuacion alta para bipolaridad. Similarmente, la presencia de un curso de la enfermedad/rasgos asociados, como es la alta recurrencia de episodios, psicosis afectiva, abuso de sustancia comórbido, y problemas legales relacionados con impulsividad, aumenta la puntuación. Con respecto a la respuesta al tratamiento, la presencia de un pronóstico pobre (desestabilización del ánimo o ineficacia) con antidepresivos o un pronóstico bueno con estabilizadores del ánimo aumenta la puntuación. Además, un historial familiar positivo de trastorno bipolar o trastorno de depresión mayor recurrente aumenta la puntuación.

Indice de bipolaridad: cinco criterios de bipolaridad

I. Características del episodio (DSM-IV-TR)

Manía; hipomanía; ciclotimia

II. Edad de inicio (no criterios del DSM)

Especialmente 15-19 años

III. Curso de la enfermedad/ rasgos asociados

Recurrencia y remisión; comorbilidad

IV. Respuesta al tratamiento (no criterios del DSM)

Estabilizador del ánimo-efectivo

Antidepresivos- inefectivo; efectos adversos

V. Historial familiar (no criterios del DSM)

Bipolar; unipolar recurrente

Para mostrar cierto potencial de esta clase de trabajo, presuma por un momento que el indice de bipolaridad de los 5 criterios provee una puntuacion de muy alto (80-100) en trastorno bipolar I, moderadamente alto (60-80) en trastorno bipolar II, intermedio (40-60) en trastorno bipolar no especificado, bajo (20-40) en depresion mayor resistente-tratamiento altamente recurrente, y muy bajo en depresion mayor que responde a tratamiento recurrente mínimamente.[175]

---

[175] Handbook of Diagnosis and Treatment of Bipolar Disorder- Terence A. Ketter, M.D., 2010- pág.62.

A base de datos obtenidos de una gran cantidad de literatura científica sobre el tema, las siguientes son unas pistas para facilitar el diagnóstico de depresión bipolar:

- Edad de comienzo temprano de depresión (específicamente, antes de los 25 años)
- Episodios de depresión mayor recurrentes (más de 3)
- Episodios de depresión mayor de corta duración (promedio de menos de 3 meses)
- Depresión postparto
- Alta frecuencia de pensamientos suicidas
- Alta frecuencia de divorcios o separación
- Frecuentes cambios de trabajo
- Historial de conducta impulsiva o errática
- Historial familiar de depresión psicótica o trastorno bipolar
- Alteración del patrón de sueño con hipersomnia (aumento en las horas de sueño)
- Retardación psicomotora
- Historial de antidepresivos induciendo manía o hipomanía
- Ausencia de respuesta a por lo menos 3 antidepresivos
- Severa anhedonia
- Depresión con rasgos psicóticos y/o catatonia
- Mayor ansiedad
- Síntomas psicóticos
- Aumento de apetito

La tabla a continuación presenta algunas diferencias entre la depresión bipolar y la del episodio hipomaníaco:

Depresión bipolar	Hipomanía
Cansado	Enérgico
Desanimado	Alerta
Pesimista	Optimista
Abatido	Feliz
Desesperanzado	Esperanzado
Triste	Excitado
Lloroso	Risueño
Callado	Hablador
Vacío	Entusiasta
Aislado	Expansivo, abierto
Melancólico	Jubiloso
Distraído	Enfocado

[176]

Depresión bipolar vs. depresión unipolar

Existen diferencias entre la depresión bipolar y la unipolar. A continuación, discutiré algunas de éstas.

1. La depresión psicótica es más común en la depresión bipolar que en la unipolar. La experiencia clínica sugiere que la depresión severa que cursa con psicosis en una persona joven es una presentación inicial común de enfermedad bipolar.
2. La irritabilidad o episodios de coraje es más común en la depresión bipolar.

---

176 Ronald R. Fieve, M.D. Bipolar II- The Essential Guide to Recognize and Treat the Mood Swings of this Increasingly Common Disorder- 2006, pág. 47.

3. La depresión anérgica tiende a ser más común en la enfermedad bipolar que en la unipolar. Esta anergia produce una marcada retardación sicomotora y contrasta con la depresión agitada o ansiosa que pueden reflejar otros pacientes bipolares. Aunque la depresión anérgica se identifica con la bipolaridad, la literatura que apoya este punto es limitada, comparado con una gran evidencia de que las variaciones de ansiedad y depresión agitada son más característica del trastorno bipolar que de la depresión unipolar.

Rasgos clínicos entre bipolar I y II

Rasgos clínicos	Bipolar I	Bipolar II
Género	F=M(1)	F>M(1)
Manía	Sí	No
Hipomanía	Sí (como un estado transicional)	Sí
Depresión mayor requerida para diagnóstico inicial	No	Sí
Síntomas Psicóticos	Si, puede ocurrir durante cualquier fase	No ocurre en la fase hipomaníaca
Suicidio completado	Igual	Igual
Incidencia de ciclador rápido	Igual	Igual
Intervalo entre episodios	Puede disminuir con la edad (2)	Puede disminuir con la edad (2)

1. En hombres, el primer episodio es más probable que sea maníaco; en mujeres, el primer episodio es más probable que sea de depresión. Los hombres experimentan más episodios de manía a lo

largo de su vida, mientras las mujeres experimentan más episodios depresivos.

2. Entre los episodios, el paciente experimenta síntomas significativamente reducidos; sin embargo muchos tienen síntomas residuales, síntomas subsindromales, que, si no son tratados adecuadamente, pueden llevar a un deterioro funcional.[177]

Presentación de un caso de trastorno bipolar II

Paciente de 41 años, casada hace 14 años, secretaria ejecutiva desde hace 8 años en una institución bancaria, madre de un varón de 12 años. Presenta los siguientes síntomas:

- Tristeza
- Anhedonia
- Pérdida de apetito
- Ansiedad
- Problemas en la concentración
- Autoestima baja
- Irritabilidad
- Desánimo

La paciente refiere que "desde que tengo uso de razón, he estado deprimida". Con un historial de uso de varios antidepresivos desde los 20 años de edad, "los utilizaba por poco tiempo, ya que no mejoraba; al contrario, me ponía más nerviosa". No presentó historial actual o en el pasado de psicosis ni ideas suicidas u homicidas. Sin historial de enfermedad médica ni uso de sustancias ilícitas.

Su padre abandonó el hogar cuando ella tenía 5 años de edad. Este fué alcohólico y falleció hace 7 años. Su madre (70 años), con diagnóstico de demencia tipo Alzheimer, reside en un hogar de envejecientes. La

---

[177] Trisha Suppes, M.D., Ph. D., Paul E. Keck, M.D. Decoding Bipolar Disorder; 2005. pág.130.

paciente manifestó que su madre ha presentado varios episodios de depresión, con tratamiento irregular de antidepresivos. A su hijo se le trata farmacológicamente por trastorno de hiperactividad y déficit de atención. La paciente tiene 2 hermanos; uno de ellos ha tenido varios episodios de depresión, sin historial de haber recibido tratamiento farmacológico. El otro hermano recibe tratamiento psiquiátrico actual para su condición de déficit de atención.

Con autorización de la paciente, se obtuvo información adicional con el esposo. Este informó que la paciente presenta episodios frecuentes de irritabilidad, y muchas veces lo ha amenazado con agredirlo. Al explorar la posible presencia de episodios hipomaníacos en la paciente, el esposo refirió que" mi esposa tiene días en que vira la casa al revés, mapea, barre hasta la madrugada". El expresó que, frecuentemente en esos días, se observa más alegre de lo usual "haciendo chistes; pero la tengo que controlar, ya que se va a las tiendas y carga demasiado la tarjeta"

Se suministró la prueba del MDQ (discutida en el capítulo 20) y reflejó positivo para episodio hipomaníaco o maníaco. En esa primera cita se refirió a la paciente a una hospitalización parcial, con un diagnóstico de impresión de trastorno bipolar tipo II.

Discusión del caso

En este ejemplo, la paciente presentó los síntomas compatibles con una depresión unipolar. Pero, el profesional de salud mental debe explorar mas allá la presencia de otros posibles síntomas, para descartar el diagnóstico de impresión, confirmarlo o incluir otros diagnósticos psiquiátricos. En todo paciente que se presente con síntomas de depresión a una consulta con un profesional de salud mental, se debe explorar el historial que descarte o establezca un diagnóstico de trastorno bipolar.

En la paciente, los antidepresivos utilizados previamente no la ayudaron; por lo tanto, los descontinuaba al poco tiempo de iniciar su uso. Frecuentemente, el antidepresivo puede desestabilizar al paciente bipolar y solo se debe indicar cuidadosamente, una vez que se hayan uitlizado otras opciones de tratamiento. Este tema de los antidepresivos en la bipolaridad será discutido posteriormente en el capítulo 27.

La paciente refirió que ha estado deprimida desde la adolescencia. En el paciente que presenta un primer episodio de depresión en la pubertad o en la adolescencia, la probabilidad de ser bipolar en el futuro es de casi un 50%.

La bipolaridad es una enfermedad fuertemente hereditaria y no es raro que miembros de la familia tengan diagnóstico de bipolaridad o de otras condiciones psiquiátricas. En este ejemplo, el padre fallecido fue alcohólico y no sabemos si fue bipolar. La madre de la paciente, hermanos e hijo tienen condiciones psiquiátricas.

Es frecuente que el paciente bipolar presente irritabilidad, con episodios de coraje por periodos extendidos, aunque el paciente deprimido también puede presentar este síntoma. Pero, según mi experiencia clínica, la irritabilidad es más frecuente en el paciente bipolar que en el deprimido. Es determinante explorar la presencia de episodios maníacos o hipomaníacos para determinar si el paciente es bipolar. Muchas veces el historial que nos pueda proveer el familiar nos ayudara a establecer el diagnóstico. El esposo suministró un historial que sugirió un episodio hipomaníaco o maníaco (mucha energía aun con pocas horas de descanso, más alegre de lo usual e irse a las tiendas a gastar sin control).

En resumen, por el historial obtenido de la paciente, incluido el no presentar un historial de psicosis ni disfunción laboral o social y el MDQ positivo, el diagnóstico provisional adecuado es el de trastorno bipolar II. Por otro lado, debemos recordar que la presencia de psicosis acompañado de un deterioro significativo en el área laboral o social sugiere un diagnóstico de trastorno bipolar I.

Capítulo 22

Episodio bipolar mixto

Criterios para el episodio mixto según el DSM-IV-TR

Según el DSM IV-TR, un episodio mixto se describe como:

A. El criterio se cumple para ambos, un episodio maníaco y un episodio de depresión mayor (excepto en la duración), casi todos los días durante, al menos, un periodo de una semana.

B. Este trastorno del estado de ánimo es suficientemente severo para causar marcado deterioro en el funcionamiento laboral o en las relaciones o actividades sociales usuales, o para necesitar hospitalización para prevenir daño a él o a otros, o presentar rasgos psicóticos.

C. Los síntomas no se deben a los efectos fisiológicos directos de una sustancia (ej. abuso de una sustancia, una medicación, u otro tratamiento) o una condición médica general, como es el hipertiroidismo.

Descripción del episodio mixto

El episodio mixto ocurre cuando se presenta simultáneamente un episodio de depresión mayor junto a un episodio maníaco. Es una mezcla de síntomas de ambos episodios. Esta mezcla en la fase bipolar aparece más a menudo de lo que uno pueda pensar. Para establecer el diagnóstico de bipolar mixto tiene que reunir simultáneamente no menos de 5 síntomas de 9, en el episodio de depresión mayor, y no menos de 3 síntomas de 7, en el episodio maníaco. Si presentara irritabilidad, y no euforia, serían 4 síntomas maníacos. Para establecer el diagnóstico bipolar mixto, se requiere que los síntomas depresivos estén presentes por lo menos una semana, a diferencia de la depresión mayor unipolar que require un mínimo de dos semanas.

El bipolar mixto, aunque tenga síntomas de depresión, es considerado un tipo de manía. El 40% de los trastornos clasificados como manías puras son realmente estados bipolares mixtos.

El cerebro del bipolar mixto está completamente disfuncional. En toda esta sintomatología que abarca el trastorno bipolar - que no solo es comportamiento, estados de ánimo, síntomas psicóticos, euforia, comportamientos negativos, síntomas cognitivos-, es evidente que estamos hablando de muchas áreas y de muchos circuitos de neuronas que están afectados. Una persona bipolar mixta puede estar bien triste, con desesperanza y al mismo tiempo sentirse extremadamente llena de energía y agitada. Los síntomas que podría presentar un paciente bipolar mixto son:

- irritabilidad, agitación severa con pensamientos rápidos e irregularidad en el apetito.
- impulsividad y labilidad del estado de ánimo bien dramático.
- pensamientos suicidas, con un alto riesgo de suicidio, más que el de un episodio maníaco clásico.
- ansiedad (incluyendo estados de pánico) resistente a tratamiento.
- insomnio con dificultad para remediar o manejar.
- rasgos psicóticos.
- conducta sexual inapropiada o hipersexualidad.

Los episodios mixtos son los más comunes al comienzo de la enfermedad bipolar; mientras más se va avanzando en edad, hay más episodios depresivos. Por lo tanto, muchos de estos jóvenes, con abuso de sustancias, con depresiones e ideas suicidas, que se hospitalizan, posiblemente sufren de manías mixtas. El uso de sustancias ilícitas en el bipolar mixto es más frecuente, comparado con los otros tipos de bipolaridad. Las mujeres tienen casi el doble de propensión a los episodios mixtos que los hombres.

La duración del episodio mixto es mayor que la del episodio maníaco y la recaída es más rápida. El episodio mixto tiene una evolución de mal pronóstico y es más difícil de tratar. Si un paciente con síntomas mixtos es erróneamente diagnosticado como una depresión mayor, el tratamiento con antidepresivos puede posiblemente enmascarar, empeorar o inducir síntomas maníacos o hipomaníacos, contribuyendo a un tratamiento refractario para futuros episodios.

Capítulo 23

Trastornos del estado de animo (bipolaridad y depresión) no especificado

Criterios para el trastorno bipolar no especificado (NOS) según el DSM- IV-TR

Esta categoría incluye los trastornos con características bipolares que no cumplen los criterios para ningún trastorno bipolar específico. Los ejemplos incluyen:

1. Alternancia bien rápida (en días) entre síntomas maníacos y síntomas depresivos, que no cumplen el criterio de duración mínima para un episodio maníaco o un episodio depresivo mayor. El paciente puede estar eufórico un día y deprimido el próximo. Un periodo de depresión puede durar minutos u horas y puede ocurrir simultáneamente con manía.

2. Episodios hipomaníacos recurrentes sin síntomas depresivos intercurrentes.

3. Episodio mixto o maníaco superpuesto a un trastorno delirante, una esquizofrenia residual o un trastorno psicótico no especificado.

4. Situaciones en las que el clínico ha llegado a la conclusión de que hay un trastorno bipolar, pero es incapaz de determinar si es primario, debido a enfermedad física o inducido por sustancias.

Criterios para el trastorno depresivo no especificado (NOS) según el DSM-IV-TR

La categoría del trastorno depresivo no especificado incluye los trastornos con síntomas depresivos que no cumplen los criterios para trastorno depresivo mayor, trastorno distímico, trastorno adaptativo con estado de ánimo depresivo o trastorno adaptativo con estado de ánimo mixto ansioso y depresivo. Algunas veces los síntomas depresivos se presentan como parte de un trastorno de ansiedad no especificado. Los ejemplos del trastorno depresivo no especificado incluyen:

Trastorno disfórico premenstrual y otros

I. **Trastorno disfórico premenstrual**

A. Los criterios del DSM IV-TR para establecer el diagnóstico de trastorno disfórico[178] premenstrual (PMDD, por sus siglas en inglés) requiere que estén presentes en muchos ciclos menstruales durante el año anterior, con la presencia de al menos 5 ó más de los siguientes síntomas, durante la mayor parte del tiempo en la última semana de la fase luteal, empiezan a remitir dentro de unos pocos días después del comienzo de la fase folicular y estén ausentes en la semana después de la menstruación. Debe presentar al menos uno de los síntomas expuestos en (1), (2), (3), ó (4).

1. Estado de ánimo marcadamente deprimido, sentimientos de desesperanza, o pensamientos de autodesaprobación.

2. Marcada ansiedad, tensión, sentimientos de estar "acalorada" o "nerviosa".

3. Marcada labilidad afectiva (ej. sentirse súbitamente triste o llorosa o un aumento en la susceptibilidad al rechazo).

4. Un persistente y marcado coraje o irritabilidad o aumento en los conflictos interpersonales.

5. Disminución en el interés en las actividades acostumbradas (ej.trabajo, estudios, amigos, pasatiempos).

---

178 Disfórico- inquietud, intranquilidad, malestar, angustia.

6. Percepción subjetiva de dificultad en la concentración.
7. Letargia[179], cansancio, o marcada falta de energía.
8. Marcado cambio en el apetito, aumento de apetito, o aumento en el consumo de ciertos alimentos específicos.
9. Hipersomnia o insomnio.
10. Percepción subjetiva de estar fuera de control o abrumada.
11. Otros síntomas físicos, como hinchazón o sensibilidad en los senos, dolor de cabeza, dolor en los músculos o articulaciones, una sensación de "entumecimiento", aumento de peso.

Nota: En las mujeres que tienen menstruación, la fase luteal corresponde al periodo entre la ovulación y el inicio de la menstruación, y la fase folicular comienza con la menstruación. En las mujeres que no tienen menstruación (ej. aquéllas que tienen una histerectomía), la sincronización de la fase luteal y folicular puede requerir medidas de hormonas reproductivas circulantes.

B. Este disturbio interfiere marcadamente con el trabajo, la escuela o las actividades sociales usuales y relaciones con otros (ej. evita las actividades sociales, disminución en la productividad y eficiencia en el trabajo o en la escuela).

C. El disturbio no es la exacerbación de síntomas de otros trastornos, como son la depresión mayor, trastorno de pánico, trastorno distímico, o un trastorno de personalidad (aunque puede estar sobreimpuesto en cualquiera de estos trastornos).

D. Criterios A, B y C debe estar confirmado por evaluacion diaria prospectiva de, al menos, dos ciclos sintomáticos consecutivos, (El diagnóstico puede hacerse provisionalmente previo a esta confirmación).

---

179 Letargia- falta de ánimo, somnolencia y apatía; condición de indiferencia.

Datos sobre el trastorno disfórico premenstrual

Sobre un 80 % de todas las mujeres experimentan cierta alteración en el ánimo o la presencia de síntomas somáticos durante el periodo premenstrual, y aproximadamente un 40% de estas mujeres tienen al menos síntomas premenstruales de leves a moderados que requieren consejo médico. Solo un 3 a 9% de las mujeres tienen síntomas que cumplen con los criterios para el PMDD.

El PMDD es una constelación de síntomas afectivos y somáticos que se manifiesta durante la fase luteal del ciclo menstrual y se resuelve súbitamente después del comienzo de la menstruación. A diferencia de otros trastornos del ánimo, los disturbios del ánimo asociados con el PMDD son cíclicos y tienen una estrecha relación con el ciclo menstrual; por lo tanto, la presencia de los síntomas cesan con el embarazo y después de la menopausia. Aunque los síntomas pueden aparecer en cualquier momento después de la menarquia,[180] la edad promedio de inicio es 20 años, aunque la mujer generalmente no busca tratamiento hasta después de los 30 años. La mujer frecuentemente informa que los síntomas empeoran a medida que avanza en edad hasta el inicio de la menopausia.[181] Los cambios hormonales que ocurren durante el ciclo menstrual son probablemente los causantes de la producción de los síntomas del PMDD, aunque la etiología exacta es desconocida.

Para establecer el diagnóstico de PMDD de acuerdo con el DSM IV-TR, se deben tener al menos 5 síntomas de una lista de 11 y por lo menos un síntoma relacionado con el estado de ánimo, ya sea irritabilidad/coraje, ánimo deprimido, ansiedad, o labilidad afectiva. La presencia y severidad de los síntomas y la relación cíclica de la fase luteal deben ser confirmadas por una evaluación diaria prospectiva de al menos 2 ciclos menstruales consecutivos. El PMDD causa además una disfunción laboral, académica o social, diferenciándolo del síndrome premenstrual (PMS, por sus siglas en inglés) que no presenta un grado de disfunción marcada.

---

180 Menarquia- el establecimiento o inicio de la menstruación.

181 Textbook of Mood Disorders, Dan J. Stein, M.D., PH,D., David J.Kupfer, M.D., and Alan F. Schatzberg, M.D.- 2006, pág. 689.

La fase luteal del ciclo menstrual es un periodo de aumento en la vulnerabilidad en ciertas mujeres para el inicio de un nuevo episodio de depresión o la exacerbación de síntomas de un episodio en curso. El tratamiento es sintomático e incluye analgésicos para el dolor y sedantes para la ansiedad e insomnio. Ciertos pacientes responden a un tratamiento a corto plazo con un SSRI, durante la fase luteal únicamente, permitiendo una menor exposición a la medicación, bajos costos y reducción de los efectos secundarios a largo plazo, como el aumento de peso y la disfunción sexual. Además de los SSRI, la clomipramina y la venlafaxina han mostrado efectividad en el PMDD.

Recientemente, la FDA aprobó un anticonceptivo oral, el YAZ ("3mg drospirenone más 20mg ethinyl estradiol"), efectivo en tratar los síntomas físicos y los síntomas emocionales del PMDD, además de utilizarlo para el control de natalidad.[182]

II. Trastorno depresivo menor

Episodios de al menos 2 semanas de síntomas depresivos, pero con menos de los 5 items exigidos para el trastorno depresivo mayor.

III. Trastorno depresivo breve recurrente

Episodios depresivos con una duración de 2 días a 2 semanas, que se presentan, al menos, una vez al mes durante 12 meses (no asociados con los ciclos menstruales).

IV. Trastorno depresivo pospsicótico en la esquizofrenia

Un episodio depresivo mayor que se presenta durante la fase residual en la esquizofrenia.

V. Un episodio depresivo mayor superpuesto a un trastorno delirante, a un trastorno psicótico no especificado o a la fase activa de la esquizofrenia.

VI. Casos en los que el clínico ha llegado a la conclusión de que hay un trastorno depresivo, pero es incapaz de determinar si es primario, debido a enfermedad física o inducido por sustancia.

---

182 Concise Textbook of Clinical Psychiatry- Kaplan and Sadock's, Third Edition-2008, pág. 409.

Capítulo 24

Episodio bipolar y episodio maníaco en niños y adolescentes

Espectro bipolar y episodio maníaco en niños y adolescentes

Desde 1990, los profesionales de la salud mental comenzaron a reconocer que el trastorno bipolar existe en niños y no es extremadamente raro su presentación. Al igual que en muchas otras condiciones psiquiátricas en la población pediátrica, los criterios diagnósticos específicos para el trastorno bipolar aún no han sido establecidos. Por lo tanto, los niños y adolescentes son diagnosticados utilizando los mismos criterios del DSM-IV-TR para trastorno bipolar en adultos. Esta regla puede cambiar en la proxima revisión del DSM, similar al cambio de los criterios de depresión mayor en el DSM-IV-TR, que ahora permiten que figure la irritabilidad como síntoma principal del ánimo.[183]

El trastorno bipolar en niños y adolescentes es un trastorno psiquiátrico serio, con un alto ritmo de morbilidad y mortalidad, incluida la morbilidad psicosocial, con deterioro en la familia y las relaciones de pares (Geller y Luby 1997; Geller et al. 2000; Lewinsohn et al 1995), deterioro en el funcionamiento académico con una alta probabilidad de fracasar en la escuela (Weinberg y Brumback 1976), un incremento en el uso de sus-

---

[183] Handbook of Diagnosis and Treatment of Bipolar Disorder- Terence A. Ketter, M.D.- 2010- pág. 391.

tancias (Wilens et al. 2004) y una alta probabilidad de intentos suicidas y suicidios[184].

Investigaciones recientes indican que los siguientes pueden predecir un pronóstico pobre: edad de inicio temprano; estatus socioeconómico bajo; fuerte historial familiar de trastorno bipolar; y rasgos clínicos que incluyen la presencia de episodios mixtos, síntomas psicóticos, cicladores rápidos, uso de sustancias, y déficit neurocognitivo (Post y Kowatch).[185] Desafortunadamente, muchos jóvenes sufren los síntomas del trastorno bipolar por años antes que la enfermedad sea diagnosticada (Finding et al. 2001; Geller y Luby 1997). Algunos profesionales de salud mental frecuentemente ignoran las fases de disregulación afectiva, aun cuando esta asociada a una disfunción considerable, por miedo a estigmatizar al niño. No debemos ignorar los signos tempranos de un trastorno afectivo, así como los signos tempranos de cancer, epilepsia, o diabetes en niños. Por lo tanto, es de vital importancia identificar con precisión el primer episodio de la enfermedad bipolar y desarrollar una intervención temprana efectiva para mejorar el pronóstico a largo plazo y evitar un sufrimiento humano sustancial.

El trastorno bipolar produce un gran porciento de visitas clínicas en psiquiatría pediátrica (Youngstrom y Duax). En una clínica de psiquiatría pediátrica terciaria, la manía fue establecida en un 16% de los referidos (Biederman et al. 2005a). En la comunidad, desde el 1994-1995 al 2002-2003, las visitas a las oficinas pediátricas para el trastorno bipolar aumentaron alarmantemente de 25 a 1,003 visitas por año por 100,000 habitantes (Moreno et al. 2007). Además, entre 1995 y 2000, ha habido un 90% de aumento en la probabilidad de presentar un diagnóstico bipolar entre niños admitidos en hospitales psiquiátricos (Harpaz-Rotem et al. 2005).[186]

---

184 Clinical Manual for Management of Bipolar Disorder in Children and Adolescents, Robert A. Kowatch, M.D., Ph.D.,Mary A. Fristad, Ph.D., A.B.P.P.-2009, pág. 1.

185 Handbook of Diagnosis and Treatment of Bipolar Disorder- Terence A. Ketter, M.D.-2010- pág. 394.

186 Handbook of Diagnosis and Treatment of Bipolar Disorder- Terence A. Ketter, M.D.-2010- pág. 390.

El trastorno bipolar en niños y adolescentes es difícil de tratar y diagnosticar. El diagnóstico se establece a través de un examen mental y considerando todos los datos importantes obtenido del historial. Este historial se obtiene de entrevistas con los padres y con el niño, juntos y separadamente. Se debe obtener también un historial famimlar de trastornos psiquiátricos, hasta la tercera generación. La población bipolar pediátrica frecuentemente sufre de una forma más crónica de la enfermedad comparada con la del adulto bipolar, caracterizada por largos episodios sintomáticos que frecuentemente son resistentes a tratamiento. Por otro lado, en la población adulta, el trastorno tiende a ser más cíclico, con episodios que representan una desviación significativa del nivel frecuente de funcionamiento y estado mental de la persona. La incidencia de trastorno bipolar I en niños y adolescentes es de aproximadamente 1%, y el inicio puede ser tan temprano como a los 8 años de edad. Mientras más temprano el inicio, peor es el pronóstico.[187]

Antes se creía que el trastorno bipolar tenía su inicio en la adolescencia tardía o en la adultez temprana, pero los estudios en los últimos años señalan que dos terceras partes de los pacientes con trastorno bipolar comienza a manifestar la enfermedad antes de los 18 años.[188] Perlis y colegas (2004) evaluaron la edad de inicio de los síntomas de estado de ánimo en 1,000 pacientes bipolares adultos registrados en el Instituto Nacional del Programa de Mejoramiento de Tratamiento Sistemático de Salud Mental para el Trastorno Bipolar (STEP-BD, por sus siglas en inglés). El curso clinico, comorbilidad, estado funcional, y calidad de vida fueron comparado por grupos con el inicio de síntomas de bipolaridad muy temprano (antes de los 13 años de edad), inicio temprano (entre los 13 a 18 años de edad) y adultos (mayor de 18 años de edad). Perlis et al. informaron que 28% de estos pacientes experimentó un inicio muy temprano de la bipolaridad, mientras un 38% experimentó un inicio temprano. Un comienzo temprano de la bipolaridad esta asociado con trastornos de ansiedad comórbido y abuso de sustancias, mayor recurrencia, cortos

---

[187] Concise Textbook of Clinical Psychiatry- Kaplan and Sadock's ,Third Edition-2008, pág.220.

[188] Handbook of Diagnosis and Treatment of Bipolar Disorder- Terence A. Ketter, M.D.- 2010- pág. 389.

periodos de eutimia, mayor probabilidad de intentos suicidas y episodios de violencia. Un inicio temprano o muy temprano del trastorno bipolar puede ser el precursor de un curso de la enfermedad más severa, en términos de cronicidad y comorbilidad.[189]

Comparando los pacientes con trastorno bipolar de inicio en la adultez, los pacientes que tienen un inicio de la enfermedad bipolar durante la infancia y la adolescencia experimentan un mayor número de días deprimido, mayores episodios maníacos y depresivos, un incremento en el abuso de sustancias, mayores diagnósticos comórbidos, y un mayor riesgo de intentos suicidas en su vida (Henin et al. 2007; Leverich et al. 2007; Perlis et al. 2004). Además, el inicio de la enfermedad en una edad temprana está asociado con una pobre respuesta al litio, mayores rasgos psicóticos durante los episodios afectivos, mayores episodios mixtos, y gran comorbilidad con trastorno de pánico (Bellivier et al. 2001; Leverich et al. 2007; Perlis et al. 2004).[190]

Birmaher y colegas (2006) informaron el primer estudio longitudinal en pacientes pediátricos con trastorno de espectro bipolar: el Curso y Resultado de Trastorno Bipolar en Estudio de jóvenes (COBY, por sus siglas en inglés). Dicho estudio ha sido muy importante porque muchos pacientes pediátricos presentan al inicio del trastorno bipolar síntomas de "espectro bipolar" (Masi et al. 2007). La edad promedio de comienzo de los síntomas de estado de ánimo en el estudio de COBY fue 8.9 +/- 3.9 años, con una duración promedio de la enfermedad de 4.2+/- 2.9 años. Birmaher y colegas informaron que aproximadamente un 70% de los sujetos bipolares se recuperaron del episodio, y 50% presentaron por lo menos una recurrencia, principalmente un episodio depresivo. Un análisis de monitoreo de síntomas de estado de ánimo a través del tiempo reflejó que un 60% de los sujetos presentaron síntomas sindromales o subsindromales, con numerosos cambios en síntomas y desplazamiento de polaridad (depresión o manía), y 3% durante su vida, presentaron psicosis. Es importante señalar que, en este estudio longitudinal, el 20% de los sujetos

---

[189] Clinical Manual for Management of Bipolar Disorder in Children and Adolescents, Robert A. Kowatch, M.D., Ph.D.,Mary A. Fristad, Ph.D., A.B.P.P.-2009, pág.3.

[190] Clinical Manual for Management of Bipolar Disorder in Children and Adolescents, Robert A. Kowatch, M.D., Ph.D.,Mary A. Fristad, Ph.D., A.B.P.P.-2009, pág.25.

bipolares tipo II se convirtieron en bipolar tipo I, y 25% de los bipolares NOS se convirtieron en bipolar I ó II. El trastorno bipolar de inicio temprano, trastorno bipolar NOS, síntomas de estado de ánimo de larga duración, condición socio-económica baja, y psicosis fueron asociados con rápidos cambios en el estado de ánimo y pobre pronóstico de la condición. Los sujetos del estudio COBY presentaron unos síntomás severos y continuos de bipolaridad con frecuentes fluctuaciones en el estado de ánimo. Un segundo análisis que comparaba los sujetos pediátricos bipolares tipo I en el estudio de Birmaher et al. con los adultos bipolares tipo I en el estudio longitudinal de 20 años de Judd et al. (2002) evidenció que los sujetos pediátricos bipolares tipo I pasaban significativamente más tiempo con síntomas de estado de ánimo, con mayores episodios cíclicos o mixtos, con cambios en los síntomas de estado de ánimo y cambios de polaridad que los adultos con trastorno bipolar. El curso de desarrrollo del trastorno bipolar en niños que surgen de estos estudios longitudinales revelan que muchos pacientes en la etapa de la prepubertad inician la enfermedad con síntomas crónicos de estado de ánimo y los episodios "claros" de manía o depresión aparecen 4-5 años después del inicio de los síntomas.[191]

Con relación al trastorno bipolar clásico en los adolescentes o en el inicio de la adultez, se va a manifestar temprano; por lo tanto la bipolaridad es un diagnóstico de jóvenes. Si presenta una comorbilidad, ello va a predecir cuanta disfuncionabilidad hay. Por lo tanto, a mayor comorbilidad, peor es el pronóstico. Muchos adolescentes con trastorno bipolar pueden presentar un primer episodio de depresión mayor y luego desarrollar episodios maníacos subsecuentes. La manía en adolescentes se presenta frecuentemente con síntomas de grandiosidad, irritabilidad, trastorno psicótico, marcado cambio en el estado de ánimo con una mezcla de síntomas maniacos y depresivos y aumento en los niveles de energía. El curso de tratamiento del trastorno bipolar en adolescentes parece ser más crónico y refractorio que cuando se inicia en el adulto. Aproximadamente el 96% de los adolescentes que presentan síntomas maniacos se van a recuperar con un tratamiento farmacológico adecuado. Pero, un 64% de

---

[191] Clinical Manual for Management of Bipolar Disorder in Children and Adolescents, Robert A. Kowatch, M.D., Ph.D.,Mary A. Fristad, Ph.D., A.B.P.P.-2009, págs. 17-18.

estos van a recaer en un periodo de 18 meses, aun con tratamiento. O sea, dos terceras partes de los pacientes jóvenes van a presentar una recaída. Por lo tanto, este paciente necesita un tratamiento a largo plazo.[192]

En el libro "Diagnosis and Treatment of Bipolar Disorder" del año 2010, se describe al niño y adolescente con trastorno bipolar como aquél que presenta cambios severos de ánimo, hipersexualidad, distrabilidad, necesidad disminuida de dormir, impulsividad, y pensamientos rápidos.

Ciertos estudios de investigación han evidenciado que los niños y adolescentes con trastorno bipolar frecuentemente presentan un cuadro mixto o "disfórico" caracterizado por frecuentes periodos cortos de intensa labilidad del ánimo e irritabilidad, en lugar de una manía eufórica clásica (Geller et al. 1995; Wozniak et al. 1995).

Un estudio de seguimiento de 24 meses encontró que un gran número de pacientes bipolares maníacos de inicio temprano (cuya enfermedad surgió antes de los 21 años) eran varones, experimentaban paranoia, trastorno de conducta en la infancia, comorbilidad con abuso de sustancias y una remisión menos frecuente que los pacientes cuya condición se manifestó en la adultez (primer episodio después de los 30 años)[193].

Hay evidencia que sugiere que más de un 25% de los jóvenes con trastorno bipolar desarrollan un plan suicida (Geller et al. 1998). Evidencia de psicosis es el factor de mayor riesgo para intentar o completar el suicidio. Niños con trastorno bipolar que además presentan una historia de psicosis, tienen un 30% de probabilidad de tener pensamientos de muerte, 51.8% de ideación suicida, y 49.3% más probable de planificar un plan suicida, comparados con pacientes bipolares pediátricos no psicóticos. Una tercera parte de niños entre las edades de 7-17 años con trastorno bipolar tienen un historial de intentos suicidas. Aquellos que han intentado suicidarse son los de mayor edad, con mayor probabilidad de que tengan rasgos psicóticos, un historial de episodios mixtos, y trastorno bipolar I comparados con aquellos que no han intentado suicidarse. Además, es

---

192 Dr. Richard Camino, psiquiatra de niños y adolescentes; Conferencia ofrecida el 18 de abril de 2008 en un hotel en San Juan, P.R.

193 Carlson, G.A.; Bromet, E.J., Phenomenology and Outcome of Subjects with Early – and Adult Onset –Psychotic Mania, Am. J. Psychiatry, 2000, 157, 213,219.

más probable que presenten comorbilidad con el uso de sustancias ilícitas o trastorno de pánico, previos intentos suicidas en la familia, un historial de abuso sexual o físico, conducta de automutilación, y/o más frecuentes hospitalizaciones comparado con aquellos que no han intentado suicidarse (Goldstein et al. 2005). Un tratamiento consecuente y una constancia con las intervenciones farmacológicas puede reducir el riesgo suicida en adolescentes con trastorno bipolar.[194]

El trastorno bipolar en los jóvenes se caracteriza por presentar una alta frecuencia de ciclación rápida (mayor de 365 ciclos por año),[195] a diferencia de los adultos, que presentan episodios bien delimitados de depresiones y manías, con intervalos de larga duración y libre de síntomas. El adolescente, en su fase maníaca, puede hablar más de lo usual, resultando muy difícil interrumpirlo y el pensamiento va de una idea a otra rápidamente.

El joven en su fase maníaca puede ser hipersexual. Por ejemplo, se puede manifestar masturbándose excesivamente, o estando activos sexualmente, o enamorándose fervientemente de su maestro(a) o de un artista famoso. Los adolescentes tienen una mayor probabilidad de tener un número excesivo de parejas y/o envolverse rápidamente en actividades sexuales durante un episodio maníaco. Un meta-analisis por Kowatch et al. (2005 b) reveló que 31%-45% de los pacientes bipolares entre las edades de 5-18 años presentan hipersexualidad. Geller y Tillman (2004) determinaron que la hipersexualidad ocurre más frecuentemente en ausencia de abuso sexual en el joven con trastorno bipolar. En un estudio de 93 jóvenes con trastorno bipolar, solo 1% presentaba un historial de abuso, mientras que un 43% presentaban síntomas hipersexuales. La hipersexualidad puede ayudar a distinguir el trastorno bipolar pediátrico de otros trastornos de la niñez y es un ejemplo de pobre juicio en manía (Geller y Tillman 2004; Kowatch et al. 2005a). Los adolescentes con trastorno bipolar tienen una mayor probabilidad informada de hipersexualidad, comparada con los pacientes bipolares pediátricos en la prepubertad (70.4% comparado con

---

[194] Clinical Manual for Management of Bipolar Disorder in Children and Adolescents, Robert A. Kowatch, M.D., Ph.D.,Mary A. Fristad, Ph.D., A.B.P.P.-2009, págs 284-285.

[195] Bipolar Disorder in Childhood and Early Adolescence, Barbara Geller, MD, Melissa P. Del Bello, MD-2003, pág. 8.

24.2%) (Geller et al. 1998). El profesional de salud mental debe explorar en el joven bipolar el aumento de interés en el sexo, que puede manifestarse en un aumento en la búsqueda de revistas explícitas sexualmente o sexo a través del internet, y la presencia de un lenguaje sexual inapropiado. Los padres deben monitorear a los niños en la prepubertad y adolescencia, con relación al riesgo de sexo sin protección que puede resultar en enfermedades de transmisión sexual y/o embarazos no deseados.[196]

Con relación al niño bipolar, el padre o encargado puede informar con frecuencia la presencia de cuatro a seis ciclos severos de estado de ánimo por día, con constantes cambios leves de ánimo y la ausencia de episodios claros de manía o depresión. Este patrón de ciclador complejo es el más común en el trastorno bipolar pediátrico en los pacientes antes de la pubertad, validado por Geller et al. y colegas (Geller et al. 1995,2000).

El cuadro que surge de ciertos grupos de investigación independiente es que el niño antes de la pubertad con trastorno bipolar frecuentemente presenta periodos cortos de intensa labilidad afectiva y la irritabilidad es mucho más común que la euforia. El niño puede presentar episodios de explosión violenta y altos niveles de distrabilidad. Los síntomas tienden a ser crónicos y continuos, más que episódicos y agudos. Ocasionalmente, un niño con trastorno bipolar de inicio temprano puede presentar pensamientos grandiosos o estado de ánimo eufórico, pero, la mayor parte de los niños con este trastorno son intensamente emotivos, con un fluctuante estado de ánimo negativo.

La manía en los niños se puede desarrollar en manía mixta adulta. En adultos con trastorno bipolar, el 20 a 30% que presenta una "manía mixta", es más probable que tenga un curso crónico, ausencia de episodios discretos, conducta suicida, comienzo del trastorno en la infancia y adolescencia y rasgos neuropsicológicos similares a aquellos niños con ADHD con una pobre respuesta al tratamiento.[197]

---

196 Clinical Manual for Management of Bipolar Disorder in Children and Adolescents, Robert A. Kowatch, M.D., Ph.D.,Mary A. Fristad, Ph.D., A.B.P.P.-2009, págs. 278-279.

197 Concise Textbook of Clinical Psychiatry- Kaplan and Sadock's ,Third Edition-2008, pág. 657.

El trastorno de conducta en los niños está fuertemente asociado a manía. Muchos pacientes con manía cualifican para el diagnóstico de trastorno de conducta. Sin embargo, hay diferencias en síntomas entre estos dos grupos. Cuando presenta intranquilidad física con pobre juicio tiende a ser más común en casos comórbidos con trastorno de conducta y manía que en casos de manía sola. Finalmente, el trastorno de ansiedad, especialmente trastorno de pánico con agorafobia (miedo a los espacios abiertos, por ejemplo, los centros comerciales), es frecuentemente comórbido con manía en niños.[198]

El niño bipolar en fase maníaca puede presentar un ánimo anormalmente alegre, expansivo o irritable. Los estudios indican que los niños bipolares en su fase maníaca están más irritables que alegres, trayendo como consecuencia peleas y otras conductas antisociales. Cuando un niño bipolar tiene coraje, piensa en las consecuencia después de consumados los hechos. Tienen una prolongada explosión de temperamento agresivo o impulsivo. Pueden ser violentos, lastimando a sus hermanos en un juego o diciéndole a sus padres que lo odian, luego de éstos corregirle por alguna falta cometida. Hay niños bipolares que se tornan más alegres de lo usual y, en minutos, comienzan a llorar de manera súbita, con cambios de estado de ánimo, incluso durante varias veces al día.

Pueden tener ideas de grandiosidad. Por ejemplo, estar convencidos de que pueden hacer una brillante carrera como médico a pesar de tener una notas pésimas o ser estrellas del rock, sin dominar ningún instrumento musical. Tienen la necesidad de dormir disminuida. Pueden estar jugando juegos de videos hasta altas horas de la noche y levantarse con mucha energía. En el niño bipolar el sentido de anticipación es enteramente diferente; está constantemente planificando, dando vuelta a situaciones una y otra vez en su mente, pensando, a veces, en eventos con meses de anticipación. Por ejemplo, el niño puede escribir en julio la lista de regalos que desea para la época de Navidad. Generalmente, el niño bipolar en su fase maníaca tiene un pobre juicio con poco control de sus impulsos, los cuales tienen consecuencias negativas. Por ejemplo, le falta el respeto a sus maestros, a pesar de las suspensiones previas que ha tenido.

---

198 Stahl's Essential Psychopharmacology- Stephen M. Stahl, Third Edition-2008, pág 713.

Episodio de depresión bipolar en niños y adolescentes

Se estima que 5% de los niños y adolescentes sufren de depresión mayor, 4% de distimia y ciertos estudios indican tasas tan altas como 3.0-6.5% para el espectro bipolar.

Para diferenciar una depresión mayor de una bipolaridad, además de explorar síntomas del estado de ánimo, es útil examinar otros criterios para cada enfermedad, como es la disminución en la necesidad de dormir (manía), versus la dificultad en dormir y sentirse cansado (depresión mayor). La labilidad del estado de ánimo ("mood swings") manifestada por cambios de estado de ánimo de normal a depresión en ausencia de otros síntomas es probable que se deba más a la depresión que a la bipolaridad.[199]

En adolescentes el primer signo de trastorno bipolar puede ser la aparición súbita de un episodio severo con rasgos psicóticos o episodio maníaco o hipomaníaco precipitado por antidepresivos (DelBello et al. 2007). Sin embargo, diferenciar un episodio de depresión mayor con rasgos psicóticos del de un episodio depresivo de trastorno bipolar I ó II puede ser dificultoso. Worniak et al. (2004) compararon las caracteristicas clínicas de depresión, comorbilidad, e historial familiar en 109 niños con depresión unipolar y 43 con depresión bipolar. Ellos encontraron que comparándolo con los niños con depresión unipolar, los niños con depresión bipolar tienen una mayor probabilidad de reunir los criterios para depresión causados por anhedonia, desesperanza, suicidio, y depresión severa.[200]

Diferenciar entre depresión bipolar y unipolar en niños es un reto. El diagnosticar erróneamente una depresión bipolar como una depresión unipolar resulta en un tratamiento inadecuado e incorrecto, empeorando el cuadro de síntomas. Goldstein et al. (2005) informaron que una tercera parte de los niños y adolescentes con trastorno bipolar han presentado intentos suicidas durante el curso de la enfermedad. Por lo tanto, es muy

---

[199] Frontiers Between Attention Deficit Hyperactivity Disorder and Bipolar Disorder- Child and Adolescent Psychiatric Clinics of North America-Cathryn A, Galanter, M.D., Ellen Leibenluft, M.D.- April (2008), pág. 325- 326.

[200] Clinical Manual for Management of Bipolar Disorder in Children and Adolescents, Robert A. Kowatch, M.D., Ph.D.,Mary A. Fristad, Ph.D., A.B.P.P.-2009, págs. 187-188.

importante reconocer y tratar rigurosamente los episodios de depresión durante el curso del trastorno bipolar.

En raras ocasiones, el primer episodio de un trastorno bipolar resulta ser un episodio maníaco o hipomaníaco. Por tal razón, la depresión bipolar es una entidad clínicamente fallida no diagnosticada, tanto en adultos como en niños, teniendo como consecuencia una alta morbilidad y mortalidad.

Investigaciones recientes sugieren que la edad de comienzo, en casi un 33% de los casos, es antes de los 13 años. Se están conduciendo nuevas investigaciones, que indican que la depresión en los niños puede ser diagnosticada tan temprano como en los años pre-escolares. Por tal razón, el profesional de salud mental, al evaluar un niño deprimido, tiene que sospechar que la enfermedad que presenta podría ser un trastorno bipolar, aunque el episodio maníaco o hipomaníaco aún no esté demostrado. En un estudio de 72 niños que presentaron depresión mayor en un promedio de edad de 12.3 años, el 48.6% de ellos desarrolló episodios maníacos o hipomaníacos en estudios de seguimiento por 10 años. Geller et al.(2001) siguió el curso de la enfermedad de 74 adultos jóvenes con un promedio de 23 años - inicialmente hospitalizados por depresión mayor unipolar, y un número similar (46%) desarrolló episodios maníacos o hipomaníacos en estudios de seguimiento por 15 años. En otro estudio, Geller siguió 72 niños con historial de depresión mayor pre-pubertad, por un promedio de 10 años. De éstos, treinta y cinco (48.6%) desarrollaron un trastorno bipolar, de los cuales 24 (33%) fueron tipo I. Esta tasa de desarrollo del trastorno bipolar fue significativamente mayor, comparada con la del grupo sin enfermedad psiquiátrica en la infancia (7.1% desarrolló trastorno bipolar en el grupo de comparación). Esta diferencia fue para el tipo I, no así para el trastorno bipolar tipo II. Se encontró, además, que los niños con depresión en la pre-pubertad tuvieron una alta probabilidad de abuso de sustancia (30.6% vs. 10.7% en niños sin enfermedad psiquiátrica) y la probabilidad de suicidio fue de 22.2% vs 3.6%, sin enfermedad psiquiátrica.[201]

---

201 Bipolar Depression- Rif S. El- Mallakh, M.D., S.Nassir Ghaemi, M.D., M.P.H.-2006, pág.105.

De acuerdo con Wozniak et al. (2004), los niños y adolescentes con depresión bipolar tienen más probabilidad de tener una condición psiquiátrica comórbida, como es el trastorno de conducta, trastorno desafiante oposicional severo, agorafobia (fobia a los espacios abiertos), trastorno obsesivo compulsivo y abuso del alcohol. Todo esto comparado con niños con depresión unipolar. Este estudio encontró también que, en adolescentes, la depresión bipolar difiere de la depresión unipolar en:

1. la severidad de los síntomas
2. enfermedad comórbida
3. historial familiar

Los síntomas depresivos en los adolescentes fueron severos y los pacientes exhibieron una profunda anhedonia, desesperanza y pensamientos suicidas. Un estudio encontró que casi una tercera parte de todos los pacientes pediátricos y adolescentes (entre los 7 y 17 años) con trastorno bipolar tuvo intentos suicidas.[202]

Patel et al. (2006) estudiaron 27 adolescentes hospitalizados (edades entre 12-18 años) con un episodio de depresión asociado a trastorno bipolar I. Estos sujetos fueron tratados con litio 30 mg/kg por día, y la dosis ajustada para alcanzar unos niveles terapéuticos en sangre fue de (1.0-1.2 mEq/L). El ritmo de respuesta y remisión fue de 48% y 30%, respectivamente. Los efectos secundarios, fueron moderados en severidad, incluido dolor de cabeza (74%), náuseas/vómitos (67%), dolor de estómago (30%), y calambres abdominales (19%). Los hallazgos de este estudio indican que el litio parece efectivo y es relativamente bien tolerado para el tratamiento de un episodio agudo de depresión en adolescentes con trastorno bipolar.[203]

---

[202] Goldstein, T.R., Bimaher, B., Axelson, D. et al, History of Suicide Attempts in Pediatric Bipolar Disorder: Factors Associated with Increased Risk, Bipolar Disorder, 2005, 7: 525.

[203] Clinical Manual for Management of Bipolar Disorder in Chidren and Adolescents, Robert A. Kowatch, M.D., Ph.D.,Mary A. Fristad, Ph.D., A.B.P.P.-2009, págs. 181-182.

Episodio bipolar mixto en niños y adolescentes

Los niños tienen más probabilidad que los adultos de experimentar "estados mixtos", esto es, tener síntomas de depresión y manía/hipomanía al mismo tiempo. Los estudios indican que los estados mixtos son más frecuentes que la manía y son potencialmente peligrosos para un niño bipolar. El niño con episodio bipolar mixto experimenta una frecuente irritabilidad que puede desembocar en violencia y explosividad. Una revisión de la literatura de más de 10 años revela que los pacientes pediátricos con trastorno bipolar son clasificados predominantemente en episodios mixtos (20% a 84%) y/o cicladores rápidos (46% a 87%) con una prominente irritabilidad (77% a 98%).[204] Un estudio realizado en el Hospital General de Massachussets por la investigadora Janet Wozniak, M.D., encontró que 84% de los niños maníacos menores de los 12 años presentó más adelante episodios mixtos más que periodos discretos de manía o depresión.

Un joven con exceso de energía (manía) puede además sentirse con autoestima baja (depresión) y tender a ser autodestructivo. El riesgo de suicidio aumenta dramáticamente. El joven actúa como si todos los problemas fueran culpa suya, pero además se siente mal e incompetente. El coraje lo dirige tanto externa como internamente.

Episodio bipolar no especificado (NOS) en niños y adolescentes

El episodio bipolar NOS es muy común, especialmente en los niños de menor edad, siendo informado por Birmaher y colegas (2006), y está asociado con un curso extremadamente difilcutoso y un tiempo mucho mayor para estabilizarlo, cuando se compara con el trastorno bipolar I ó II. Además, aproximadamente 30% de los niños con trastorno bipolar NOS progresan a trastorno bipolar I ó II durante el tiempo de seguimiento prospectivo. Si hay un historial positivo de trastorno bipolar en uno de los padres, la conversión a bipolar I ó II aumenta a 50%. El episodio bipolar NOS tiene un efecto severo en la conducta y parece

---

[204] Pavuluri, M.N., Birmaher, B., Naylor M.W., Pediatric Bipolar Disorder: A Review of the Past 10 Years, Journal American Academy Child Adolescent Psychiatry, 2005, 44: 846-871.

que requiere un tratamiento a largo plazo para alcanzar un periodo de remisión transitoria. [205]

Comorbilidad en el trastorno bipolar de niños y adolescentes

Los niños y adolescentes con trastorno bipolar pediátrico frecuentemente presentan diagnósticos comórbidos que complican su presentación y la respuesta al tratamiento. Estos trastornos comórbidos frecuentemente incluyen trastorno de hiperactividad y deficit de atención (ADHD, por sus siglas en inglés), trastorno de ansiedad, trastorno desafiante oposicional, y trastorno de conducta (Kovacs y Pollock 1995; West et al. 1995; Wozniak et al 1995). La comorbilidad con ADHD puede presentarse en los pacientes pediátricos con trastorno bipolar en aproximadamente 75 a 98% de ellos.

La comorbilidad con los trastornos de ansiedad como los de pánico, ansiedad social, obsesivo compulsivo, y de estrés post traumático pueden ocurrir en 5% a 50% en niños y adolescentes con trastorno bipolar. Data del STEP-BD indica que edades muy tempranas de inicio del trastorno bipolar (menos de 13 años) están asociadas con una alta probabilidad de trastorno de ansiedad comórbido (revisado por Wagner 2006). Pacientes con síntomas de ansiedad comórbida pueden informar que el diagnóstico de ansiedad y los síntomas preceden el comienzo del trastorno bipolar, y por lo tanto, los síntomas de ansiedad pueden ser una señal de un trastorno bipolar de inicio temprano (Carlson y Meyer 2006; Dickstein et al. 2005; Masi et al. 2001; Tillman et al. 2003; Wozniak et al.2002). De manera similar, se ha propuesto que los niños y adolescentes con trastorno de pánico tienen un alto riesgo de trastorno bipolar y el trastorno de pánico es probable que sea un indicador de riesgo para el trastorno bipolar (Birmaher et al. 2002). Se ha encontrado que los adultos bipolares con síntomas de ansiedad son frecuentemente resistentes a tratamiento, y por consiguiente, estos pacientes parecen que tienen un pobre pronóstico, cuando se comparan con los que presentan trastorno bipolar solo (Simon

---

205 Clinical Manual for Management of Bipolar Disorder in Children and Adolescents, Robert A. Kowatch, M.D., Ph.D.,Mary A. Fristad, Ph.D., A.B.P.P.-2009, pág. 121.

et al. 2004). Los estudios recientes indican que la inestabilidad afectiva frecuentemente exacerba los síntomas de ansiedad.[206]

La comorbilidad con el trastorno de conducta es de aproximadamente 37%-43% para jóvenes con trastorno bipolar (Biederman et al. 2004). Bierderman determinó que la intranquilidad física, pobre juicio, y vandalismo son más comunes en jóvenes diagnosticados con trastorno bipolar y trastorno de conducta, comparados con jóvenes diagnosticados con trastorno bipolar solo. Un monitoreo continuo de los padres es vital para minimizar el problema de conducta en la escuela, como el ausentarse de los salones de clases, visitar páginas de internet o canales de televisión que lo estimulen a actividades inapropiadas o de contenido inapropiado. Debemos redirigir la energía de estos jovenes con trastorno bipolar a actividades prosociales, como drama, música, deportes, grupos religiosos, con el propósito de protegerlos de conductas maladaptativas.

Tanto el divalproex como la quetiapina redujeron significativamente la agresión en adolescentes con trastorno bipolar comórbido y trastorno de conducta disruptiva (inclusive trastorno de conducta y desafiante oposicional) a través de un análisis de estudio prospectivo controlado de adolescentes con manía (Barzman et al. 2006). En un análisis secundario de un estudio controlado, Bierderman et al. (2006) informaron que la risperidona comparada con placebo, fue efectiva en disminuir la sintomatología maníaca y depresiva en niños con trastorno de conducta disruptiva comórbido e inteligencia subpromedio, en la segunda, cuarta y sexta semana después del inicio del tratamiento. [207]

Hay evidencia creciente que los jóvenes diagnosticados con trastorno bipolar tienen un alto riesgo de uso de sustancias ilícitas. Específicamente, el uso de sustancias en jóvenes con enfermedad bipolar esta asociado con una edad temprana de inicio de bipolaridad (Grunebaum et al. 2006) y acompañado de una historia de hiperactividad en la niñez (Strober et al. 2006). Las sustancias más utlizadas generalmente por pacientes con trastorno bipolar son cigarrillo, marihuana y alcohol (Strakowski et al. 2000,

---

[206] Clinical Manual for Management of Bipolar Disorder in Children and Adolescents, Robert A. Kowatch, M.D., Ph.D.,Mary A. Fristad, Ph.D., A.B.P.P.-2009, pág. 206.

[207] Handbook of Diagnosis and Treatment of Bipolar Disorder- Terence A. Ketter, M.D.- 2010- págs. 408-409.

2005, 2007; Wilens et al.2003). Wilens et al. (2003) encontraron que hay una fuerte relación entre trastorno bipolar de inicio en la niñez con fumar cigarrillo y uso de sustancias ilícitas. Aunque el alcohol y las sustancias ilicitas pueden producir un alivio temporero, ellos empeoran los síntomas, alterando el efecto de los medicamentos prescritos, interfiriendo con las relaciones interpersonales, y aumentando la probabilidad de cometer suicidio (Copeland y Copans 2002). Una comunicación y colaboración cercana entre paciente, padres y profesionales de salud mental puede disminuir la probabilidad de uso de sustancias que complican el curso de la enfermedad en jóvenes con trastorno bipolar.

Bipolaridad vs. ADHD

La comorbilidad con ADHD es uno de los problemas principales en los niños con trastorno bipolar de inicio temprano. El ADHD se caracteriza por un patrón persistente de excesiva desatención, impulsividad e hiperactividad. Por definición, los síntomas son reconocidos desde la niñez (antes de los siete años), aunque las manifestaciones pueden persistir en la adultez. Aproximadamente, la mitad de los niños con ADHD van a presentar déficit de atención en la adultez. La hiperactividad tiende a disminuir, a medida que la persona va avanzando en edad.

El alto ritmo de comorbilidad con ADHD resulta de los síntomas comunes que comparten ambas condiciones: inatención, distrabilidad, impulsividad, agitación psicomotora y disturbios del sueño (Singh et al. 2006). Por lo tanto, distinguir niños con trastorno bipolar de niños con ADHD es sumamente dificultoso. Para clarificar la distinción clínica entre estas dos condiciones, los investigadores Geller, Williams, y sus colegas (1998) utilizaron data de 60 pacientes con trastorno bipolar, 60 pacientes con ADHD y 90 pacientes control de la comunidad. A base de este estudio, encontraron que la euforia o alegría exagerada, hipersexualidad, grandiosidad, disminución de la necesidad de dormir, pensamientos rápidos y todos los otros síntomas de manía, excepto exceso de energía y distrabilidad, fueron significativa y sustancialmente más frecuentes entre pacientes bipolares que en los casos de ADHD, (euforia:86.7% bipolar vs. 5.0% ADHD; grandiosidad: 85% bipolar vs. 6.7% ADHD). En el grupo de pacientes bipolares, 55.0% tuvieron delirios de grandiosidad, 26.7% con intento/plan suicida, y 83.3% tuvieron ciclos rápidos y ultra rápidos.[208]

Los estudios clínicos generalmente demuestran un alto porciento de pacientes con trastorno bipolar que además presentan ADHD. El promedio varía ampliamente a través de las muestras, desde 4 a 98%.[209] Los investigadores Wozniack, Biedermen, Mundy, y sus colegas (1995) encontraron que 94% de una muestra de 43 niños de 12 años de edad o menos diagnosticados con manía previa, cumplían además los criterios del DSM-III-R para ADHD, mientras que solo el 19% con diagnóstico de ADHD reunieron los criterios para manía.[210] Según el Dr. Nassir Ghaemi en su libro " Bipolar Depression", en un estudio realizado, aproximadamente, el 90% de los niños que cumplieron el criterio del DSM III-R para trastorno bipolar, reunieron además los criterios para ADHD. En contraste, solamente el 25% de los que presentaron ADHD cumplían los criterios para bipolaridad (Wozniak et al. 1995).

Es probable que la edad temprana de inicio de un trastorno bipolar esté unida a un alto riesgo de comorbilidad con ADHD. Ciertos estudios han encontrado que la edad promedio de comienzo de un trastorno bipolar en pacientes bipolares con un historial de ADHD en la infancia es significativamente más temprana que en pacientes bipolares sin un historial de ADHD en la infancia (Sachs et al. 2000). En muchos casos, parece que el comienzo de ADHD ocurre antes del comienzo del trastorno bipolar pediátrico. Se ha sugerido que la hiperactividad es la primera manifestación de un trastorno bipolar de inicio temprano (Geller y Luby 1997). Ciertos estudios retrospectivos de adultos con trastorno bipolar han mostrado una alta probabilidad de comorbilidad con ADHD cuando el inicio de la bipolaridad ocurre antes de los 19 años de edad (Sachs et al. 2000).

---

208 Bipolar Disorder in Childhood and Early Adolescence, Barbara Geller, MD, Melissa P. Del Bello, MD-2003, pág.82.

209 Frontiers Between Attention Deficit Hyperactivity Disorder and Bipolar Disorder- Child and Adolescent Psychiatric Clinics of North America-Cathryn A, Galanter, M.D., Ellen Leibenluft, M.D.- April (2008), pag. 325- 326.

210 Bipolar Disorder in Childhood and Early Adolescence, Barbara Geller, MD, Melissa P. Del Bello, MD-2003, pág.81.

Los niños que presentan ADHD comórbido a la bipolaridad pueden informar que los síntomas de ADHD se empeoran durante un episodio maníaco. Los niños con ADHD, frecuentemente, son distraídos y a veces es difícil seguirles la conversación, ya que cambian de un tema a otro, pero, en muchos niños bipolares, los pensamientos fluyen rápidamente y son severamente discordantes.

Unas de las grandes diferencias entre ADHD y trastorno bipolar es que el trastorno bipolar tiene que ver con los afectos, las emociones. El tema principal en la bipolaridad es la emoción con cambios de ánimo lábil, errático. El trastorno bipolar va a presentar unos picos o episodios, mientras el ADHD es continuo. En el ADHD, la madre va a señalar que el niño siempre ha sido asi.[211]

Cuando se establece un diagnóstico equivocado de ADHD en niños, en lugar del de bipolaridad, el medicamento utilizado para el ADHD es frecuentemente inefectivo, y limitado en su eficacia. Como consecuencia, se puede disparar en un episodio maníaco, asociado con marcada irritabilidad y agresión. Ronald R. Fieve, M.D. en su libro "Bipolar II" dice: "Yo sospecho que el ADHD en los niños puede ser muchas veces mal diagnosticado. En su lugar, los síntomas de ADHD pueden ser una manifestación temprana del trastorno bipolar".[212] En otro estudio se encontró que niños con trastorno bipolar que fueron tratados con medicamentos estimulantes (ritalin) tuvieron un comienzo más temprano de su condición bipolar que aquéllos con trastorno bipolar que nunca recibieron estimulantes (DelBello et al. 2001). Aunque pudo haber sido influenciado por otros factores, una posibilidad es que los estimulantes aceleraron el comienzo bipolar, empeorando el curso de la enfermedad.[213]

Sin embargo, en 1992, Carlson et al. informaron un "sinergismo más que un efecto antagonista" de litio y metilfenidato en siete niños hospitalizados con manía y ADHD, a través del DSM-III-R. Dichos niños fueron

---

211 Dr. Richard Camino, psiquiatra de niños y adolescentes; Conferencia ofrecida el 18 de abril de 2008 en un hotel en San Juan, P.R.

212 Bipolar II- Ronald R. Fieve, M.D. pág. 66.

213 Bipolar Depression- Rif S. El- Mallakh, M.D., S.Nassir Ghaemi, M.D., M.P.H.-2006, pág.23.

tratados para la manía con estabilizadores del estado de ánimo y luego estimulantes. Se notó que aquellos pacientes a los cuales se le trató la manía primero con estabilizadores del estado de ánimo respondieron muy bien cuando se anadió un medicamento estimulante (Biederman et al.). Muchas veces, a pesar de una respuesta de estado de ánimo negativo a los estimulantes en el pasado, la adición de un estimulante es beneficioso para tratar el ADHD comórbido sin exacerbar el trastorno bipolar.

Tácticas específicas incluyen añadir un estimulante de larga duración como el metilfenidato (Concerta), metilfenidato de liberación controlada (Metadate CD), Adderall XR o lisdexamfetamina (Vyvanse)[214].

Tratamiento farmacológico del trastorno bipolar en niños y adolescentes

Para el trastorno bipolar, se sugiere un tratamiento multimodal que combine los agentes farmacológicos con las intervenciones psicosociales, con el propósito de mejorar los síntomas, proveer psicoeducación con relación al trastorno bipolar, promover fidelidad al tratamiento para prevenir las recaídas y atenuar las complicaciones a largo plazo producto de la enfermedad (Madaan y Chang 2007). Los clínicos deben defender la prevención, intervención temprana, y tratamientos biopsicosociales que promuevan el crecimiento saludable y desarrollo de todos los niños afectados por el trastorno bipolar, en cualquier contexto cultural.[215]

Con relación al tratamiento farmacológico del trastorno bipolar, este ha sido estudiado más en los adolescentes que en los niños. Por lo tanto, las guías para tratamiento están relativamente más desarrolladas que para los niños. Los medicamentos aprobados por la FDA para tratar pacientes bipolares entre 10 y 17 años de edad en las fases mixtas o maníacas no se recomiendan para pacientes menores de 10 años. Esto, combinado con el hecho de que incluso aún no existe un medicamento para adultos que cubra todo el espectro del trastorno bipolar (mixto, maníaco y depresión

---

[214] Clinical Manual for Management of Bipolar Disorder in Children and Adolescents, Robert A. Kowatch, M.D., Ph.D.,Mary A. Fristad, Ph.D., A.B.P.P.-2009, págs.176 y193.

[215] Handbook of Diagnosis and Treatment of Bipolar Disorder- Terence A. Ketter, M.D.- 2010- pág. 394.

mayor), lo que hace muy difícil seleccionar el tratamiento óptimo para este grupo de pacientes. Por lo tanto, los psiquiatras deben pesar el riesgo y beneficio de iniciar farmacoterapia en esta población de pacientes, ya que muchos de los medicamentos que se usan en la bipolaridad no han sido ampliamente estudiado en niños.

Investigadores han evidenciado que, mientras más temprano se presente el trastorno bipolar, mayor será el atraso en el inicio del tratamiento (Leverich et al. 2007; Post y Kowatch 2006; Post et al. 2008). Aquellos que presentan su primer episodio de bipolaridad (antes de los 13 años) tienen un promedio de retraso de 15 años para establecer el primer tratamiento ya sea manía o depresión (Leverich et al. 2007; Post y Kowatch 2006). Aquellos que experimentan el inicio del trastorno bipolar en la adolescencia tienen un retraso de 10 años antes de iniciar el primer tratamiento, mientras que aquellos que inician la bipolaridad en la adultez temprana o tardía el retraso en el primer tratamiento es mas corto; aproximadamente 5 y 2 años respectivamente. Muchos de estos adultos bipolares, cuando jóvenes, su sintomatologia afectiva fue ignorada y no tratada por un tiempo extraordinariamente largo. Durante este intervalo no tratado, ocurrieron síntomas, episodios y severa disfunción, y muchos comenzaron a utilizar sustancias ilícitas y desarrrollaron otras comorbilidades psiquiátricas y médicas (Kapezinski et al. 2008).[216] Un tratamiento efectivo en etapas tempranas puede resultar en un mantenimiento en remisión de síntomas. Aquellos que presentan más episodios previos tienen un curso de mayor dificultad en la enfermedad (Kupka et al. 2005; Nolen et al. 2004; Post et al. 2003). Una intervención temprana con el tratamiento farmacológico puede prevenir el aumento de vulnerabilidad a subsecuentes recurrencias.

Según la Academia Americana de Psiquiatría de Niños y Adolescentes, (AACAP, por sus siglas en inglés), la meta general de tratamiento del paciente pediátrico con trastorno bipolar es la remisión de síntomas, proveer educación con relación a la enfermedad y promover el cumplimiento con el tratamiento. Las metas a largo plazo para el paciente pediátrico

---

[216] Clinical Manual for Management of Bipolar Disorder in Children and Adolescents, Robert A. Kowatch, M.D., Ph.D.,Mary A. Fristad, Ph.D., A.B.P.P.-2009, pág.96.

bipolar son prevenir las recaídas, reducir la morbilidad y promover un crecimiento y desarrollo normal.

Con relación a la farmacoterapia, los tres medicamentos aprobados por la FDA para el tratamiento de varios aspectos del trastorno bipolar en los pacientes pediátricos son litio, risperidona y aripiprazol.

1. **litio** (Eskalith, Eskalith CR, Lithobid, Lithonate) El litio se utiliza desde hace 36 años para la enfermedad "maniaco depresiva"en niños (Annell 1969). El carbonato de litio es el estabilizador del estado de ánimo más estudiado en niños y adolescentes. Tiene la aprobación de la FDA para el tratamiento del trastorno bipolar en niños de 12 años en adelante. El litio es un agente efectivo para tratar tanto la manía en niños y adolescentes como la depresión bipolar. Ha sido utilizado por muchos años en niños y adolescentes para tratar inicio de manía (Brumback y Weinberg 1977; Carlson et el. 1999; Hassanych 1980; Horowitz 1977; Strober et el. 1988; Varanka et al. 1988) y recientemente su uso es efectivo en depresión bipolar (Patel et al. 2006). En general ciertos estudios sugieren que aproximadamente 40%-50% de los niños y adolescentes maníacos con trastorno bipolar responden a monoterapia de litio (Finding et al. 2003; Kowatch et al. 2000; Youngerman y Canino 1978).

El litio es útil para prevenir episodios de estado de ánimo en niños y adolescentes con trastorno bipolar. En un estudio de tratamiento de mantenimiento, Strober et al. (1990) evaluaron prospectivamente 37 adolescentes que estaban estabilizados con litio mientras estuvieron hospitalizados. Después de 18 meses de seguimiento, 35% de los pacientes descontinuaron el litio, y 92% de estos presentaron una recaída al descontinuar subsecuentemente el litio comparado con un 38% de recaída en los pacientes bipolares que continuaron el tratamiento con litio. Por lo tanto, es de utilidad potencial el tratamiento de mantenimiento para el trastorno bipolar en adolescentes.[217]

Los efectos secundarios comunes del litio en niños y adolescentes incluyen náusea, diarrea, temblor, sedación, malestar abdominal,

---

217 Clinical Manual for Management of Bipolar Disorder in Children and Adolescents, Robert A. Kowatch, M.D., Ph.D.,Mary A. Fristad, Ph.D., A.B.P.P.-2009, págs. 136-137.

poliuria[218], aumento de peso, y acné. El continuar el tratamiento con litio en los adolescentes puede ser un problema por la posibilidad de aumento de peso y acné.

2. **risperidona** (Risperdal) En el 2007 risperidona, un antipsicótico atípico, recibió la indicación por la FDA para el tratamiento a corto plazo de episodio maníaco agudo o mixto asociado a trastorno bipolar I en niños o adolescentes entre las edades de 10 y 17 años.[219] La risperidona es ampliamente utilizada en la psiquiatría de niños para tratar la irritabilidad asociada con autismo (McCracken et al. 2002), conducta agresiva asociada con trastorno de conducta (Findling et al. 2000), trastorno psicótico (Sikich et al 2002), y trastorno bipolar (Saxena et al. 2006). [220]

Los efectos secundarios comunes del risperdal son somnolencia, dolor de cabeza, y fatiga.

La probabilidad de síntomas extrapiramidales aumenta con dosis entre 3-6mg/día (Dicho efecto secundario se discutirá ampliamente en el capítulo 29).

3. **aripiprazol** (Abilify) Es un anpsicótico atípico. Recibió la indicación por la FDA para el tratamiento agudo y de mantenimiento de episodios maníacos o mixtos asociados a trastorno bipolar 1 con o sin psicosis, como monoterapia o adjunto a litio o valproato en pacientes pediátricos entre las edades de 10 y 17 años.[221]

Los efectos secundarios comunes del aripiprazol son somnolencia, fatiga y trastorno extrapiramidal.

4. **valproato** (Depakote) Aunque el valproato no tiene la aprobación para el trastorno bipolar en niños y adolescentes, ciertos informes de casos han sugerido la efectividad para esta población (Deltito et al. 1998; Kastner y Friedman 1992; Kastner et al. 1990;

---

218 Poliuria- la descarga de un volumen grande de orina en un periodo dado.

219 Risperdal ("package insert"), Titusville, NJ, Jannsen, 2007.

220 Clinical Manual for Management of Bipolar Disorder in Children and Adolescents, Robert A. Kowatch, M.D., Ph.D.,Mary A. Fristad, Ph.D., A.B.P.P.-2009, pág. 159.

221 Abilify ("package insert"), Princeton, NJ, Bristol-Myers Squibb, 2008.

Papatheodorou y Kutcher 1993; Papatheodorou et al. 1995; West et al.1994, 1995; Whittier et al.1995). Wagner y colegas (2006) publicaron el resultado de un estudio de valproato en 40 niños y adolescentes (edades entre 7-19 años) con trastorno bipolar. Veintidós sujetos (55%) mostraron 50% o más de mejoría, sugiriendo que la manía puede responder al valproato en aproximadamente la mitad de los niños y adolescentes.[222]

En el 2008, la FDA publicó un alerta con relación a un riesgo aumentado de suicidio (conducta suicida o ideación) en pacientes con epilepsia o trastorno psiquiátrico para 11 anticonvulsivantes (incluidos divalproex, carbamazepina y lamotrignina). Según el análisis de la FDA, los anticonvulsivantes, comparado con placebo, producen aproximadamente dos veces el riesgo de sucidio (0.43% vs. 0.22%). El riesgo relativo para suicidio fue más alto en el paciente con epilepsia que aquel con un trastorno psiquiátrico.[223]

Los efectos secundarios comunes del valproato en niños y adolescentes incluyen náusea, aumento de apetito, sedación, trombocitopenia[224], pérdida de pelo transitoria y vómito. Rara vez presentan pancreatitis y toxicidad del hígado.

5. **Lamotrignina** (Lamictal) Solo un estudio ha examinado la efectividad de lamotrignina en adolescentes con trastorno bipolar. Chang et al. (2006) informaron los resultados de un estudio de ocho semanas solo o en terapia adjunta para el tratamiento de trastorno bipolar en 20 adolescentes entre las edades de 12 a 17 años que experimentaron un episodio depresivo o mixto. La dosis promedio final fue de 131.6 mg/día, y dieciseis (84%) de estos sujetos presentaron mejoría. En este estudio no se evidenciaron cambios significativos en el peso, rash, u otros efectos adversos. Se necesitan más estudios

---

[222] Clinical Manual for Management of Bipolar Disorder in Children and Adolescents, Robert A. Kowatch, M.D., Ph.D.,Mary A. Fristad, Ph.D., A.B.P.P.-2009, págs. 139-140.

[223] Handbook of Diagnosis and Treatment of Bipolar Disorder- Terence A. Ketter, M.D.- 2010- pág. 399.

[224] Trombocitopenia- disminución en el número de las plaquetas..

de lamotrignina en niños y adolescentes bipolares. En el capítulo 27 se discutirá la lamotrignina con más amplitud.

Tanto los estabilizadores del estado de ánimo tradicionales como los noveles pueden ser efectivos en el tratamiento de trastorno bipolar en niños y adolescentes. La evidencia es fuerte para litio y los antipsicóticos atipicos y algo fuerte para valproato. El aumento de peso es un efecto secundario de los estabilizadores del ánimo, y algunos antipsicóticos atípicos. La estrategia que debemos asumir los profesionales de salud mental es enfatizar en la dieta y ejercicios con restricción de los alimentos que contengan muchos carbohidratos y evitar que consuman lo menos posible alimentos en los lugares de comida rápida.

Hay evidencia que indica que los estabilizadores del estado de ánimo tradicionales, litio y valproato, pueden ser "neuroprotectores" en el sistema nerviosos central (Chuang 2004; Rowe y Chuang 2004). El mecanismo de estos posibles efectos neuroprotectores son complejos, pero parece que causa cambios a nivel del genoma (Zhou et al. 2005). [225]

La AACAP recomienda el uso de estabilizadores del ánimo y antipsicóticos atípicos como terapia inicial en el paciente bipolar pediátrico. Hay ciertos informes que sugieren que los antipsicóticos atípicos incluida la clozapina (Kowatch et al. 1995), risperidona (Frazier et al. 1999), olanzapina (Chang y Ketter 2000; Sourullo et al. 1999), quetiapina (Del Bello et al. 2002), y aripiprazol (Biederman et al. 2007), son efectivos para el tratamiento de manía en el trastorno bipolar pediátrico. Sin embargo, los efectos secundarios serios de clozapina, incluidos las convulsiones, sedación durante el día y agranulocitosis[226], han limitado el uso de clozapina en el trastorno bipolar pediátrico.[227] Los antipsicóticos atípicos se discutirán detalladamente en el capítulo 31.

---

[225] Clinical Manual for Management of Bipolar Disorder in Children and Adolescents, Robert A. Kowatch, M.D., Ph.D.,Mary A. Fristad, Ph.D., A.B.P.P.-2009, págs. 149-150.

[226] Agranulocitosis-reducción en el número de leucocitos en la sangre por debajo de 5000 por mm3. El tipo es llamado de acuerdo con el tipo de célula, como es agranulocitosis y leucopenia.

[227] Clinical Manual for Management of Bipolar Disorder in Children and Adolescents, Robert A. Kowatch, M.D., Ph.D.,Mary A. Fristad, Ph.D., A.B.P.P.-2009, pág. 158.

La estrategia, cuando tratamos niños y adolescentes con trastorno bipolar, es estabilizar primero el estado de ánimo y luego tratamos otros trastornos de comorbilidad, como son los de ansiedad o el ADHD. Los antipsicóticos atípicos son el tratamiento de primera línea para los episodios maníacos, hipomaníacos y mixto, debido a su eficacia y la falta de necesidad de monitorear los niveles de sangre. El litio y el valproato son considerados de segunda línea debido a su baja potencia comparada con los antipsicóticos atípicos, y olanzapina, aunque es muy potente, es también considerado de segunda linea ya que causa un aumento de peso significativo.[228]

Según las recomendaciones de la AACAP, el tiempo que se requiere para estabilizar un episodio de manía es de 12 a 24 meses y luego, si el paciente esta eutímico y en remisión, gradualmente se reduce el medicamento sobre un periodo de 2 a 3 meses (Kowatch et al. 2005). Sin embargo, el clínico debe utilizar su juicio para balancear el impacto negativo de la recurrencia de los síntomas con los efectos secundarios del medicamento. Se debe educar al paciente y a su familia para que reconozcan los signos y síntomas del episodio afectivo, por si fuera necesario restituir inmediatamente el tratamiento.[229] El tratamiento farmacológico en el niño o el adolescente bipolar es esencial pero no restituye por sí solo el balance para tener una relación familiar, social y académica adecuada. Se necesita el esfuerzo integrado de psicólogos, educadores, trabajadores sociales y familiares para combatir el deterioro funcional asociado con este trastorno.

Constancia con la medicación

Aproximadamente, de una tercera a dos terceras partes de los niños y adolescentes en las clínicas psiquiátricas no mantienen el sistema de citas (Brasic et al. 2001). En las familias de los pacientes entre las edades de

---

[228] Clinical Manual for Management of Bipolar Disorder in Children and Adolescents, Robert A. Kowatch, M.D., Ph.D.,Mary A. Fristad, Ph.D., A.B.P.P.-2009, págs. 178-179.

[229] McClellan, J, Kowach, R., Finding, R.L., Work Group on Quality Issues. Practice Parameters for the Assesment and Treatment of Children and Adolescents with Bipolar Disorder, American Academy of Child and Adolescent Psychiatry, Journal AACAP, 2007, 46: 107-125

12 a 19 años con un diagnóstico de bipolaridad, solo la mitad asiste a las sesiones de terapia de familia, y solo 54% de los adolescentes asiste a todas las sesiones individuales (Coletri et al. 2005). La inconstancia en el tratamiento puede llevar a serias consecuencias, incluido el alto riesgo de recaída, hospitalizaciones más frecuentes, y mayor estadía hospitalaria (Miklowitz y George 2007). Sin embargo, sólo 34% de los pacientes adolescentes con trastorno bipolar son completamente fieles a su régimen de medicación (Coletri et al. 2005). Por lo tanto, es de vital importancia monitorear cuidadosamente la constancia con la medicación, enfatizar en la importancia del inicio y el seguimiento del tratamiento. Tanto el joven como los padres se pueden beneficiar de psicoeducación con relación al trastorno bipolar, los medicamentos, y la importancia de ser fiel al tratamiento. Un trastorno afectivo parcialmente tratado o no tratado es probable que lleve a una disminución en el desempeño escolar, un aumento de la participación en actividades de riesgo (múltiples parejas sexuales, una gran probabilidad de abuso de drogas y alcohol, y aumento de riesgo suicida (Jamieson y Rynn 2006). Es esencial para el joven y los padres una comunicación abierta con el psiquiatra, con relación al manejo de la medicación y otras situaciones que surjan durante el tratamiento.

Capítulo 25

Evaluación psiquiátrica, examen físico y pruebas de laboratorio

Fase I: Evaluación psiquiátrica inicial y diagnóstico.

El primer paso para establecer un diagnóstico de bipolaridad incluye una evaluacion psiquiátrica y médica del paciente, además de tener un amplio conocimiento de los criterios diagnósticos presentados en el DSM IV-TR. El historial psiquiátrico obtenido del paciente y de los familiares es esencial, dadas las extensas posibilidades de diversos diagnósticos. A base de un buen historial se van descartando las enfermedades psiquiátricas que usualmente confunden el diagnóstico de bipolaridad, como son la esquizofrenia, esquizoafectivo, distimia, depresión mayor, ADHD, trastorno de ansiedad generalizada, uso de alcohol y drogas, trastornos de personalidad, entre otros.

Fase II: Examen físico y pruebas de laboratorio.

El psiquiatra debe enfocarse en aquellas condiciones médicas que pueden contribuir a sintomas de depresión, manía o hipomanía. Ciertas causas fisiológicas y médicas tienen síntomas y signos que frecuentemente imitan un trastorno bipolar, causando retraso en el tratamiento y que se deben excluir, como:

- "Stroke" embólico: Generalmente ocurre en el individuo de mayor edad. Por ejemplo, el "stroke" del lóbulo parietal está implicado en el desarrollo de depresión y manía en ciertos individuos.

- Condiciones de tiroides: El hipertiroidismo es un exceso de la hormona tiroidea, que puede causar síntomas que imitan al trastorno bipolar, con síntomas de irritabilidad, manía, intranquilidad y dificultad para dormir. El hipotiroidismo es una disminución de la hormona tiroidea que puede causar sentimientos de desánimo, depresión y fatiga. Por tal razón, de encontrarse positivo, a través de una prueba de laboratorio, se debe hacer un referido a un médico internista o a un endocrinólogo, para que establezca el tratamiento adecuado. Si la depresión no comienza a desaparecer, con suplemento de tiroide después de varias semanas, se prescribe entonces un antidepresivo. Sin embargo, si el paciente tiene una depresión mayor sobreimpuesta al hipotiroidismo, entonces se indica un antidepresivo con suplemento de hormonas tiroideas.

- Epilepsia del lóbulo temporal- Esta asociada con muchos de los mismos síntomas que se observan en el trastorno bipolar. No es coincidencia, puesto que una de las estructuras implicadas en el trastorno bipolar es el lóbulo temporal del cerebro.

- Síndrome de cáncer o neoplástico- Esta asociado en ciertos pacientes con síntomas parecidos a la bipolaridad.

- Medicamentos como el corticosteroide- Por ejemplo, la prednisona en dosis de más de 40 miligramos por día puede causar episodios de depresión, manía, hipomanía y aun psicosis. Los síntomas con la terapia de corticosteroide dependen de la dosis y pueden comenzar durante las primeras semanas de tratamiento, aunque ciertos pacientes nunca experimentan amplios "mood swings." Ciertos hallazgos indican que estos estados de ánimo son efectos secundarios reversibles, lo que significa que, una vez que el paciente descontinúe el corticosteroide, va a retornar a su estado de ánimo habitual.

- Un historial de lesión en la cabeza siempre debe ser parte de la evaluación médica, por la posibilidad de un trastorno bipolar secundario a una lesión del cerebro. En muchos pacientes que tienen poco control de sus impulsos y conducta arriesgada, existe la posibilidad de una lesión en la cabeza. El profesional debe considerar un "brain scan" para estos pacientes.

Pruebas de laboratorio

Las pruebas de laboratorio pueden variar, dependiendo de la edad, género, síntomas e historial de salud.

- Conteo de sangre completo (CBC).
- Niveles de hormonas tiroideas (T3, T4 y TSH).
- Perfil de lípidos (colesterol total y lipoproteínas de alta y baja densidad).
- Prueba de función hepática (transaminasas hepáticas).
- Prueba de función renal (creatinina y (BUN) nitrógeno urea en sangre).
- Análisis de orina (evaluación inicial; pruebas periódicas para abuso de drogas).
- Antígeno específico de próstata (PSA, por sus siglas en inglés) para cáncer de próstata (hombres sobre 40 años o con un historial familiar de cáncer).

Debido a que el riñón y el higado son responsables de la eliminación de los medicamentos para el trastorno bipolar, cualquier deterioro de algunos de estos dos órganos puede causar que la droga se acumule en el cuerpo. Por esta razón, el paciente con enfermedad renal refleja un BUN alto o creatinina sérica. Mientras que pacientes con enfermedad hepática reflejan un aumento de las transaminasas del hígado.

Neuroimágenes de alta tecnología

Ciertas pruebas de neuroimágenes de alta tecnología, como la tomografía de emisión de positrón ("PET scan" o imagen PET), imagen de resonancia magnética (MRI), y tomografía computarizada de emisión de protón único (SPECT) pueden ofrecer nueva esperanza para hacer los diagnósticos psiquiátricos más específicos y clarificar cómo el cuerpo metaboliza un medicamento específico dado como tratamiento.[230]

---

[230] BM McGrath, PH Wessels, EC Bell, M Ulrich, and PH Silverstone, "Neurobiological Findings in Bipolar II Disorder, Compared with Findings in Bipolar I Disorder", Can J. Psychiatry, 2004 December; 49(12): 794-801. Review.

Apuntes

Capítulo 26

Tratamiento farmacológico de la bipolaridad

Los avances en el diagnóstico y tratamiento del trastorno bipolar están surgiendo de manera acelerada. Desafortunadamente, nuestro sistema diagnóstico no esta actualizado ya que la última revisión de los criterios diagnósticos del trastorno bipolar fue en el 1994, cuando el DSM- IV fue publicado (Asociación de Psiquiatria Americana 2000). Aun los esfuerzos más recientes para resumir las opciones de tratamiento para los clínicos, como es la revisión del 2002 de la Asociación de Psiquiatría Americana "Guías Prácticas para el Tratamiento de Pacientes Con Trastorno Bipolar" (Asociación de Psiquiatría Americana 2002) no disponen de modalidades de diagnóstico y tratamiento recientes.[231] En este libro están incluídos los avances más recientes en el diagnóstico y tratamiento del trastorno bipolar apoyado por estudios controlados.

---

[231] Handbook of Diagnosis and Treatment of Bipolar Disorder- Terence A. Ketter, M.D.,2010- pág. 1.

Principios generales para el tratamiento del trastorno bipolar

Principios generales - 1

- La meta fundamental en el tratamiento es la estabilización a largo plazo; por tal razón, todo tratamiento agudo debe estar hecho teniendo esto en mente.
- Reconocer y tratar el abuso o dependencia de sustancias.
- Tratar los efectos secundarios vigorosamente.
- Psicoterapia: Enfocarse en el cumplimiento con el tratamiento y la psicoeducación.
- Frecuentemente, se requiere la utilización de varios medicamentos.
- Hay que revaluar continuamente el riesgo suicida.

Principio general - 2

- Puesto que dos terceras partes de la morbilidad asociada con trastorno bipolar se debe a la depresión, el tratamiento de mantenimiento debe reducir la frecuencia de los episodios depresivos recurrentes, sin causar un viraje o "switch" a la fase maníaca/hipomaníaca.

Principios generales - 3

- La efectividad óptima del tratamiento para el trastorno bipolar requiere que el paciente continúe utilizando los medicamentos prescritos por su psiquiatra.
- 50% de los pacientes bipolares no cumplen cabalmente en algún momento de su tratamiento.
- Los efectos secundarios son la razón principal para no seguir el tratamiento rigurosamente. Para el tratamiento a largo plazo, los efectos secundarios principales que interfieren con la fidelidad al tratamiento son el aumento de peso, la sedación y el deterioro neurocognitivo.

Principios generales - 4

- La distinción entre evitar las recaídas después de un episodio agudo y evitar las recurrencias (evitar un nuevo episodio) es vital.
- La estabilización a largo plazo incluye tanto la prevención de recaídas como de recurrencias.[232]

Nomenclatura de los estabilizadores del estado de ánimo

El psiquiatra debe tratar la bipolaridad como trataría el oncólogo el cáncer y el endocrinólogo o el internista la diabetes, ya que la bipolaridad es una enfermedad crónica, maligna y neurodegenerativa, que destruye el cerebro. En este momento de la historia de la medicina, cualquier tratamiento exitoso del trastorno bipolar tiene que basarse en el uso de medicamentos. El beneficio potencial de los medicamentos aprobados por la FDA para la bipolaridad es ayudar a mejorar ciertos déficits observados en el cerebro de los pacientes con dicha enfermedad (Post et al. 2003) o prevenir su progreso. Dicho esto, conviene conocer los medicamentos disponibles en el mercado y entender sus ventajas; de este modo, podrá dilucidar con su médico cuáles son los que mejor se adaptan a su caso.

En el trastorno bipolar se utiliza una gran variedad de medicamentos. Aunque puede requerir un medicamento único, en la mayoría de las ocasiones, dada la naturaleza de la enfermedad, hay que incluir una combinación de medicamentos. La mayor parte de la literatura médica apoya la inclusión en todo tratamiento de uno o más "estabilizadores o eutimizantes del estado de ánimo". El propósito de estos estabilizadores es balancear las fluctuaciones de estado de ánimo o los "mood swings" característicos de la bipolaridad. Los fármacos estabilizadores del ánimo detienen el torrente de pensamientos innecesarios, contribuyen a disipar la "neblina" mental y aclaran la mente. Pueden reducir también la tendencia a la distracción. Los eutimizantes pueden controlar el humor, minimizar la ansiedad y la agitación, así como disminuir la frecuencia y la gravedad de los episodios de ira. Posibilitan que el sistema nervioso funcione como debe, de manera tal que pueda comportarse como quien es

---

232 Master Classes in Bipolar Disorder. A Clinical Update. Teleconferencia ofrecida en un hotel de San Juan por Frederick Goodwin, M.D., 8 de noviembre de 2007.

realmente. Todos los fármacos de esta categoría bloquean determinadas partes de las membranas neuronales (los canales de sodio), con el fin de que estas células se activen al ritmo normal.[233]

Aún continúa el debate para determinar cuál es la definición más apropiada de un "estabilizador del estado de ánimo". Un buen estabilizador de ánimo debe reunir los siguientes requisitos:

- que retrase los episodios maníacos y depresivos.
- que tenga pocos efectos secundarios y una buena tolerabilidad.
- que sea efectivo en evitar un nuevo episodio.

Las consecuencias del retraso en la iniciación de los estabilizadores del estado de ánimo son:

- aumento en la tendencia a intentos suicidas
- mayor deterioro psicosocial
- más comorbilidad
- más hospitalizaciones
- más tratamiento inapropiado
- aceleración cíclica[234]

Los estabilizadores del estado de ánimo están incluidos en tres familias:

- litio
- medicamentos antiepilépticos (anticonvulsivantes)
- antipsicóticos atípicos o de segunda generación

Una nueva nomenclatura ha sido propuesta para conceptualizar el trastorno bipolar como una alteración del estado de ánimo, conducta, y cognición.

---

[233] Manual del Trastorno Bipolar- Dr. Wes Burgess-2006, pág. 94.

[234] Improving Outcome in Patients With Bipolar Disorder: Exploring the Distinction Between Efficacy and Effectiveness. Terence A, Ketter, MD, Medscape and Medicine- August 2007.

Figura 15

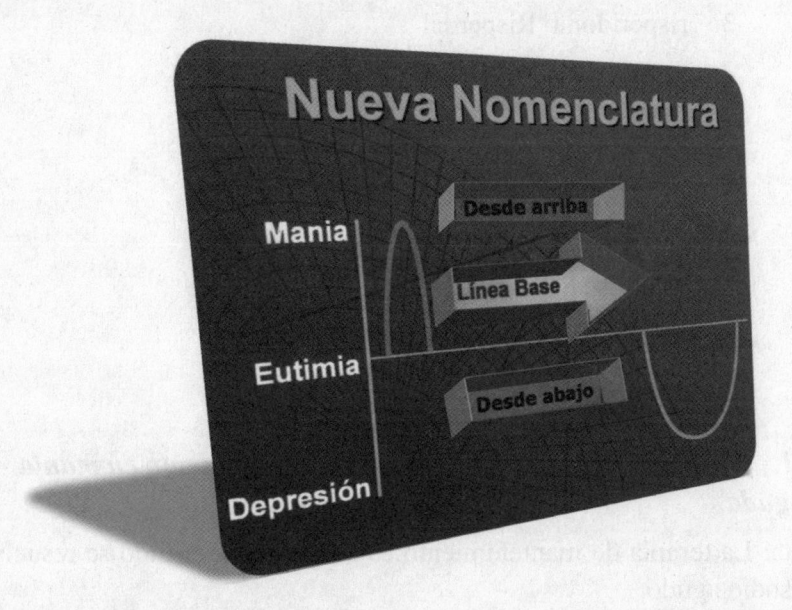

Debajo de la línea base se refiere al polo depresivo y encima de la línea base se refiere al polo maníaco o hipomaníaco. La línea base es la eutimia o estado de ánimo normal.

De acuerdo con esta nueva nomenclatura, los estabilizadores del estado de ánimo se clasifican en Clase A y Clase B.

Estabilizadores de clase A

Estabilizan el estado de ánimo por encima de la línea base. Poseen propiedades contra la manía o hipomanía, o sea, son antimaníacos, sin empeorar la depresión o desestabilizar el curso total de la enfermedad. A continuación, los estabilizadores de Clase A- aprobados por la FDA-, con su nombre genérico y luego comercial.

I. Aprobados para manía aguda
- Antipsicóticos atípicos-
    1. quetiapina- Seroquel

2. olanzapina- Zyprexa
3. risperidona- Risperdal
4. aripiprazol- Abilify
5. ziprasidona- Geodon
6. asenapina- Saphris

- valproato/divalproex- Depakote, Depakote ER
- litio- Eskalith, Eskalith CR, Lithobid, Lithonate
- clorpromazina- Thorazine
- carbamazepina ER- Equetro

II. Aprobado para tratamiento de mantenimiento en manía aguda

Nota: La terapia de mantenimiento es considerada cuando se resuelva el episodio agudo.

- litio
- lamotrignina- Lamictal (actúa más en fase de depresión que en manía)
- olanzapina
- aripiprazol
- quetiapina

Aproximadamente, 90% de los pacientes que experimentan un episodio maníaco van a presentar episodios recurrentes, un hecho que ilustra la necesidad de una terapia de mantenimiento adecuada. Por lo tanto, la prevención de una manía bipolar aguda y episodios de hipomanía con un tratamiento de mantenimiento es vital para mejorar el pobre pronóstico a largo plazo de los pacientes bipolares. Aunque el litio permanece como el "gold standard" para la prevención de futuras exacerbaciones del trastorno bipolar, existen otros agentes antimaníacos que se deben considerar, si el litio no es efectivo o tolerado, como se discutirá más adelante.

Estabilizadores de clase B

Estabilizan el estado de ánimo por debajo de la línea base. Poseen propiedades antidepresivas, sin producir un viraje en manía o desestabilizar el curso total de la enfermedad. Actualmente contamos con pocas opciones de tratamiento para depresión bipolar, comparado con los estabilizadores por encima de la línea base. A continuación, los estabilizadores de Clase B aprobados por la FDA, con su nombre genérico y luego comercial.

I. Aprobados para depresión bipolar aguda

- Combinación de olanzapina- fluoxetina (OFC)- Symbyax
- quetiapina- Seroquel

II. Aprobado para tratamiento de mantenimiento

Bipolar tipo I

- quetiapina
- lamotrignina

Terapia electroconvulsiva (ECT)

La terapia electroconvulsiva (ECT, por sus siglas en inglés) no es indicada, a menos que el paciente no responda a los medicamentos frente a una depresión mayor, episodio maníaco, esquizofrenia, y comportamiento agudamente suicida, homicida o psicótico.

ECT es una opción de tratamiento bien establecida para depresión aguda, apoyada por múltiples estudios controlados, comúnmente, en muestras heterogéneas en pacientes unipolar y bipolar con depresión.

Es bien efectiva (80% de los casos) y relativamente segura, con una mortalidad de 1 en 10,000.[235] El mecanismo de acción del ECT es producir convulsiones, al aplicar pulsos de corrientes al cuero cabelludo. Aproximadamente, el 70% de pacientes con depresión mayor que no

---

[235] Dr. William Julio, gerosiquiatra; Conferencia ofrecida el 20 de junio de 2008 en hotel de San Juan, P.R.

responden a medicamentos pueden responder al ECT; por lo tanto, es una terapia bien efectiva, en estas circunstancias.

Los efectos secundarios tienden a ser transitorios e incluyen dolores de cabeza, confusión y pérdida de la memoria. La pérdida de la memoria tiende a resolverse en aproximadamente seis meses o antes. El equipo moderno ha reducido considerablemente los problemas de memoria. El tratamiento se suministra de 2 a 3 veces por semana de 6 a 12 veces, hasta que la respuesta terapeútica sea alcanzada. No existen contraindicaciones absolutas para el ECT.

Capítulo 27

Medicamentos para depresión bipolar

Como expliqué anteriormente, existen solo dos medicamentos (quetiapina y la combinación de olanzapina y fluoxetina) aprobados por la FDA para depresión bipolar, comparado con cinco tratamientos aprobados para tratamiento a largo plazo y diez tratamientos aprobados para manía.

Estudios a largo plazo han demostrado que la depresión es mucho más frecuente y prolongada que la elevación del estado de ánimo en el trastorno bipolar, particularmente para el trastorno bipolar tipo II. La fase depresiva del trastorno bipolar es la fase más asociada con intentos suicidas. Los síntomas depresivos residuales (recuperación incompleta del episodio de depresión) es lo que más predice un deterioro funcional en pacientes bipolares.

Con relación a los tratamientos para la depresión bipolar aguda, éstos han sido revisados recientemente, utilizando un sistema de cuatro niveles de tratamiento. Este sistema combina evidencia a base de información médica sobre eficacia y tolerabilidad, con mayor planificación empírica, como es la aprobación del paciente y sus familiares, dando prioridad al tratamiento de una manera altamente consecuente con las prácticas clínicas de Norte América y las guías de tratamiento. [236]

---

236 Handbook of Diagnosis and Treatment of Bipolar Disorder- Terence A. Ketter, M.D.- 2010- pág 171.

Nivel I: Opciones de tratamiento aprobado por la FDA para depresión bipolar aguda

Los tratamientos aprobados por la FDA para depresión bipolar aguda son la combinación de olanzapina y fluoxetina y la monoterapia con quetiapina. Las opciones de tratamiento en el nivel I tienen el apoyo de la mayor evidencia de eficacia. Sin embargo, limitaciones en la tolerabilidad del tratamiento en el nivel I puede llevar al clínico y a los pacientes, después de comparar el riesgo y beneficio, a considerar tratamientos en otros niveles, particularmente el nivel II

Combinación de olanzapina y fluoxetina (Symbyax)

La FDA aprobó esta combinación para la depresión bipolar aguda, basado en un estudio de Tohen en 2003. Está claro que la combinación olanzapina- fluoxetina (OFC, por sus siglas en inglés) tiene un efecto antidepresivo significativo, pero el efecto observado no es diferente del de un inhibidor de recaptación de serotonina en la depresión unipolar. Sin embargo, la combinación puede reducir la inducción maníaca que puede ocurrir con fluoxetina, si se utiliza sola. Se han realizado estudios a largo plazo con la OFC, pero aún no han sido publicados.[237]

Recientemente (2009), la FDA aprobó la OFC para depresión resistente a tratamiento (depresión mayor en adultos que no responde a dos terapias separadas con 2 antidepresivos diferentes en dosis adecuada y duración en un episodio dado).

Dos formulaciones orales bioequivalentes están disponibles (tabletas regulares y tabletas que se desintegran oralmente) y una preparación intramuscular. La OFC tiene cinco dosis de presentación (mg equivalente a olanzapina/ mg equivalente a fluoxetina) 3mg/25mg, 6mg/25mg, 6mg/50mg, 12mg/25mg y 12mg/50mg.

La dosis inicial recomendada es de 6mg/25mg una vez al día en la tarde; el aumentar la dosis va a depender de la eficacia y tolerabilidad, siendo la máxima, generalmente, 18mg/75mg. La seguridad de la dosis mayor de

---

[237] Bipolar Depression –A Comprehensive Guide, Rif S. El-Mallakh, M.D., S. Nassir Ghaemi, M.D., M.P.H. 2006- pág-188.

18mg/75mg aún no ha sido evaluada en estudios clínicos, y la OFC no ha sido sistemáticamente estudiada en pacientes menores de los 18 años o mayores de los 65 años de edad.

La dosis inicial de 3mg/25mg es recomendada para pacientes vulnerables a efectos adversos, como son la presdisposición a reacciones de hipotensión, o sea, bajar la presion arterial, deterioro hepático o sensibilidad a la medicación. Debido a que el promedio de sedación con OFC fue de 20.9% en un estudio pivotal (siendo iniciado en 6mg/25mg), muchos clínicos deciden iniciar en la dosis de 3mg/25mg, aun en pacientes que no presenten los factores de riesgo de vulnerabilidad mencionado previamente.

Aunque la OFC y olanzapina son bien tolerados, los efectos metabólicos (aumento de peso, hiperglicemia e hiperlipidemia) son comunes y pueden llevar a descontinuar el medicamento. Un panel de consenso concluyó que olanzapina y clozaril (otro antipsicótico atípico) presentaron mayor riesgo de estos efectos metabólicos, comparado con otros antipsicóticos. Se recomienda, por tanto, que cualquier antipsicótico atípico sea regularmente monitoreado por estos efectos adversos (Asociación de Diabetes Americana, 2004).[238]

El aumento de peso con olanzapina y la combinación fue similar, con un promedio de aumento de aproximadamente 2.7 kg, comparado con 0.5 kg para el placebo. Casi una quinta parte de los sujetos en olanzapina y el grupo de la combinación aumentaron más de 7% de su peso corporal al final de la octava semana, comparado con 0.3% en el grupo placebo.[239]

Con relación al uso de la OFC en el embarazo, es riesgo de categoría C. Se puede utilizar en psicosis y trastorno bipolar que no han sido tratadas exitosamente con otros antipsicóticos. Frecuentemente, se prefiere como una terapia de aumentación en depresión bipolar o depresión unipolar resistente a tratamiento.

En resumen, la OFC parece efectiva en la depresión bipolar aguda, pero la seguridad y tolerabilidad pueden limitar su uso, principalmente en

---

[238] Essentials of Clinical Psychopharmacology- Alan F. Schatzberg, M.D., Charles B. Nemeroff, M.D.,Ph.D. Second Edition- 2006-pág 255.

[239] Treatments of Psychiatric Disorder- Glen O. Gabbard, M.D.-2007, pág 393.

terapias a largo plazo. Estudios controlados son necesarios para informar al clínico con relación a los beneficios potenciales y los riesgos de continuar este tratamiento en pacientes que han experimentado alivio en la depresión bipolar.[240]

Quetiapina (Seroquel)

Quetiapina es el primer antipsicótico atípico aprobado por la FDA como monoterapia para el tratamiento de la fase depresiva en el trastorno bipolar.[241] En el 2008, la quetiapina de liberación extendida (quetiapina XR) recibió una indicación similar para el tratamiento de depresión bipolar aguda.

Tiene las siguientes indicaciones en bipolaridad:

- en tratamiento agudo y de mantenimiento de la depresión bipolar
- en manía bipolar aguda y de mantenimiento
- en tratamiento de mantenimiento en bipolar mixto

La quetiapina es "bien atípica", ya que no causa EPS en ninguna dosis ni causa elevación en la prolactina. Por lo tanto, la quetiapina tiende a ser el antipsicótico atípico preferido para pacientes con enfermedad de Parkinson y psicosis. También es efectiva en el tratamiento de trastornos del estado de ánimo psicótico, comparable al litio y haloperidol para el trastorno bipolar, y útil para tratar condiciones bipolares y esquizoafectivo en adolescentes.[242]

Calabrese (2005) informó en un estudio con monoterapia a dosis de 300mg/día y 600mg/día para depresión bipolar un fuerte efecto antidepresivo, comparado con placebo: un 52.9% alcanzó remisión con ambas dosis de quetiapina y 28.4% con placebo. Un análisis detallado evidenció que los síntomas centrales de la depresión mejoraron independientemente de los efectos sedativos de la quetiapina. Ansiedad, calidad del sueño y

---

240 Handbook of Diagnosis and Treatment of Bipolar Disorder- Terence A. Ketter, M.D.- 2010- pág 175.

241 Stahl's Essential Psychopharmacology- Stephen M. Stahl- Third Edition-2008, pág. 415.

242 Psychotropic Drugs- Norman L. Keltner, David G. Folks- 2005.

calidad de vida fueron parámetros que mejoraron más con quetiapina que con un placebo. La proporción de pacientes que descontinuaron el tratamiento debido a efectos adversos fue de 16% para la dosis de 300mg y 26.1% para el grupo de 600mg, comparado con 8.8% en placebo. Los eventos adversos más comunes fueron riesgo aumentado de diabetes y dislipidemia, boca seca, sedación, somnolencia, mareo y fatiga. No hubo una emergencia significativa en relación con síntomas extrapiramidales o akatisia ocurridos con tratamiento activo.[243] La akatisia es un efecto secundario de los antipsicóticos que se discutirá mas adelante.

La quetiapina puede causar aumento de peso, particularmente cuando se da en dosis de moderada a alta. La unión a los receptores H1 (histamina) puede aumentar la capacidad para tratar el insomnio, es beneficiosa en tratar no solo la psicosis y manía sino además la fase depresiva del trastorno bipolar y para el uso "off- label" de casos dificultosos de depresión unipolar, varios trastornos de ansiedad y desórdenes del sueño.[244]

Reciente data de un gran estudio multicentro con pacientes bipolares I y II en depresión mayor reveló un ritmo alto de respuesta con monoterapia de 300mg (57.6%) ó 600mg (58.2%), comparado con placebo (36.1%). La eficacia de la quetiapina comparó favorablemente a la de la lamotrignina. Esta data sugiere que la quetiapina puede ser un primer estabilizador del estado de ánimo con igual eficacia, tanto para manía bipolar como depresión bipolar.[245]

Estudios recientes sugieren que la quetiapina adjunta (añadida a litio o valproato) es efectiva en tratamiento a largo plazo en trastorno bipolar. Los pacientes experimentan alivio de la depresión bipolar aguda, además de ser candidatos para terapia de mantenimiento, con una tolerablidad adecuada.[246]

---

243 Treatments of Psychiatric Disorder- Glen O. Gabbard, M.D.-2007, págs. 393-394.

244 Stahl's Essential Psychopharmacology- Stephen M. Stahl- Third Edition-2008, pág. 415.

245 Essentials of Clinical Psychopharmacology- Alan F. Schatzberg, M.D., Charles B. Nemeroff, M.D.,Ph.D. Second Edition- 2006, pág. 269.

246 Handbook of Diagnosis and Treatment of Bipolar Disorder- Terence A. Ketter, M.D.-2010, pág. 177.

La instauración del tratamiento con quetapina debe ser progresiva. La dosis máxima en manía aguda recomendada es de 800mg/día. Se inicia con 50mg el primer día, 100mg el segundo día, 200mg el tercer día, 400mg el cuarto día y así sucesivamente, hasta alcanzar una dosis de 450-600 mg/día. En los pacientes que no responden con 600mg se ha llegado a emplear, en casos excepcionales, hasta dosis de 1,200mg/día. En el caso de emplear dosis superiores a 600mg/día, hay que monitorear la presión arterial del paciente con mayor frecuencia. Con respecto a las capacidades cognitivas, mejora la atención y la vigilancia, la función verbal, la ejecución motora y la memoria de trabajo.[247]

Hay que tener precaución si se están utilizando medicamentos antihipertensivos, dado que puede producir una suma de efectos que baje la presión arterial. No existen contraindicaciones absolutas, salvo reacciones alérgicas idiosincráticas. Con relación a la utilización del medicamento durante el embarazo y lactancia, no se han demostrado efectos teratogénicos en la especie humana. Según la FDA, es un fármaco de riesgo C. La quetiapina puede ser preferible a anticonvulsantes, como estabilizadores del estado de ánimo, si el tratamiento es requerido durante el embarazo.[248]

Guias de tratamiento en bipolaridad

Manía bipolar aguda

- 400-800mg/día (en dosis dividida)

Depresión bipolar

- 300-600mg (en una dosis en la noche)

Dosis de presentación

La quetiapina tiene las siguientes presentaciones:

- Tabletas de 25, 50,100, 200, 300 y 400mg

Formulacion XR (una dosis diaria)

- 200, 300 y 400mg

---

247 Tratado de Psicofarmacología – M. Salazar, C. Peralta, J. Pastor- 2005, pág. 387.
248 Essential Psychopharmacology- The Prescriber's Guide- Stephen M. Stahl- 2005, pág.405.

Nivel II: Opciones de tratamiento no aprobado por la FDA con alta prioridad para depresión bipolar aguda

Las limitaciones en tolerabilidad y seguridad de los dos tratamientos aprobados por la FDA para depresión bipolar en el nivel I pueden hacer que el clínico y el paciente consideren otras opciones. Aunque el litio y lamotrignina no tienen la aprobación por la FDA para depresión bipolar, tienen la ventaja de una tolerabilidad generalmente aceptable (litio) a excelente (lamotrignina), acompañado por al menos cierta data sistemática que apoya su utilidad en el manejo agudo y/o de mantenimiento en la depresión bipolar.[249]

Lamotrignina (Lamictal)

Lamotrignina es el avance más significativo en el tratamiento de depresión bipolar en la pasada década.[250] Es un antiepiléptico, y durante el desarrollo clínico como un tratamiento para convulsiones no tratadas hubo informes anecdóticos que revelaron una mejoría en el estado de ánimo. Aunque su uso no esta aprobado por la FDA para depresión bipolar, muchos expertos creen que la lamotrignina es efectiva para esta indicación. De hecho, dado el creciente interés en cuanto a los antidepresivos que inducen manía, causando inestabilidad del ánimo y aumento de suicidio en el trastorno bipolar, la lamotrignina ha remplazado los antidepresivos, considerándose el tratamiento de primera línea en depresión bipolar. En este aspecto, la lamotrignina ha transformado el tratamiento de esta fase dificultosa del trastorno bipolar en uno en donde muy pocos medicamentos parecen ser efectivos para depresión bipolar basado en resultados de prácticas clínicas más que en evidencias derivadas de estudios clínicos.[251]

En 1999, el investigador Calabrese realizó el primer estudio con lamotrignina en depresión bipolar tipo I. Este estudio determinó la efectividad y seguridad para el tratamiento de depresión bipolar. Lamictal tiene las siguientes indicaciones de la FDA:

---

249 Handbook of Diagnosis and Treatment of Bipolar Disorder- Terence A. Ketter, M.D.-2010, pág. 177.

250 Treatments of Psychiatric Disorder- Glen O. Gabbard, M.D., 2007 pág. 393.

251 Stahl's Essential Psychopharmacology- Stephen M. Stahl, Third Edition-2008, pág. 682.

- tratamiento de mantenimiento en depresión bipolar
- tratamiento de mantenimiento en manía bipolar
- tratamiento de mantenimiento en bipolar mixto

El lamictal retrasa el tiempo de ocurrencia de episodios de estado de ánimo (depresión, manía, hipomanía, episodios mixtos). Esta aprobación para el tratamiento de mantenimiento del trastorno bipolar se realizó a base de dos grandes estudios- 18 meses cada uno- comparando lamotrignina con litio y placebo. Uno de los estudios, realizado por el investigador Bowden (2003), incluyó pacientes que recientemente habían estado maníacos, hipomaníacos o mixtos. El otro estudio, realizado por el investigador Calabrese, (2003) incluyó pacientes que recientemente habían estado deprimidos. En ambos estudios, tanto la lamotrignina como el litio fueron superiores al placebo en demorar el tiempo de intervención para cualquier episodio de estado de ánimo. Cuando señalo que hubo una demora en el tiempo de intervención, significa que no hubo que intervenir de emergencia para modificar el tratamiento farmacológico o aplicar ECT.

La lamotrignina fue superior al placebo en términos de demorar el tiempo de intervención para episodios depresivos y, en menor grado, para episodios maníacos. Aunque la lamotrignina tiene una leve a moderada intervención en hipomanía o manía leve, no se considera una monoterapia de mantenimiento en pacientes con historial de manía recurrente. En ningún momento la lamotrignina se asoció a un riesgo incrementado de viraje maníaco, hipomaníaco o hacia un estado mixto. Con relación al litio, éste fue significativamente superior a lamotrignina y al placebo en demorar el tiempo de intervención para la manía, pero no para la depresión. La monoterapia con lamotrignina es indicada para pacientes sin un historial de manía reciente y/o severa.

Para pacientes con un historial de manía severa, se debe combinar con una medicación antimaníaca, como el litio. Incluso, la combinación de lamictal con litio es recomendada por la APA como terapia de primera línea para la depresión bipolar aguda.

Se realizó un estudio a largo plazo de tratamiento de mantenimiento para bipolares -cicladores rápidos- en el cual la lamotrignina pareció ser mucho más efectiva para prevenir la depresión bipolar II que para evitar la depresión bipolar I. En parte, parece que las propiedades antiepilépticas y antidepresivas de la lamotrignina modula los canales de sodio dependientes de voltaje, estabiliza la membrana neuronal e inhibe la liberación de aminoácidos excitadores, como el glutamato secundario a isquemia. Por lo tanto, la lamotrignina actúa como un agente neuroprotector y parece tener un papel regulador en la recaptación de monoaminas, en especial, la serotonina, que puede traducirse clínicamente en un incremento de la neurotransmisión serotonérgica, con el consiguiente efecto antidepresivo.[252]

Efectos secundarios de la lamotrignina

Son generalmente leves y bien tolerados. Los efectos secundarios más comúnmente observados son dolor de cabeza, náusea, fatiga, boca seca, vómitos, visión borrosa, diplopía[253], ataxia[254], mareo y somnolencia. Estos efectos secundarios son de baja intensidad y es raro que haya que descontinuar el medicamento. Actualmente, la lamotrignina es uno de los estabilizadores del estado de ánimo más tolerado, con un pequeño porciento de aumento de peso o sedación. Una erupción rojiza en la piel o "rash" es uno de los efectos secundarios de los que debemos estar pendientes. El "rash" benigno puede ocurrir en un promedio de 8.3% en adultos, comparado con 6.4% en pacientes tratados con un placebo.

El lamictal tiene un riesgo de producir el "Síndrome de Stevens Johnson". Consiste de un "rash" dermatológico severo que está acompañado de necrólisis epidermal tóxica o angioedema[255]. Este "rash" serio, que requiere hospitalización, se observa en un promedio de 0.1 a 0.5% en adultos y 1% en niños. El riesgo de "rash" fatal o severo es mucho más alto en pacientes pediátricos que en pacientes adultos. El riesgo de producir este "rash" aumenta cuando se sobrepasa la dosis de lamotrignina recomendada por el manufacturero. Sin embargo, con una titulación lenta, el riesgo

---

252 Tratado de Psicofarmacología – M. Salazar, C. Peralta, J. Pastor- 2005, pág. 276

253 Diplopía-percepción de dos imágenes en un solo objeto, también llamado doble visión.

254 Ataxia- insuficiencia en la cordinación muscular; irregularidad en la acción muscular.

255 Angioedema- una reación vascular que envuelve la dermis profunda, tejido submucosal o subcutáneo. Está representado por un edema localizado, causando dilatación y aumento de la permeabilidad de los capilares, con un desarrollo de ronchas gigantes.

de 'rash" serio se reduce a 0.01% en adultos. Para reducirlo, la lamotrignina se debe administrar en dosis de 25mg/día durante las dos primeras semanas. En las semanas tres y cuatro, se aumenta a 50mg/día. Luego, la dosis se aumenta en incrementos semanales de 50-100mg/día, hasta un máximo de 200-400mg/día.

El riesgo de este "rash" aumenta además cuando el ácido valproico es co-administrado en dosis por encima de lo recomendado por el manufacturero. El ácido valproico prolonga la vida media de eliminación de la lamotrignina. Por esta razón, se recomienda a los médicos que utilicen una dosis de lamotrignina menor, si están combinando esta sustancia con valproato, y que utilicen una dosis mayor, cuando combinen la lamotrignina con drogas antiepilépticas inductores de enzima como carbamacepina, fenobarbital, fenitoína y primidona. Adicionalmente, cuando la lamotrignina es coadministrada con contraceptivos orales, el paciente puede requerir aumento de dosis de lamotrignina porque el estrógeno induce el metabolismo de lamotrignina. Sin embargo, en postparto o seguido de la descontinuación de los anticonceptivos orales, la dosis debe ser disminuída por que los niveles de lamotrignina se pueden duplicar para una dosis dada (Reimers et al. 2005).

Guías de tratamiento en bipolaridad

Monoterapia para trastorno bipolar:

- 100-200mg/día

Tratamiento adjunto para trastorno bipolar:

- 100mg/día en combinación con valproato
- 400mg/día en combinación con drogas antiepilépticas.[256]

Dosis de presentación

Lamictal tiene 4 dosis de presentación en tabletas

- 25mg
- 100mg

---

[256] Essential Psychopharmacology- The Prescriber's Guide- Stephen M. Stahl, 2005-pág. 236.

- 150mg
- 200mg

Lamotrignina en el embarazo

Con relación al uso de lamotrignina en el embarazo, se trata de un riesgo de categoría C (ciertos estudios de animales muestran efectos adversos; no así en estudios controlados en humanos). El uso en embarazadas requiere pesar el beneficio potencial a la madre contra el riesgo al feto. Para pacientes bipolares, la lamotrignina debe ser generalmente descontinuada antes de anticipar un embarazo. Son preferibles los antipsicóticos atípicos al litio o a los anticonvulsantes – como la lamotrignina - si el tratamiento del trastorno bipolar es requerido durante el embarazo. La lamotrignina se prefiere a otros anticonvulsantes como el valproato, si el tratamiento de anticonvulsante es requerido durante el embarazo.[257] La lamotrignina cruza la placenta y es excretada en la leche materna. Más adelante se discutirá extensamente sobre los antipsicóticos atípicos.

Litio (Eskalith, Eskalith CR, Lithobid, Lithonate)

El litio ha sido considerado un tratamiento "gold standard" para el trastorno bipolar, siendo aprobado por la FDA para su uso en manía aguda en el 1970 y tratamiento de mantenimiento en el 1974. El litio como monoterapia o en combinación con un antidepresivo ha sido considerado como tratamiento de primera línea para depresión bipolar aguda en múltiples guías prácticas, incluida la revisión del 2002 de la Asociación de Psiquiatría Americana " Guías Prácticas para el Tratamiento de Pacientes con Trastorno Bipolar" (Asociación de Psiquiatría Americana 2002).

A pesar de su gran aceptación, el apoyo basado en evidencia del uso del litio en depresión bipolar es limitado, comparado con los tratamientos aprobados. Específicamente, resultados pertinentes a la eficacia de litio en depresión bipolar han sido empañados por estudios que utilizan metodología menos establecida e incluyen muestras mixtas de pacientes con depresión bipolar y unipolar.

---

257 Essential Psychopharmacology- The Prescriber's Guide- Stephen M. Stahl, 2005- pág. 239.

Nivel III: Otras opciones de tratamiento para depresión bipolar aguda

En este nivel se consideran otras opciones de tratamiento con aun más evidencia limitada que los niveles I y II mencionados previamente. Estas alternativas incluyen otros estabilizadores del estado de ánimo (divalproex y carbamazepina), otros antipsicóticos de segunda generación (monoterapia de olanzapina, aripiprazol, risperidona, ziprasidona, y clozapina), terapia electroconvulsiva (ECT), y psicoterapia adjunta. En general, las guías de tratamiento no consideran estas modalidades como intervenciones de primera línea, pero estan citadas como opciones de prioridad intermedia (Asociación de Psiquiatría Americana 2002; Goodwin 2003; Grunze et al. 2002; Keck et al. 2004; Suppes et al. 2005; Yatham et al. 2006). [258]

Ciertas opciones del nivel III tienen ventajas, como son las indicaciones de mantenimiento, tolerabilidad o familiaridad, que pueden hacerlas atractivas para ciertos pacientes selecionados, y en ciertas circunstancias, algunas de estas intervenciones pueden ser considerada temprana en (ej. psicoterapia o ECT en la mujer embarazada con depresión bipolar aguda). Para algunos de estos tratamientos (ej. psicoterapia adjunta), avances en investigación, familiaridad, y/o, últimamente, disponibilidad pueden ser suficientes para colocarlo en niveles más altos.

Con relación a otros estabilizadores del ánimo, tres pequeños estudios controlados sugieren que divalproex puede tener eficacia en depresión bipolar (Davis et al. 2005; Ghaemi et al. 2007; Muzina 2008), y en un estudio fue menos alentador (Sachs et al 2001). Se necesitan más estudios controlados.

Hay data controlada limitada, con relación al efecto antidepresivo de la carbamazepina. Aunque la carbamazepina parece que tiene un efecto antidepresivo leve cuando se compara con las fuertes propiedades antimaníacas, data limitada sugiere que puede proveer beneficio en depresión bipolar aguda. La ausencia de grandes estudios clínicos controlados para comprobar su eficacia, junto a la complejidad de la administración rela-

---

[258] Handbook of Diagnosis and Treatment of Bipolar Disorder- Terence A. Ketter, M.D.-2010, pág. 189.

cionada con interacciones de los medicamentos y tolerabilidad, limitan sustancialmente la utilidad de esta intervención.

Con relación a otros antipsicóticos de segunda generación, estudios controlados con placebo y aleatorios sugieren efectos diversos dentro de esta clase, con respecto a la eficacia en la depresión bipolar aguda. La monoterapia con quetiapina es de eficacia moderada, monoterapia con olanzapina es de eficacia modesta, mientras que la monoterapia con aripiprazol y monoterapia con ziprasidona carecen de eficacia. La data es mucho mas limitada con relación a la utilidad de risperidona y clozaril en tratar depresión bipolar aguda.[259]

Nivel IV: Nuevos tratamientos adjunto

En este nivel se describen nuevos tratamientos adjuntos con aún más evidencia limitada de eficacia que los tratamientos previamente mencionados. Estos tratamientos incluyen hormonas tiroideas, pramipezol, modafinil, topiramato, estimulantes, privación del sueño, terapia de luz, estimulación del nervio vago y estimulación magnética transcranial. En general, las guías de tratamiento consideran estas modalidades de intervención de prioridad baja (Asociación de Psiquiatría Americana 2002; Suppes et al.2005; Yatham et al. 2006). Sin embargo, ciertas opciones en el nivel IV han probado ser atractivas para pacientes cuidadosamente seleccionados después de considerar otros tratamientos entre los niveles I-III (ej. paciente resistente o intolerante a tratamiento entre los niveles I-III). Para algunos de estos tratamientos, avances en investigación pueden proveer suficiente evidencia para merecer la consideración de colocarlo en niveles altos.[260]

Antidepresivos en depresión bipolar

Existe un tremendo debate en cuanto al uso de los antidepresivos en pacientes bipolares. Los antidepresivos están diseñados y son comercializados para tratar a los pacientes que sufren de depresión mayor unipolar,

---

[259] Handbook of Diagnosis and Treatment of Bipolar Disorder- Terence A. Ketter, M.D.-2010, pág. 193.
[260] Handbook of Diagnosis and Treatment of Bipolar Disorder- Terence A. Ketter, M.D.-2010, pág. 216.

una enfermedad sustancialmente diferente de la depresión bipolar. Ambas patologías presentan síntomas diferentes, una bioquímica distinta y atacan distintas zonas del cerebro. Además las pruebas para determinar la seguridad de los antidepresivos son practicadas principalmente en personas que padecen una depresión mayor unipolar. Por esta razón no son aplicables a su caso. En todo caso, los antidepresivos pueden agravar o desencadenar la manía y la psicosis.[261] Muchos expertos coinciden en que la monoterapia con antidepresivos se debe evitar en tales pacientes, y que el tratamiento de depresión bipolar debe iniciarse con otras opciones, como son la lamotrignina, litio, y/o antipsicóticos atípicos, como monoterapia o en combinación.[262]

El tratamiento de antidepresivos en el trastorno bipolar no reconocido puede no solo aumentar los estados mixtos y la conversión de manía e hipomanía, sino contribuir a un aumento en los suicidios de pacientes tratados con antidepresivos, siendo los de mayor riesgo los adultos menores de los 25 años de edad que los adultos mayores, los adolescentes que los adultos jóvenes, y los niños que los adolescentes.[263] Por lo tanto, la regla general en el tratamiento de depresión bipolar es que, cuando un antidepresivo es indicado, se debe utilizar en conjunto con un estabilizador del estado de ánimo y se debe mantener el antidepresivo por el tiempo más breve posible.[264]

Las frecuencias de riesgo asociado con un antidepresivo en el trastorno bipolar son:

- Viraje o "switch" agudo (promedio de 2 meses de iniciado el antidepresivo)

    __ TCA=MAOIs: 30%-60%

    __ SSRI, bupropión, venlafaxina: 20%

---

[261] Manual del trastorno bipolar- Dr. Wes Burgess- 2006, págs. 139-140.

[262] Stahl's Essential Psychopharmacology- Stephen M. Stahl- Third Edition, 2008, pág.700.

[263] Stahl's Essential Psychopharmacology- Stephen M. Stahl- Third Edition, 2008, pág.468.

[264] Jerrold F. Rossenbaum, George W. Arana, Steven E. Hyman, Lawrence A. Labbate, Mauricio Fava- Handbook of Psychiatric Drug Therapy- Fifth Edition-2005-pág.129.

___ Ritmo de "switch" generalmente es más bajo en presencia de un estabilizador del estado de ánimo.[265]

Con relación a la seguridad, los antidepresivos parece que causan episodios maníacos agudos en aproximadamente 20%-50% de individuos con trastorno bipolar, tal vez más en tipo I que en tipo II. A largo plazo, los antidepresivos causan desestabilización del estado de ánimo y empeoramiento del curso de la enfermedad bipolar en aproximadamente 25%-40% de personas con trastorno bipolar.[266] El porciento de pacientes bipolares mal diagnosticados que desarrollan manía/hipomanía mientras utilizan antidepresivos es de un 55% y en el desarrollo de cicladores rápidos, aproximadamente un 23%.[267] Los antidepresivos tricíclicos son los que más producen manía/hipomanía, pero no se ha encontrado un antidepresivo que sea seguro en este aspecto. Por tal razón, además del efecto antidepresivo robusto de ciertos estabilizadores del estado de ánimo, los antidepresivos tradicionales no son el tratamiento de primera línea para la depresión bipolar.[268] En estudios de la etapa aguda (10 semanas), 19.3% de los pacientes mostró un viraje o "switch" completo con antidepresivos en depresión bipolar. En estudios en etapa de continuación (menos de un año), 36.7% mostró un "switch" completo con antidepresivos. De los estudios con 228 pacientes bipolares en antidepresivos adjunto, solo 16.2% (37/228) fueron asociado con una respuesta antidepresiva sostenida a largo plazo sin "switch"[269]

A pesar del riesgo de los antidepresivos de desestabilizar al paciente bipolar, las prescripciones iniciales para 7,760 pacientes en Estados Unidos con trastorno bipolar fueron:

---

265 Ghaemi SN et al. Am J Psychiatry. 2004; 161: 163-165.

266 Bipolar Depression: A Comprehensive Guide , Rif S. El- Mallakh, M.D. , S.Nassir Ghaemi, M.D.,M.P.H. 2006- pág.179-180.

267 Ghaemi SN et al. J Clin Psychiatry. 2000: 61: 804-808.

268 Handbook of Psychiatric Drugs, Jeffrey A. Lieberman, Allan Tasman- 2006- pág. 99.

269 Leverich GS et al., Am J Psychiatry 2006; 163: 232-239.

Clase de medicamento	% total
Antidepresivo	49.8
Moderno	47.4
Antiguo	2.4
Estabilizadores del ánimo	24.6
Dilvalproex de sodio	8.3
Otros anticonvulsante	8.8
Sales de litio	7.5
Ansiolíticos	14.8
Antipsicóticos	10.7
Agentes modernos	10.1
Neurolépticos antiguos	0.6

Datos obtenidos de Baldessarini RJ et al. Psychiatry Serv. 2007: 58:85-91.

La utilización de antidepresivos con un estabilizador del estado de ánimo debe ser generalmente reservada para la depresión bipolar severa, o cuando la utilización única de estabilizadores del estado de ánimo ha fallado. Si el paciente bipolar recae repetidamente luego de la descontinuación del antidepresivo, ello significa que este subgrupo (aproximadamente un 20% de los pacientes bipolares) se pueden beneficiar del tratamiento de antidepresivos a largo plazo.[270]

---

[270] Ghaemi SN et al., Bipolar Disorder 2003; 5: 421-433.

Capítulo 28

Litio y antiepilépticos para manía bipolar

Litio (Eskalith, Eskalith CR, Lithobid, Lithonate)

El trastorno bipolar ha sido tratado con litio por aproximadamente 50 años. Son los estabilizadores del estado de ánimo más antiguos, y tenemos una idea bastante clara sobre las garantías que ofrecen. El litio es un elemento natural que existe en manantiales de aguas minerales, en el agua del mar y en algunos minerales. No se encuentra en la naturaleza en forma de elemento puro, sino solo como ión en un compuesto salino.

El efecto terapéutico de las sales de litio en el trastorno bipolar fue descubierto en los años 40 del siglo XX, por casualidad, por el médico australiano John Cade, cuando notó su efecto calmante en animales. Luego lo probó en 10 pacientes maníacos y encontró una mejoría dramática.[271] La hipótesis del descubrimiento del efecto antimaníaco del litio fue la suposición de Cade de que sus pacientes con afecciones crónicas sufrían de un trastorno biológico/físico (en lugar de "emocional" o "disfuncional") y por ello, también se debía de utilizar un "medio biológico" para el tratamiento (precisamente, el litio). Pero, ya en el siglo II d.C. el médico griego Sorano de Efeso recomendó a sus colegas que prescribieran a sus pacientes maníacos "agua natural, por ejemplo de manantiales alcalinos." Hoy en día se sabe que el agua alcalina de manantial es especialmente rica en iones de litio.[272]

---

271 Jerrold F. Rossenbaum, George W. Arana, Steven E. Hyman, Lawrence A. Labbate, Mauricio Fava- Handbook of Psychiatric Drug Therapy- Fifth Edition-2005, pag.122.

272 Bipolar- Eberhard J. Wormer-2003- págs.80-81.

En 1940, hubo casos severos y fatales de envenenamiento de litio porque lo estaban utilizando sin restricciones como sustituto de la sal común, siendo venenoso y potencialmente mortal. Por esta razón, su aprobación por la FDA se demoró varias décadas. El litio causa cambios en todos los sistemas de neurotransmisores en el cerebro. La administración de litio a largo plazo en ratones estabiliza la entrada de glutamato (neurotransmisor excitatorio). Esto explica, en parte, el efecto antimaníco del litio debido, a que resulta en una reducción total del neurotransmisor excitatorio. El litio mejora la función de la serotonina y la norepinefrina en el sistema nervioso central; de ahí su efecto antidepresivo.[273] Asimismo, estimula la producción de ciertas proteínas de la sangre que, según parece, protegen las celulas nerviosas frente a la lesiones y el envejecimiento.[274] Chang (2004) encontró que el litio producía inhibición de los factores de muerte celular (BAX y p53) y un aumento de sobrevivenca de neuronas en cultivo y en modelos de animales en enfermedad de Huntington. Estos efectos son importantes en humanos porque el litio parece que aumenta la integridad neuronal y la cantidad de materia gris en humanos, analizado a través de nuevas técnicas de imagen del cerebro.[275]

Niveles de litio en la sangre

Hay pacientes en mi práctica privada que comentan que son bipolares porque tienen el "litio bajito." Esto es erróneo, desde el punto de vista científico. No hay prueba de laboratorio que pueda establecer una relación entre la bipolaridad y una disminución del litio. Lo que ocurre es que el litio administrado a un paciente bipolar requiere monitoreo para determinar su seguridad, eficacia y la dosis que el paciente necesita. La forma de medir los niveles de litio en el paciente es a base de su concentración en la sangre. Los niveles se informan como miliequivalentes por litro (mEq/L), milimoles por litro o milimolar (mM). Cuando al paciente se le inicia en litio usualmente se comienza en 300 mg tres veces al día.

---

273 Essentials of Clinical Psychopharmacology- Alan F. Schatzberg, M.D., Charles B. Nemeroff, M.D.,Ph.D. Second Edition- 2006, pág. 336.

274 Manual del Trastorno Bipolar, Dr.Wes Burgess-2006, pág.108.

275 Clinical Manual for Management of Bipolar Disorder in Children and Adolescents, Robert A. Kowatch, M.D., Ph.D.,Mary A. Fristad, Ph.D., A.B.P.P.-2009, pág. 114.

Dosis menores son indicadas para pacientes envejecientes o con enfermedad renal (150mg dos veces al día). Es importante que el paciente utilice inicialmente el medicamento a las 8:00 am, 2:00 pm y 8:00 pm, porque, de no hacerlo, alterará el resultado de los niveles de litio. Al inicio del tratamiento, el psiquiatra va a indicar cada 5 días un nivel de litio en la sangre, hasta llegar a la dosis adecuada. El paciente debe ir al laboratorio en ayuna, luego de haber pasado 12 horas después de la última dosis oral en la noche.

Indicaciones para el litio
Manía aguda en el trastorno bipolar

El litio es considerado un "gold standard" en el tratamiento del trastorno bipolar. Es un medicamento sumamente económico, comparado con los otros estabilizadores del ánimo que están actualmente en el mercado. Aproximadamente 70% de los pacientes bipolares obtienen, al menos, un beneficio moderado del litio durante cierta etapa de su tratamiento. El litio tiene la aprobación de la FDA para el episodio maníaco en el trastorno bipolar. Ciertos expertos informan que el litio no es tan efectivo en el ciclador rápido o episodios mixtos del trastorno bipolar. Sin embargo, este uso selectivo del litio puede no ser justificado, puesto que la respuesta es individualizada, no importa el tipo de síntoma bipolar que esté experimentando.

La mejoría clínica del litio es relativamente lenta, con un comienzo inicial de respuesta terapeútica en 7-14 días después de comenzar la terapia con litio. Para que el litio produzca una mejoría completa, pueden pasar entre dos a cuatro semanas. Debido a esta demora, junto a la terapia de litio se pueden utilizar los medicamentos antipsicóticos que tienen un efecto de acción rápida. Más adelante se discutirá con detenimiento los medicamentos antipsicóticos.

Episodios bien severos de manía que no responden satisfactoriamente a los tratamientos de primera línea pueden responder a la terapia electroconvulsiva. Aunque ésta es efectiva en todas las fases del trastorno bipolar, no es un tratamiento de primera línea, ya que no provee una remisión de síntomas a largo plazo o de mantenimiento, lo cual es requerido para el trastorno bipolar.

Terapia de mantenimiento en manía bipolar

El litio tiene la aprobación de la FDA como terapia de mantenimiento en manía en el paciente bipolar y es el medicamento más estudiado para esta indicación. De hecho, es el primer medicamento psicotrópico que ha probado ser efectivo en el tratamiento de mantenimiento de cualquier trastorno psiquiátrico. Hay numerosos estudios que apoyan esta indicación, como el realizado por Tondo, que encontró efectividad en litio, por más de un año, disminuyendo la frecuencia de los episodios de estado de ánimo y tiempo de estar enfermo en pacientes bipolares tipo I y II. Tondo evidenció que, mientras más temprano se establezca el diagnóstico de bipolar II y se inicie el tratamiento con litio, mejor curso llevará la enfermedad.

Recientemente, se realizaron unos estudios con lamotrignina y litio, cuya data disponible sugiere que el litio tiene una potencia más robusta contra la manía o hipomanía que contra la depresión. Hay datos conflictivos sobre los niveles de litio óptimos para el mantenimiento. Muchos estudios controlados han demostrado que un nivel de 1mM de litio en la sangre es un tratamiento efectivo para episodios maníacos en aproximadamente 70% a 80% de los casos. Aunque un mantenimiento efectivo ha sido informado con niveles de litio tan bajos como 0.4 mM, un estudio de 94 pacientes encontró que los niveles de 0.8 a 1.0 mM eran superiores con relación a la remisión de síntomas que niveles de 0.4 a 0.6 mM. En adultos saludables, la dosis oral, que produce un nivel de 1mM, está entre 1,200 a 1,800 mg, pero, en una dosis extrema, puede estar entre 300 a 3,000 mg.[276] Para pacientes con trastorno bipolar II, los niveles de litio en la sangre son bajos (0.6- 0.8mEq/L) y, por tal razón, las dosis son menores (300 mg. dos veces al día).

Litio y suicidio

Ha surgido reciente evidencia de que el litio tiene propiedades en contra del impulso suicida por encima de los estabilizadores del estado de ánimo en los pacientes con depresión mayor recurrente o bipolar. Tondo revisó 28 estudios con más de 17,000 pacientes con trastorno del estado

---

[276] Jerrold F. Rossenbaum, George W. Arana, Steven E. Hyman, Lawrence A. Labbate, Mauricio Fava- Handbook of Psychiatric Drug Therapy, Fifth Edition-2005, pág.127.

de ánimo, que utilizaron litio, y reveló que el riesgo de intentar y de completar el suicidio fue 8.6 más alto en pacientes que no recibieron litio comparados con aquéllos que lo recibieron. Se evidenció un aumento de suicidios después de la descontinuación del litio. En un estudio naturalístico, Goodwin (2003) encontró una disminución significativa de los intentos suicidas y muertes por suicidio en pacientes que recibían litio, comparado con divalproex (Depakote).[277]

Terapia de aumento de litio en los antidepresivos

Para los pacientes que reúnen los criterios designados por el DSM IV-TR para depresión mayor, se espera que aproximadamente un cincuenta por ciento (50%) se recupere completamente de una dosis adecuada de cualquier antidepresivo efectivo en al menos seis (6) semanas, y que un 35%-40% experimenten cierta mejoría, pero generalmente de un 10% a un 15% de los pacientes deprimidos no mejoran. Se ha confirmado en muchos estudios, informes de casos de reporte y práctica clínica, la efectividad de añadir litio a aquel antidepresivo que no ha logrado una respuesta efectiva. En análisis de cinco estudios controlados de aumento de litio en depresión bipolar se ha evidenciado una mejoría significativa en un 56% a 96% de los pacientes. Del aumento de litio se puede beneficiar aproximadamente un cincuenta por ciento (50%) de los pacientes que lo recibe. Cuando un paciente no responde a un régimen de tratamiento antidepresivo adecuado, luego de utilizar otras estrategias sin éxito, generalmente se comienza con litio, 300 mg dos o tres veces al día. Los niveles de sangre se monitorean después de 5 a 7 días. Generalmente, los pacientes responden a la terapia de aumento en 2 a 3 semanas, aunque hay pacientes que responden más rápidamente. Se ha informado de pacientes que responden a dosis bajas con un nivel de litio de 0.4mEq/L, considerándose un nivel de efectividad mínima.[278]

---

[277] Textbook of Mood Disorders - 2006 pág 282.

[278] Handbook of Psychiatric Drug Therapy, Fourth Edition- George W. Arana, Jerrold F. Rosenbaun 2000-pág. 126.

Litio y la conducta violenta

Ciertos investigadores han informado que el litio es efectivo en controlar episodios de agresividad y violencia en adultos con personalidad antisocial y en niños agresivos con trastornos de conducta o retardación mental. Los niveles séricos deben estar entre 0.6 y 1.3mEq/L. Mi experiencia como director de psiquiatría en la Penitenciaría Estatal de Puerto Rico utilizando litio en confinados agresivos fue excelente. Pude observar un efecto calmante en dichos pacientes.

Efectos secundarios del litio

Adicionalmente, el litio tiene efectos secundarios significativos que complican el manejo a largo plazo: 75% de los pacientes tratados con litio experimentan efectos adversos; predominantemente, afecta la tiroides, el sistema gastrointestinal, el sistema renal, y/o el sistema neurológico. Estos efectos secundarios parecen ser menos aparentes durante el tratamiento agudo con litio que durante el tratamiento de mantenimiento.[279] Los efectos secundarios más comunes del litio son gastrointestinales (náuseas, vómito, pérdida de apetito, diarrea o dolor abdominal). Estos síntomas son comunes y usualmente transitorios al comienzo del tratamiento, pueden disminuir en intensidad al bajar las dosis del medicamento. Las náuseas pueden ser atenuadas, si se administra el litio junto con comida o utilizando diferentes preparaciones de litio.

El litio puede producir un temblor fino entre 4 y 65% de los pacientes durante las primeras semanas y es persistente en el 4% de los casos, tras dos años de tratamiento. Resulta más evidente el temblor en los dedos, al mantener las manos en posición extendida y no suele indicar intoxicación. El consumo de nicotina, te y cafeína intensifican el temblor. Se puede disminuir su efecto al reducir la dosis o el médico- psiquiatra puede añadir un beta bloqueador adrenérgico, como el propranolol 20-30 mg 2-3 veces por día.

Otro efecto secundario del litio es el aumento de peso. En ciertos estudios, ha estado asociado con un aumento de más de 10 kg en 20% de

---

[279] Textbook of Mood Disorders, Dan J. Stein, M.D., PH,D., David J.Kupfer, M.D., and Alan F. Schatzberg, M.D.- 2006, pág. 471.

los pacientes en terapia a largo plazo. Por tanto, las medidas nutricionales para disminuir la ingesta de calorías y el aumento de ejercicio son necesarios.

El problema renal más común debido a la terapia de litio es la poliuria[280], con polidipsia[281] que afecta hasta el 35% de los pacientes. Las medidas terapéuticas incluyen reposición de líquidos, disminuir los niveles de litio o administrar la dosis total de litio a la hora de acostarse. Un suplemento de potasio de 10-20mEq/día puede frenar la poliuria. Las reacciones adversas más serias son: confusión, ataxia, bradicardia, síncope[282], reacciones de la piel. Si el disminuir la dosis no resuelve estos efectos, o bajar la dosis no es posible por la presencia de síntomas afectivos, se debe considerar descontinuar el litio.

Guías de tratamiento en bipolaridad

- Iniciar en 300mg 2-3 veces al día y ajustar dosis de acuerdo con los niveles de litio en la sangre
- 1800mg/día en dosis dividida (agudo)
- 900-1200 mg/día en dosis dividida (mantenimiento)
- Líquido: 10ml tres veces al día (manía aguda); 5 ml 3-4 veces por día (mantenimiento)

Dosis de presentación del litio

- Tabletas 300mg (liberación lenta), 450mg (liberación controlada)
- Cápsula 150mg, 300mg, 600mg
- Líquido 8 meq/ 5ml[283]

---

280 Poliuria- la descarga de un volumen grande de orina en un periodo dado.

281 Polidipsia- sed excesiva crónica, con consumo frecuente de líquido.

282 Síncope- suspensión temporera de la conciencia debido a una deficiencia de sangre cerebral generalizada.

283 Las guías de tratamiento y dosis de presentación del litio son extraídos del libro Essential Psychopharmacology- The Prescriber's Guide- Stephen M. Stahl- 2005. pág. 249.

Utilización del litio durante el embarazo y la lactancia

El litio esta incluido por la FDA como categoría D (evidencia positiva de riesgo para el feto humano; sin embargo, el beneficio potencial puede, aun así, justificar su uso durante el embarazo). Los datos recientes sugieren que la exposición al litio durante el embarazo es menos perjudicial que lo que los expertos creían en las pasadas décadas. En el periodo de 1968 a 1980, el "International Register of Lithium Babies" estimó el riesgo de teratogenicidad del litio en un 11% para malformaciones importantes (Síndrome de Down, macrosomía, mielomeningocele). Un 2.7% para anomalía de Ebstein (malformación cardiaca que consiste en una implantación baja, en el ventrículo derecho, de la válvula tricúspide). Estudios más recientes evalúan el riesgo real de la enfermedad de Ebstein, tras la exposición al litio durante el primer trimestre de gestación (con un riesgo en la población general estimado en 1 de 2,000 nacimientos), con una frecuencia de 10-20 veces superior al de la población general. Por lo tanto, el riesgo absoluto es relativamente bajo. Se puede retirar el litio en la génesis del corazón embrionario, que es el periodo crítico desde la tercera a la novena semana y reinstaurarlo posteriormente.

El riesgo global de malformaciones congénitas graves por exposición intrauterina al litio se mantiene en 4%-12%, en comparación con 2%-4% que muestran los grupos de control.[284] Los antipsicóticos atípicos se prefieren al litio – o a anticonvulsantes - si el tratamiento para el trastorno bipolar es requerido durante el embarazo. En los pacientes bipolares, debido al riesgo de recaída en el periodo postparto, se debe restituir el litio inmediatamente después del parto, pero esto generalmente significa no alimentar con leche materna. El litio se ha encontrado en la leche materna de la paciente que lo utiliza; por tal razón, hay que elegir entre descontinuar el medicamento o alimentar el bebé por botella.[285]

Por muchas razones, el uso de litio ha declinado en los últimos años, principalmente entre los psicofarmacólogos jóvenes. Las razones incluyen las múltiples opciones dentro del armamentario terapeútico para el trastorno

---

284 Tratado de Psicofarmacología, M. Salazar, C. Peralta, J. Pastor- 2005, pág.548.

285 Essential Psychopharmacology. The Prescriber's Guide- Stephen M. Stahl, 2005.

bipolar, los efectos secundarios, la carga del monitoreo de litio, y la falta de mercadeo promocional, ya que ahora es un medicamento genérico.[286]

Anticonvulsantes como estabilizadores del estado de ánimo

Los primeros anticonvulsantes aprobados por la FDA para la fase maníaca del trastorno bipolar son la carbamacepina y el valproato. Esto no significa que cualquier anticonvulsante es un estabilizador del estado de ánimo, especialmente para la fase maníaca. Hay algunos cuya eficacia como estabilizador es dudosa. Algunos de los anticonvulsantes no solo son efectivos en el trastorno bipolar, sino en síndromes del dolor y otros usos clínicos, especialmente contra la ansiedad. Aunque el mecanismo de acción de los anticonvulsantes y otros estabilizadores del estado de ánimo es en los canales de ión sensitivo a voltaje, no se conoce con certeza la acción farmacológica específica, unida a la acción clínica, incluyendo los efectos secundarios.

Carbamacepina (Tegretol)

Aunque inicialmente la carbamacepina fue aprobada por la FDA para el tratamiento de epilepsia, posteriormente fue aprobada para varios síndromes del dolor, como es la neuralgia del trigémino.[287] La carbamacepina comenzó a utilizarse en Japón como antimaníaco y de mantenimiento a partir de los años setenta. Dos estudios recientes se han realizado evidenciando su efectividad en manía con la carbamacepina de liberación extendida, una vez diaria (Equetro). Estos hallazgos dieron como resultado la aprobación de la FDA para tratamiento de carbamacepina de liberación extendida en bipolar maníaco agudo y episodios mixtos.[288] La formulación de liberación extendida ha probado ser más eficaz y tolerable en el trastorno bipolar que la carbamacepina de liberación inmediata. La carbamacepina parece ser útil para ciertos pacientes en mantenimiento

---

286 Stahl's Essential Psychopharmacology- Stephen M. Stahl, Third Edition-2008, pág.672.

287 Neuralgia del trigémino- dolor episódico y severo del nervio trigémino, localizado en el área facial.

288 Essentials of Clinical Psychopharmacology- Alan F. Schatzberg, MD, Charles B. Nemeroff MD, Ph D Second Edition- 2006, pág. 375..

de trastorno bipolar; no obstante, la utilidad general para esta indicación aún no ha sido establecida a largo plazo. A base de pequeños estudios e informes de casos, ciertos investigadores han sugerido que la carbamacepina puede ser efectiva para pacientes con formas de trastorno bipolar que son frecuentemente refractorios a litio (ej. paciente bipolar mixto, manía disfórica y trastorno bipolar ciclador-rápido).[289]

La carbamacepina es considerada como una alternativa, más que una intervención de primera línea para el trastorno bipolar, cuando el litio o valproato es inefectivo, contraindicado o no tolerado. La mejoría de la carbamacepina parece que ocurre a través del síndrome maníaco completo y no que sea debido a propiedades de sedación no específica, porque los pacientes frecuentemente muestran una mejoria clínica dramática, en ausencia de una marcada sedación.[290] No se ha establecido su eficacia para tratar o prevenir la fase depresiva del trastorno bipolar, aunque puede ser efectiva para la fase depresiva en algunos pacientes. Su mecanismo de acción parece ser aumentar la funcion de GABA, tal vez, en parte, por acción de los canales de sodio y potasio.[291] Actúa sobre los canales de sodio, disminuyendo la entrada de sodio en la neurona y reduciendo las descargas neuronales de alta frecuencia. Además parece tener un efecto sobre los canales de potasio, aumentando el flujo de potasio y disminuyendo el recambio del GABA.[292]

Efectos secundarios de la carbamacepina

Los trastornos gastrointestinales (náuseas y vómitos) son los efectos secundarios más comunes, síntomas que mejoran utilizando el medicamento con comidas. La sedación moderada, náuseas, visión borrosa o mareos usualmente se disiparán al cabo de varios días. La hepatitis y pancreatitis son complicaciones raras y usualmente ocurren durante los primeros meses de tratamiento. Elevaciones leves de las funciones del hígado ocurren

---

[289] Jerrold F. Rossenbaum, George W. Arana, Steven E. Hyman, Lawrence A. Labbate, Mauricio Fava- Handbook of Psychiatric Drug Therapy- Fifth Edition-2005, pág.154.

[290] Essentials of Clinical Psychopharmacology- Alan F. Schatzberg, M.D., Charles B. Nemeroff, M.D.,Ph.D. Second Edition- 2006, pág. 375.

[291] Essentials of Psychopharmacology -Second Edition, Stephen M. Stahl-2000.

[292] Tratado de Psicofarmacología – M. Salazar, C. Peralta, J. Pastor- 2005, pág. 270.

en muchos pacientes, y lo único que se requiere es un monitoreo de las enzimas del hígado. La carbamacepina puede causar letargia[293], temblor (usualmente con altas dosis o toxicidad), ataxia, y disturbios visuales, durante la fase de tratamiento agudo. También agranulocitosis (caída en el conteo de glóbulos blancos o neutrófilos por debajo de 5,000/mm3), trombocitopenia[294] y una rara pero severa forma de anemia aplástica, con sangramiento inusual, fiebre y garganta inflamada, que ocurre en una frecuencia de 1 en 20,000. Más del 80% de estas reacciones ocurren durante los primeros 3 meses de tratamiento, pero ciertos casos han sido informados hasta cinco (5) años después del inicio de la terapia. Si el conteo de los glóbulos blancos cae por debajo de las 3,000 células/mcL o el conteo de plaquetas cae por debajo de 100,000 celulas/mcL, la medicación se debe descontinuar.

Carbamazepina y embarazo

Esta incluido por la FDA en la categoría D. Hay un vínculo entre el uso de carbamacepina en el embarazo y malformaciones congénitas, incluidas la espina bífida (1%), bajo peso al nacer y circunferencia pequeña de la cabeza. Si el medicamento es continuado durante el embarazo, se comienza en folato temprano en el embarazo para reducir los riesgos de defecto del tubo neural. Los antipsicóticos atípicos se prefieren al litio o anticonvulsivantes como la carbamacepina, si el tratamiento para el trastorno bipolar es requerido durante el embarazo. En los pacientes bipolares, debido al riesgo de recaída en el periodo postparto, ciertas formas de tratamiento con estabilizador del estado de ánimo se deben restituir inmediatamente después del embarazo, si el paciente no ha sido medicado durante el embarazo. Cierta cantidad de carbamacepina se ha encontrado en la leche materna; por tal razón hay que descontinuar el medicamento o alimentar por botella.

---

293 Letargia- nivel disminuído de conciencia marcado por desánimo, somnolencia y apatia.
294 Trombocitopenia- disminución en el número de las plaquetas.

Acido valproico (Depakene) y divalproex (Depakote, Depakote ER)

El valproato se ha utilizado durante casi treinta y cinco (35) años para el tratamiento de epilepsia y, en la actualidad, está comercializado en más de 100 países y se considera un antiepiléptico con un amplio espectro de actividad.[295] Existe una única formulación farmacéutica patentada de ácido valproico llamada divalproex (Depakote).

La formulación de divalproex de liberación extendida, una vez al día, (Depakote ER) fue aprobada para la migraña en el 2001. Esta formulación reduce los efectos secundarios gastrointestinales, la sedación y posible alopecía.

Indicaciones en bipolaridad

El Depakote fue el segundo agente (después del litio) que recibió, en 1995, la aprobación de la FDA para tratamiento de manía en el trastorno bipolar. Una revisión de cinco estudios controlados con valproato, para el tratamiento agudo de manía en adultos, muestra un ritmo de respuesta promedio de 54%, que indica una eficacia de valproato comparado con placebo (McElroy y Keck 2000).[296] Aunque ciertos expertos creen que el ácido valproico es más efectivo que el litio en el ciclador rápido y episodios mixtos de manía. En realidad, tales episodios son muy difíciles de tratar, y combinaciones de dos o más estabilizadores del ánimo, incluyendo litio más valproato, es usualmente el orden de uso.[297]

El valproato no tiene la aprobación por la FDA para el tratamiento de mantenimiento del trastorno bipolar. A pesar de la falta de evidencia, ha sido recomendado como tratamiento de mantenimiento de primera línea del trastorno bipolar en múltiples guías de tratamiento (Asociación de Psiquiatría Americana 2002; Consenso de la Asociación del Grupo Británico de Psicofarmacología 2003; Mitchell 2004; Yatham et al. 2005).

---

295 Tratado de Psicofarmacología – M. Salazar, C. Peralta, J. Pastor- 2005, pág. 292.

296 Clinical Manual for Management of Bipolar Disorder in Children and Adolescents, Robert A. Kowatch, M.D., Ph.D.,Mary A. Fristad, Ph.D., A.B.P.P.-2009, pág.139.

297 Stahl's Essential Psychopharmacology- Stephen M. Stahl- Third Edition-2008, pág.677.

El valproato es menos efectivo para la depresión bipolar, cuando es comparado con el litio. Divalproex demostró significativamente mejor respuesta en casos con presentaciones clínicas de manía mixta y ciclador rápido.[298] Pacientes tratados con divalproex que tenían presentaciones maníacas mixtas presentaban una gran mejoría en los síntomas maníacos con divalproex, en comparación con el tratamiento de litio, en dos estudios aleatorios[299], uno de ellos controlado con placebo.[300] La presentación de Depakote ER (liberación extendida) permite que la dosis sea una vez diaria. Tiene las siguientes indicaciones de la FDA:

- tratamiento agudo de manía bipolar
- tratamiento agudo de bipolar mixto

Farmacodinamia

El mecanismo exacto de acción del valproato aún permanece incierto. Existe evidencia de que el valproato aumenta la síntesis y la liberación del GABA (neurotransmisor inhibitorio del cerebro) y, a través de estos mecanismos, potencia la transmisión "GABAérgica" en áreas cerebrales específicas. Además, se ha visto que el valproato disminuye la liberación del aminoácido excitador ácido B-hidroxibutírico y que atenúa la excitación neuronal mediada por la activación de los receptores NMDA del glutamato (neurotransmisor excitatorio del cerebro).[301] Otra teoría sobre el mecanismo de acción del valproato es que inhibe los canales de sodio y/o calcio sensibles al voltaje, trayendo como consecuencia que pase menos sodio a la neurona, reduciendo potencialmente la liberación de la neurotransmisión excitatoria del glutamato.[302] Asimismo, el valproato aumenta la producción de determinadas proteínas de la sangre que, al parecer, protegen las células nerviosas contra las lesiones y el envejecimiento. Algunos datos sugieren que el fármaco modula la transmisión

---

298 Psychotropic Drugs- Norman L. Keltner, David G. Folks- 2005, pág.217.

299 Aleatorios-Los casos son distribuidos al azar en el grupo control o en el grupo experimental.

300 Essentials of Clinical Psychopharmacology- Alan F. Schatzberg, M.D., Charles B. Nemeroff, M.D.,Ph.D. Second Edition- 2006, pág.360.

301 Tratado de Psicofarmacología – M. Salazar, C. Peralta, J. Pastor- 2005. pág. 291.

302 Stahl's Essential Psychopharmacology- Stephen M. Stahl, Third Edition-2008, pág.674.

dopaminérgica y serotonérgica, lo que podria ser relevante para su eficacia en algunos trastornos mentales y enfermedades neurológicas independientes de la epilepsia. El valproato, por lo tanto, no debe considerarse un fármaco especifico "GABAérgico", sino un agente con múltiples y complejos mecanismos de acción.

Irritabilidad

Los resultados de un gran estudio con pacientes maníacos evidenció que el valproato fue notablemente superior al placebo en reducir síntomas de hostilidad, pero el litio no. Similarmente, entre pacientes con el subtipo de irritabilidad en manía, divalproex redujo la sintomatología maníaca total, mientras que con el litio no fue así. Por otro lado, tanto el valproato como el litio fueron efectivos en reducir la hiperactividad e impulsividad, pero ninguno produjo mejoría en síntomas depresivos puros.[303]

Efectos secundarios del valproato

El valproato generalmente es bien tolerado y tiene una baja incidencia de efectos secundarios, si se compara con la carbamacepina. Entre los efectos secundarios más frecuentes al inicio del tratamiento, dependientes de las dosis, están las náuseas y vómitos. Frecuentemente, son transitorios y generalmente no hay la necesidad de suspender el tratamiento. Divalproex ER mejora los efectos secundarios gastrointestinales, comparado con divalproex de liberación inmediata o valproato genérico.

En el CNS, los efectos secundarios se observan con menor frecuencia, comparado con otros antiepilépticos. El efecto neurológico más frecuente asociado al valproato es un temblor postural (9.3%) que puede estar relacionado con la dosis. Puede tratarse reduciendo la dosis o administrando propranolol. Efectos menos frecuentes sobre el CNS son dolores de cabeza, visión borrosa, síntomas parkinsonianos, vértigo y nistagmo.[304] El aumento de peso puede ser un efecto secundario problemático en el tratamiento con valproato a largo plazo. Se ha descrito una elevación en

---

[303] Essentials of Clinical Psychopharmacology- Alan F. Schatzberg, M.D., Charles B. Nemeroff, M.D.,Ph.D. Second Edition- 2006, pág 360.

[304] Nistagmo- movimiento rítmico, rápido, involuntario del globo del ojo, que puede ser horizontal, vertical, rotatorio o mixto, es decir, de dos formas.

los niveles de amonio en el 20% -50% de los pacientes. En la mayoría, cursa sin síntomas, pero ha habido presencia de confusión, encefalopatía, náuseas y vómitos, por lo que hay que suspender el tratamiento.

Los dos efectos más graves del valproato son la toxicidad hepática y la pancreatitis. La toxicidad hepática puede ocurrir durante los primeros meses de tratamiento. La hepatitis afecta a uno de cada 20,000 pacientes tratados y es más frecuente en niños menores de 2 años (sobre todo cuando el valproato se utiliza en politerapia y en niños con retraso mental), cuando co-existen ciertos defectos metabólicos o enfermedad hepática previa.[305] Se han descrito elevaciones persistentes de las transaminasas del hígado en el 11% de los pacientes tratados con valproato. La pancreatitis puede ocurrir temprano en el tratamiento en aproximadamente 1 en 3,000 pacientes. El psiquiatra debe estar alerta a los síntomas de una pancreatitis; por tal razón, es importante realizarle al paciente exámenes de niveles de amilasa sérica.

Valproato y embarazo

El valproato es riesgo de categoría D. La incidencia de malformaciones congénitas es de un 11%. Un efecto secundario serio de valproato es el defecto del tubo neural (1%-2%) durante la exposición en el primer trimestre. Si se decide continuar el medicamento durante el embarazo, se debe comenzar a suministrar folato 1mg al día- temprano en el embarazo para reducir el riesgo de defecto del tubo neural, hasta la semana 12 de embarazo, junto con vitamina K hasta el último mes antes del parto. El valproato tiene una presencia mínima en la leche materna.

Dosis de presentación del ácido valproico y divalproex

- Depakene 250mg- cápsula de ácido valproico
- Depakote-125mg, 250mg y 500mg- tabletas de divalproex
- Depakote ER- 125mg, 250mg y 500mg- tabletas de divalproex

---

305 Tratado de Psicofarmacología – M. Salazar, C. Peralta, J. Pastor- 2005. págs. 293-294.

Guías de tratamiento:

El valproato usualmente requiere dos semanas para lograr un efecto terapeútico, pero un tratamiento de cuatro a seis semanas debe ser completado antes de evaluar su eficacia. Divalproex (Depakote) es la forma más tolerada de valproato. Se administra oralmente. La dosis inicial recomendada es 750mg diaria en dosis dividida. La dosis de valproato es aumentada de acuerdo con el efecto clínico deseado (250-500mg/día cada 1-3 días) o de acuerdo con la concentración en sangre deseada. Usualmente, los niveles en sangre deben de estar entre 50-125mg/ml, para lograr un buen efecto clínico en la fase maníaca. La concentración máxima, generalmente, se alcanza dentro de los 14 días. La dosis promedio está entre 1500-3000 mg/diario.

Capítulo 29

Antipsicóticos de primera generación o típicos en manía bipolar

La psicosis es un término difícil de definir y es frecuentemente mal utilizado. Si se interrogara a quince personas acerca de lo que entienden por la palabra "psicótico", se recibirían diez respuestas distintas: "loco", "fuera de este mundo", "desorientado", "incapacitado mental". La psicosis es un síndrome o una mezcla de síntomas que puede estar asociada con diferentes trastornos psiquiátricos. Solo porque usted utilize un medicamento que pertenezca a una categoría llamada antipsicótico no se puede concluir que usted padezca de una psicosis, asi como tampoco el uso de anticonvulsante le convierte en epiléptico. El origen del término antipsicótico se remonta a la época en que estos medicamentos se usaba para tratar la esquizofrenia.

El primer antipsicótico registrado es la clorpromacina (Thorazine) sintetizado en Francia y su uso clínico data de 1950. Los medicamentos antipsicóticos están clasificados en dos categorías generales.

Antipsicóticos de primera generación

Los medicamentos que tienen este espectro de acción se denominan neurolépticos, debido a que pueden producir trastornos neurológicos similares a la enfermedad de Parkinson. Otros nombres dados a los antipsicóticos de primera generación son "clásicos", "típicos" o "convencionales". Estos antipsicóticos antiguos fueron efectivos e importantes en el tratamiento de la psicosis por más de 40 años, pero los problemas con los efectos secundarios limitaron su uso. Mas adelante explicaré con detalle dichos efectos secundarios.

Los antipsicóticos de primera generación están usualmente clasificados en tres grupos:

1. fenotiacinas (ej. clorpromacina, tioridacina)
2. butirofenonas (ej. haloperidol)
3. otros (ej. tioxantenos)

Los trastornos psiquiátricos, hipotéticamente, son el resultado de alteraciones en la neurotransmisión de diferentes regiones del cerebro. La presencia de diferentes síntomas va a depender del área del cerebro funcionalmente afectada. Con relación a los antipsicóticos de primera generación estos bloquean las cinco vías de dopamina en el cerebro. Esta acción ha probado ser responsable no solo del efecto antipsicótico sino de efectos secundarios indeseables. El bloqueo de estas vías es simultáneo, "inundando" los antipsicóticos las cinco vías de dopamina de manera no selectiva.

Figura 16

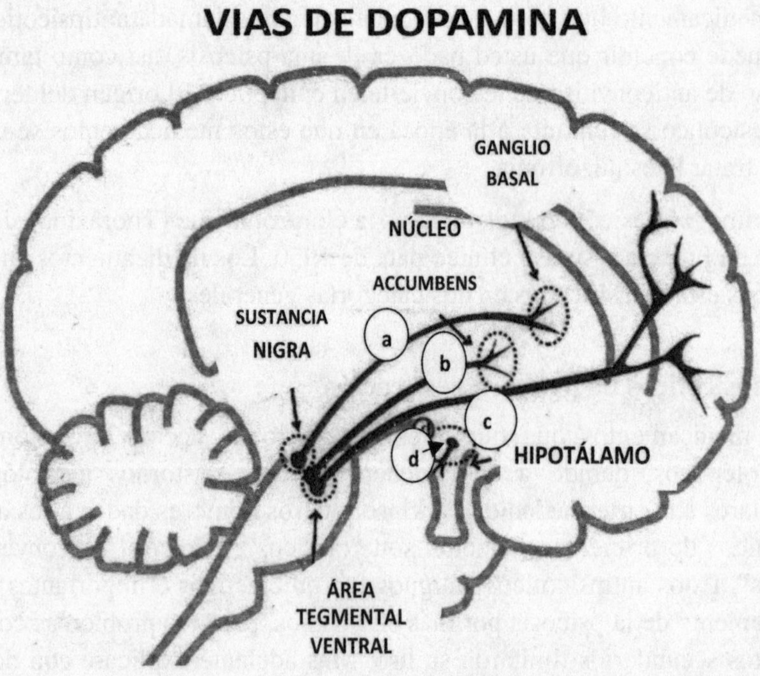

VIAS DE DOPAMINA

Esta figura es una adaptación del libro "Essential Psychopharmacology of Antipsychotics and Mood Stabilizers de Stephen M. Stahl, primera publicación del año 2002, pag.11

Las cinco vías de dopamina en el cerebro:

Vía dopamina mesolímbica

Se proyecta del área tegmental ventral del cerebro medio al núcleo accumbens - (Ver figura 16 en donde la vía de dopamina mesolímbica está representada con la letra b).

La hiperactividad de las neuronas de dopamina en la vía de dopamina mesolímbica teóricamente mediatizan los síntomas positivos de psicosis, como son los delirios y las alucinaciones, que son parte de la enfermedad de esquizofrenia, psicosis inducida por drogas o síntomas psicóticos positivos que acompañan a la manía, depresión o demencia.[306] Es la vía que regula determinadas conductas, incluidas las sensaciones de placer y la fuerte euforia producto del abuso de drogas.[307]

Para aclarar este aspecto, veamos la hipótesis del antagonista del receptor de dopamina. El bloqueo de los receptores de dopamina 2 postsináptico, por un antagonista de dopamina 2 (antipsicótico) actúa en las cinco vías de dopamina.

Tomemos como ejemplo un antipsicótico típico, como el haloperidol, cuyo nombre comercial es haldol, y la vía de dopamina mesolímbica discutida anteriormente.

---

[306] Stephen M. Stahl - Essential Psychopharmacology of Antipsychotics and Mood Stabilizers. First published 2002, pág.10.

[307] Stephen M. Stahl- Stahl's Illustrated-Antipsychotics-First published 2009,pág.4.

Figura 17

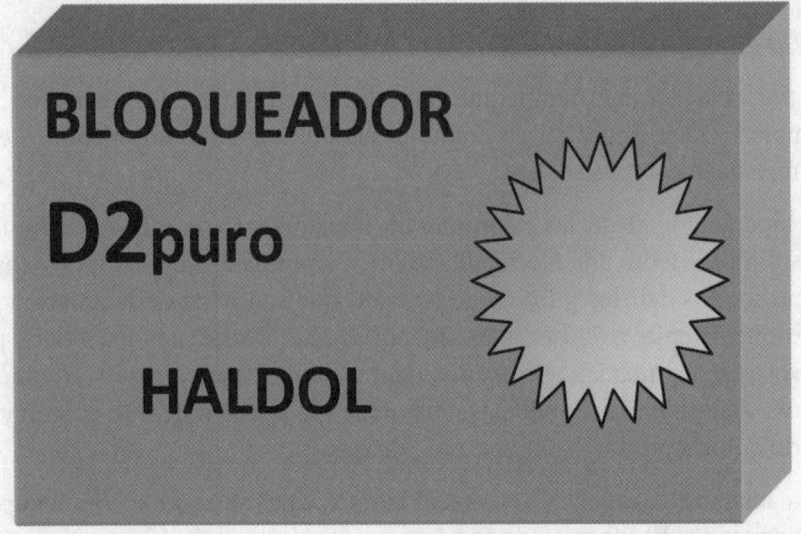

Esta figura ilustra una acción farmacológica única de los antipsicóticos llamada antagonismo del receptor de dopamina 2 (D2), aunque las drogas actuales tienen múltiples acciones farmacológicas.

Figura 18

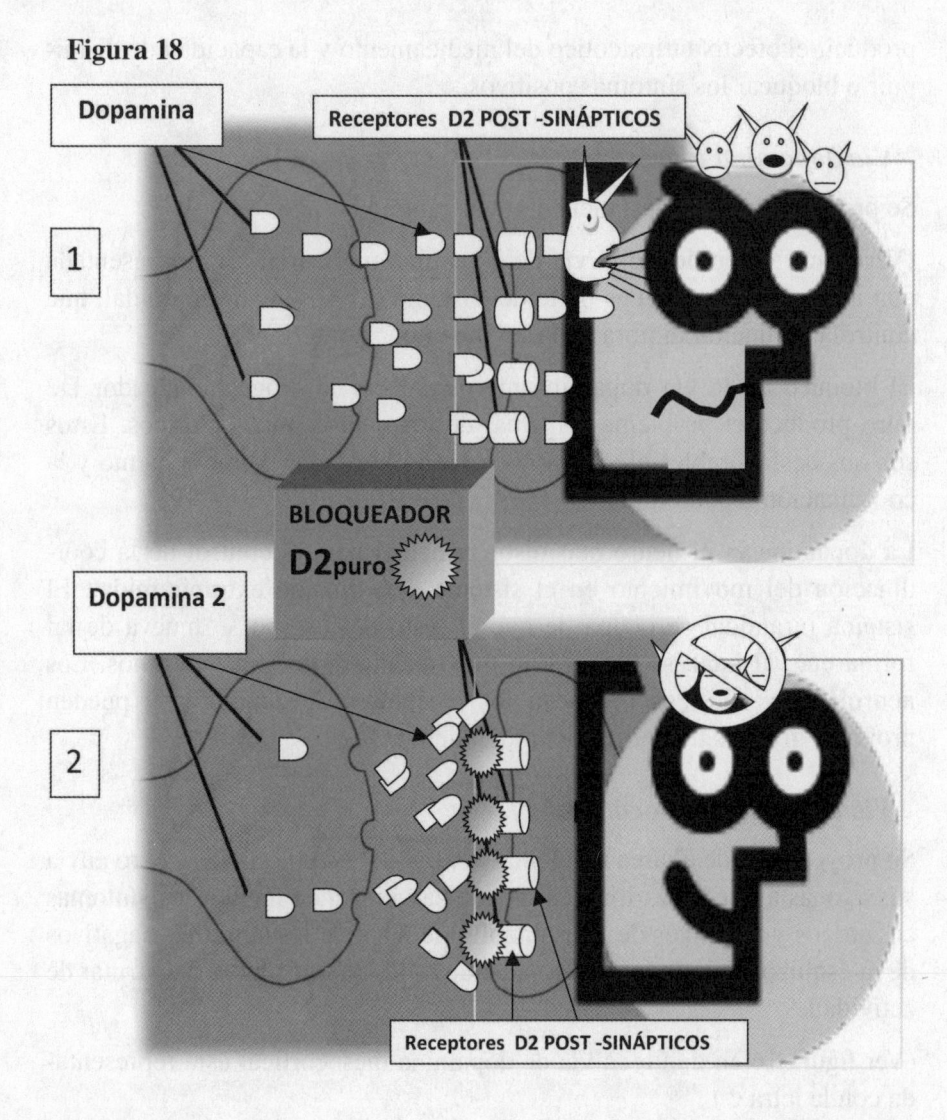

En el recuadro superior (1), la dopamina está ocupando los receptores D2 post sináptico, produciendo los síntomas positivos de psicosis debido a una sobreactividad de dopamina mesolímbica.

En el recuadro inferior (2) la droga bloqueador D2 puro (antipsicótico) actúa como antagonista de dopamina 2, ubicándose en el receptor D2 post sináptico y desplazando a la dopamina. Esto, hipotéticamente, reduce la acción de la dopamina, con el propósito de normalizar la situación y producir el efecto antipsicótico del medicamento y la capacidad de disminuir o bloquear los síntomas positivos.

Vía dopamina nigrostrial

Se proyecta desde la sustancia nigra al ganglio basal.

(Ver figura 16 en donde la vía de dopamina nigrostrial esta representada con la letra a). Esta vía es parte del sistema nervioso extrapiramidal, que controla la función motora y el movimiento. [308]

El bloqueo de la vía dopamina nigrostrial por la droga bloqueador D2 puro produce el problema principal de los neurolépticos clásicos. Estos son sus desfavorables efectos sobre el tono muscular, el movimiento y la coordinación locomotora.

La dopamina es el neurotransmisor principal para el control de la coordinación del movimiento en el sistema denominado extrapiramidal. El sistema piramidal se ocupa de que el resto del cuerpo se mueva de tal forma que, al final, se consiga un movimiento ágil y sin trastornos. Los neurolépticos clásicos bloquean los receptores de dopamina y pueden provocar grandes trastornos del movimiento.

Via dopamina mesocortical

Se proyecta desde el área tegmental ventral del cerebro medio, pero envía sus axonas a la corteza límbica, donde hay un rol en mediar los síntomas cognitivos y negativos de la esquizofrenia. Uno de los síntomas negativos de la esquizofrenia es la anhedonia, que es la falta de placer o disfrutar de actividades.

(Ver figura 16 en donde la vía de dopamina mesocortical esta representada con la letra c) .

Via dopamina tuberoinfundibular

Se proyecta del hipotálamo a la pituitaria anterior. (Ver figura 16 en donde la vía de dopamina mesocortical esta representada con la letra d).

---

[308] Stephen M. Stahl- Stahl's Illustrated-Antipsychotics-First published 2009,pág.4.

Cuando los receptores de dopamina 2 postsináptica son bloqueados en la via tuberoinfundibular por un antagonista de dopamina 2 (antipsicótico), los niveles de prolactina[309] pueden aumentar. La hiperprolactinemia[310] está asociada con ciertas condiciones como galactorrea (secreciones en las mamas) y amenorrea (periodo menstrual irregular), además de una demineralización rápida de los huesos en la mujer después de la menopausia. Una elevación de los niveles de prolactina puede además inducir a una disfunción sexual y aumento de peso.

La hiperprolactinemia puede interferir con la fertilidad, especialmente en mujeres y llevar a una más rápida desmineralización de los huesos en mujeres postmenopáusicas que no estan recibiendo terapia de remplazo de estrógeno. Otros posibles problemas asociados con niveles de prolactina elevado incluyen disfunción sexual y aumento de peso, aunque el rol de la prolactina en causar tales problemas no está claro.[311]

Via quinta de dopamina

Se origina de múltiples sitios y se proyecta al tálamo. Su función aún no es conocida.[312] Dicha vía no esta representada en la figura 16.

Efectos secundarios extrapiramidales (EPS) de los antipsicóticos típicos.

Síndrome parkinsoniano - Inducido por medicamentos. Es parecido a la enfermedad de Parkinson, con relación a la falta de expresividad de la cara, paso lento, arrastre de pies y manos temblorosas. Pero, a diferencia del Parkinson, no hay muerte de células nerviosas, produciéndose un bloqueo transitorio de la dopamina.[313] El comienzo

---

309 Prolactina- hormona de la pituitaria anterior que estimula y sostiene la lactación en el postparto.

310 Hiperprolactinemia-Cuando los niveles de prolactina en la sangre aumentan sustancialmente.

311 Essential Psychopharmacology -Second Edition, Stephen M. Stahl 2000- pág. 406.

312 Stephen M. Stahl- Stahl's Illustrated-Antipsychotics-First published 2009,pág.4

313 Bipolar- Eberhard J. Wormer-2003- págs. 105 y 107.

usualmente ocurre después de dos semanas con el medicamento. Los pacientes de edad avanzada tienen un alto riesgo.

Akatisia - Es la sensación no placentera de intranquilidad, con dificultad para permanecer sentado. Hay una necesidad de moverse, ya sea caminando de un lado a otro o mover frecuentemente las piernas con el propósito de que se produzca un ligero alivio.

Distonia aguda - Contracciones sostenidas de los músculos del cuello (tortícolis), cara, lengua, mandíbula y otros grupos de músculos. Ocurre frecuentemente 3-5 días luego de iniciar el antipsicótico. Las reacciones distónicas son más frecuentemente inducidas por antipsicóticos de alta potencia. Las distonias deben ser tratadas con 1-2 mg de benztropina (Cogentin) intramuscular.

Diskinesia tardía (TD)

Si los neurolépticos se utilizan por años, pueden producir un bloqueo a largo plazo de los receptores D2 en la vía dopamina nigrostrial, llevando a lo que se denomina una diskinesia tardía (TD, por sus siglas en inglés). Consiste de un síndrome que se presenta clínicamente con movimientos involuntarios de la lengua, músculos faciales (guiños, masticar), cuello, extremidades superiores e inferiores, musculatura troncal y, ocasionalmente, grupos de músculos que ayudan a respirar y a tragar. Los movimientos masticadores bucolinguales usualmente se observan temprano en el curso del trastorno y se caracterizan por empujar la lengua contra la mejilla o los labios.[314] Aproximadamente 5% de pacientes en antipsicóticos típicos desarrollan TD cada año y un 25% en cinco años.[315] Los pacientes que desarrollan EPS temprano en el tratamiento parecen más susceptibles a presentar diskinesia tardía.

---

314 Handbook of Psychiatric Drug Therapy- Fourth Edition- 2000- George W. Arana, Jerrold F. Rosenbaum.

315 Stephen M. Stahl- Stahl's Illustrated-Antipsychotics-First published 2009, pág.29.

Potencia de los antipsicóticos de acuerdo con su afinidad con los receptores de dopamina

Todos los medicamentos dentro de la categoría de antipsicóticos típicos son igualmente efectivos; la diferencia entre ellos es con relación a la afinidad por los receptores de dopamina 2 (D2).

- Agentes de baja potencia- Tienen una baja afinidad a D2 y requieren grandes dosis para lograr un efecto antipsicótico. Producen una alta incidencia de sedación, hipotensión ortostática y efectos anticolinérgicos, como boca seca, estreñimiento, retención urinaria y visión borrosa, ej. clorpromacina (thorazine) y tioridacina (mellaril)

- Agentes de alta potencia- Tienen una alta afinidad por receptores D2 y son efectivos a dosis relativamente bajas. Producen una alta incidencia de síntomas extrapiramidales. Ej. haloperidol (haldol).

- Agentes de potencia moderada- Tienen un perfil de efectos secundarios entre agentes de baja y alta potencia. Ej. trifluoperacina (stelazine)

Apuntes

Capítulo 30

Descripción general de los antipsicóticos de segunda generación en manía bipolar

Aspectos generales de los antipsicóticos atípicos

Hay una nueva era en el tratamiento de las enfermedades psiquiátricas con la introducción de un grupo de compuestos que tiene un menor riesgo de producir EPS y son "buenos para síntomas negativos", los llamados antagonistas dopamina serotonina (SDA, por sus siglas en inglés). Tienen un mecanismo farmacológico que se distinguen por su prominente antagonismo en los receptores de serotonina 2A junto al bloqueo de dopamina D2, a diferencia de los antipsicóticos típicos, que solo bloquean el neurotransmisor dopamina D2.

Un segundo mecanismo farmacológico hace que, hipotéticamente, actúe el antipsicótico de manera atípica en la manera en que se une al receptor postsináptico D2. Los antipsicóticos convencionales tienen una unión con el receptor postsináptico D2 que tiende a ser permanente o por largo tiempo. Esto produce un alivio de los síntomas positivos de la psicosis pero tiene efectos secundarios no deseados, como son la elevación de prolactina o el empeoramiento de los síntomas negativos, a diferencia de los antipsicóticos atípicos, que tienen la capacidad de disociarse rápidamente de los receptores D2. El Dr. Stephen M. Stahl explica en su libro "Stahl's Essential Psychopharmacology" la teoría "hit and run" de cómo se une el antipsicótico atípico al receptor postsináptico D2. El antipsicótico atípico se une brevemente al receptor ("hit") y luego sale rápidamente del receptor ("run"). Esto se llama disociación rápida. Estas observaciones sugieren que los antipsicóticos atípicos permanecen el tiempo suficiente para causar una acción antipsicótica pero no el tiempo suficiente para causar efectos secundarios.[316]

Un tercer mecanismo farmacológico hace que el antipsicótico atípico pueda ser un agonista parcial de D2, permitiendo la cantidad necesaria del neurotransmisor en el receptor D2. Discutiré este mecanismo detalladamente más adelante.

Inicialmente, la mayor parte de los medicamentos antipsicóticos fue aprobada por la FDA para el tratamiento de la esquizofrenia. Actualmente, el surgimiento de los antipsicóticos atípicos se están utilizando en el manejo de otros trastornos psiquiátricos, como son las intervenciones de primera línea en el trastorno bipolar. En estudios de pacientes bipolares dados de alta del hospital, el 47%-90% de los pacientes, se le prescribieron antipsicóticos solos o en combinación con estabilizadores del estado de ánimo. Los antipsicóticos se continuaron por 6 meses o más en tratamiento ambulatorio en 60% - 89% de los pacientes.[317] Los antipsicóticos de segunda generación se están utilizando además como agentes de aumentación, cuando hay una respuesta inadecuada con un SSRI o SNRI en depresión mayor. Finalmente, algunos de estos agentes se indican como monoterapia para depresión mayor, y para trastornos de ansiedad, como la ansiedad generalizada.[318]

Los antipsicóticos atípicos han reemplazado a los agentes típicos, por su gran tolerabilidad y aumento de eficacia. He podido comprobar que estos medicamentos reducen los síntomas de manía, la depresión, la irritabilidad y la ansiedad. Además, pueden mejorar el sueño, reducir la distracción y minimizar la agitación y la agresividad. En la depresión bipolar, aumentan la motivación y facilitan tanto el inicio como la finalización de proyectos. El gran reto de los psiquiatras es convencer al paciente y a sus familares de la eficacia, seguridad y tolerancia de esta nueva generación de medicamentos psiquiátricos. De no lograrlo, se privará al paciente de una mejor calidad de vida y productividad, por el temor injustificado al uso de esta medicación.

---

316 Stahl's Essential Psychopharmacology- Stephen M. Stahl, Third Edition-2008, pág. 370.

317 Bipolar Depression- Rif S. El-Mallakh, M.D. ,S. Nassir Ghaemi, M.D., M.P.H.- 2006. pág.185.

318 Stephen M. Stahl- Stahl's Illustrated-Antidepressants-First published 2009, pág.123.

Actualmente existen 17 antipsicóticos atípicos a nivel mundial. Los que están disponible en los Estados Unidos y Puerto Rico son:

1. clozapina (Clozaril)
2. olanzapina (Zyprexa)
3. risperidona (Risperdal)
4. ziprasidona (Geodon)
5. aripiprazol (Abilify)
6. quetiapina (Seroquel)
7. paliperidona (Invega)
8. asenapina (Saphris)

Nota: La clozapina y la paliperidona no tienen la aprobación por la FDA para manía bipolar.

Indicaciones generales y perfil de efectos secundarios

Risperidona, olanzapina, ziprasidona, aripiprazol, quetiapina y asenapina tienen aprobación de la FDA para el tratamiento de manía aguda. Olanzapina y aripiprazol tienen además la indicación para el tratamiento de mantenimiento en trastorno bipolar. Los agentes atípicos tienen generalmente mucho menos antagonismo a receptores colinérgicos, adrenérgicos e histaminérgicos, por lo tanto, menos efectos secundarios. El perfil de efectos secundarios resultado del antagonismo de estas vías de receptores se resume a continuación:

- Muscarínico (colinérgico):Boca seca, constipación (estreñimiento), retención urinaria, visión borrosa, precipitación de glaucoma de ángulo estrecho, cambios en el electrocardiograma.
- Alfa-1-adrenérgico: Disminución de la presión arterial, taquicardia, sedación y disfunción sexual.
- Histamina -1: Sedación, aumento de peso, fatiga.
- Dopamina-2: Síntomas parkinsonianos extrapiramidales; hiperprolactinemia (no con clozapina), reacciones distónicas, akatisia.

- Serotonina-1C: Puede mediar aumento de peso para ciertos antipsicóticos atípicos.[319]

Los antipsicóticos atípicos tienen propiedades clínicas que los distinguen entre sí, pero además tienen propiedades atípicas en común. Las características similares entre estos antipsicóticos atípicos que los diferencian de los antipsicóticos típicos son:

- Estos nuevos medicamentos son llamados antipsicóticos atípicos porque no solo bloquean los receptores de dopamina como los antipsicóticos clásicos o típicos, sino que además tienen efectos prominentes en los receptores de serotonina. Los antipsicóticos clásicos o típicos solo bloquean los receptores de dopamina. Tanto los antipsicóticos típicos como atípicos producen mejoría de los síntomas positivos de la esquizofrenia (delirios y alucinaciones).

- Los antipsicóticos atípicos causan menos elevación de prolactina, EPS y diskinesia tardía, a dosis terapeútica, que los antipsicóticos clásicos.

Interacciones dopamina-serotonina en la vía dopamina nigrostriatal

Los neurotransmisores dopamina y serotonina son liberados por todo el cerebro. La dopamina se origina a través de neuronas en la "substantia nigra", mientras que la serotonina a través del "raphe nucleus". Las neuronas de serotonina están localizadas próximas a las neuronas de dopamina (Ver figura 19).

---

[319] Handbook of Psychiatric Drugs-2008 Edition. New Treatment Guidelines, Updated and Revised- Rhoda K.Hahn, M.D., Lawrence J. Albert, M.D., Christopher Reist, M.D.- pág.41.

Figura 19

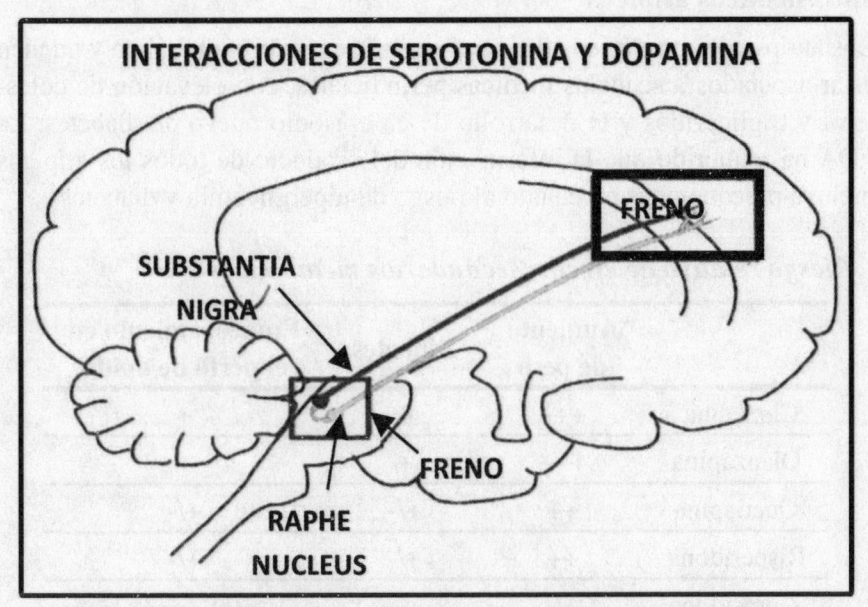

INTERACCIONES DE SEROTONINA Y DOPAMINA

SUBSTANTIA NIGRA
FRENO
FRENO
RAPHE NUCLEUS

Adaptación del Libro Essential Psychopharmacology- Stephen M. Stahl- Second Edition

Las neuronas de serotonina inhiben la liberación de dopamina actuando como un "brake" o freno que modula las neuronas de dopamina en la "substantia nigra". Por lo tanto, el bloqueo de los receptores de dopamina es mucho mas débil que con los neurolépticos clásicos, y esto trae como consecuencia menos efectos secundarios, como el EPS, cuando se compara con los antipsicóticos típicos. Algunos antipsicóticos atípicos pueden presentar efectos extrapiramidales pero con menor intensidad que los antipsicóticos típicos.

Efecto del síndrome metabólico en los antipsicóticos atípicos

Los antipsicóticos atípicos tienen efectos de carácter metabólico y pueden estar asociados a secuelas médicas perjudiciales, con elevación de colesterol y triglicéridos y el desarrollo de un episodio nuevo de diabetes. La FDA ha requerido que la información del producto de todos los atípicos incluya precauciones en cuanto al riesgo de hiperglicemia y diabetes.

Riesgo relativo de efectos secundarios metabólicos

	Aumento de peso	**Diabetes**	**Empeoramiento en el perfil de lípido**
Clozapina	+++	+	+
Olanzapina	+++	+	+
Quetiapina	++	+/-	+/-
Risperidona	++	+/-	+/-
Ziprasidona	+/-	-	-
Aripiprazol	+/-	-	-

Nota: Tabla obtenida del Handbook of Psychiatric Drugs-2008 Edition. New Treatment Guidelines, Updated and Revised- Rhoda K.Hahn, M.D., Lawrence J. Albert, M.D., Christopher Reist, M.D.- pag. 41.

La olanzapina y clozapina parecen ser los de más riesgo de efectos secundarios metabólicos, seguido por la quetiapina y risperidona. El aripiprazol y la ziprasidona no tienen riesgo o el riesgo es menor. Los pacientes con enfermedades mentales serias tienen riesgo de presentar estos trastornos metabólicos, debido a la pobre dieta, patrones de estilos de vida no saludables y reducido acceso a los cuidados médicos, es importante que el psiquiatra monitoree al paciente, por la presencia o desarrollo de elevación en los niveles de lípidos y glucosa y para animar al paciente a que adopte estilos de vida saludable.[320]

---

[320] Psychiatry- 2008 Edition. New Treatment Guidelines, Updated and Revised- Rhoda K.Hahn, M.D., Lawrence J. Albert, M.D., Christopher Reist, M.D.

Capítulo 31

Antipsicóticos de segunda generación en manía bipolar

Clozapina (Clozaril)

La clozapina fue el primer neuroléptico atípico, sintetizada en 1958 y comercializada en Europa, pero no fue hasta 1990 cuando fue aprobada por la FDA, permitiendo su uso en EE.UU. Es considerado el prototipo de los antipsicóticos atípicos y el primero con poco o ningún efecto extrapiramidal, pues no causa diskinesia y no eleva la prolactina. No tiene la indicación para el trastorno bipolar. La clozapina tiene las siguientes indicaciones de la FDA:

- Reduce el riesgo de conducta suicida recurrente en pacientes con trastorno esquizoafectivo o esquizofrenia. Es el único antipsicótico documentado en reducir el riesgo de suicidio en esquizofrenia.

- Esquizofrenia resistente a tratamiento. Hay estudios que han revelado que la clozapina puede ser efectiva en pacientes con enfermedad severa que no han respondido a dos antipsicóticos diferentes.

La clozapina es un antagonista D2 y serotonina 2A (SDA). Posee uno de los perfiles farmacológicos mas complejos en la sicofarmacología.[321] Es antagonista de los receptores de serotonina 2A, alfa-1, dopamina 1,2 y 4.[322] La baja incidencia de EPS con clozapina se explica por la baja ocupación de los receptores de dopamina (D2) en dosis terapéutica. En estu-

---

[321] Essential Psychopharmacology -Second Edition. Stephen M. Stahl 2000, pág. 431.

[322] Handbook of Psychiatric Drugs-2008 Edition. New Treatment Guidelines, Updated and Revised- Rhoda K.Hahn, M.D., Lawrence J. Albert, M.D., Christopher Reist, M.D.- pág. 39.

dios que utilizaron tomografía de emisión positrón (PET) con antagonista selectivo del receptor D2, como es la racloprida, se hizo posible determinar la proporción de receptores D2 que era ocupada en un individuo en particular y en un tiempo en particular. Estos estudios han encontrado que los antipsicóticos típicos son efectivos cuando aproximadamente 80% de los receptores son ocupados. Altos niveles de ocupación pueden aumentar el EPS, pero no resultan en una gran eficacia. En contraste, la clozapina es efectiva cuando ocupa el 20%-67% de los receptores D2.[323]

Aunque no tiene la indicación de la FDA para el trastorno bipolar, hay evidencia de que apoya el beneficio de clozapina en ciertos pacientes bipolares resistentes a tratamiento. Hay evidencia suficiente para sugerir su eficacia en manía aguda como monoterapia o añadido a otra terapia, aunque los estudios son pocos y con muestras pequeñas. Estos estudios y la experiencia clínica recomiendan clozapina en dosis entre 300-600 mg/día, aunque dosis bajas entre 100-200 mg/día pueden ser apropiadas cuando se usa en terapia añadida o en combinación con otros estabilizadores del estado de ánimo. En estudios con clozapina en trastorno del estado de ánimo refractario a tratamiento, como es el trastorno bipolar, ha mostrado consecuente eficacia, incluyendo un informe de Zárate y colegas (1995) en donde 65% de los pacientes con trastorno bipolar refractario fue capaz de continuar monoterapia y experimentar pocos episodios de alteración en estado de ánimo y pocas hospitalizaciones. Recientemente, se informó que 83.8% de pacientes bipolares refractario a tratamiento respondió a clozapina durante un estudio naturalístico de 48 meses de seguimiento; el paciente bipolar tuvo una mayor rapidez de respuesta y un mayor pronóstico funcional que aquellos pacientes esquizoafectivos o con esquizofrenia que recibieron clozapina.[324] Sin embargo, evidencia acumulativa sugiere que la clozapina es efectiva para síntomas maníacos que no responden a otros agentes.

---

[323] Essentials of Clinical Psychopharmacology- Alan F. Schatzberg, M.D., Charles B. Nemeroff, M.D.,Ph.D. Second Edition- 2006, pág. 231.

[324] Textbook of Mood Disorders, Dan J. Stein, M.D., PH,D., David J.Kupfer, M.D., and Alan F. Schatzberg, M.D.- 2006 pág. 478.

Efectos secundarios

El uso de clozapina es limitado por la agranulocitosis[325], un efecto secundario potencialmente serio. Por tal razón, el manufacturero de clozapina estableció un programa mandatario de monitorear el conteo de glóbulos blancos en sangre (WBC, por sus siglas en inglés) semanalmente por los primeros tres meses de tratamiento. Luego, el monitoreo se reduce a cada 2 semanas. Si el conteo de WBC está por lo menos en 3,500/mcl por un año, la FDA permite un monitoreo una vez al mes. El riesgo de agranulocitosis se estima en aproximadamente 1%, y parece ser independiente de la dosis. El 95% de los casos ocurre en los primeros 6 meses de tratamiento, y el 75% en las primeras 18 semanas. El riesgo parece que aumenta con la edad y puede ser más frecuente en mujeres. El mecanismo de agranulocitosis es desconocido. El tratamiento se debe suspender, si el WBC cae por debajo de 1,000/mm3. La agranulocitosis se trata exitosamente al descontinuar la medicación y administrar un factor estimulante de colonias de granulocitos, que ayuda a la supresión del WBC.

La clozapina puede producir hipotensión ortostática y síncope, especialmente al inicio del tratamiento o al ir aumentando las dosis de forma demasiado rápida. Se ha observado tambien taquicardia, insuficiencia cardiaca congestiva y miocarditis. El riesgo de padecer miocarditis asociado al uso clínico de clozapina se ha estimado en uno entre 500 y 10,000 pacientes tratados. La etiología o causa de la miocarditis parece no estar clara en este momento.

El aumento de peso es de los efectos secundarios mas problemáticos de esta medicación, siendo los adolescentes los más vulnerables. Numerosos casos han informado la relación de clozapina con nuevos comienzos de diabetes en que el aumento de peso es una secuela potencial. La diabetes usualmente ocurre dentro de los primeros 6 meses de iniciado el clozapina. Por tal razón, los pacientes tratados con clozapina deben ser rutinariamente evaluados por aumento de peso, diabetes y otras anormalidades metabólicas, incluido el aumento en los niveles de lípidos. Debido a estos riesgos de efectos secundarios, la clozapina no es generalmente

---

325 Agranulocitosis-reducción en el número de leucocitos en la sangre por debajo de 5000 por mm3. El tipo es llamado de acuerdo con el tipo de célula, como es agranulocitosis y leucopenia.

considerada como un tratamiento de primera línea, pero se utiliza cuando otros antipsicóticos han fallado.

Un efecto secundario común y molesto para muchos pacientes es la hipersalivación. Puede ser profusa, sobre todo durante el sueño. Puede mejorar con la reducción de dosis o con el uso de medicación anticolinérgica. Otros efectos notables son la sudoración y la sedación.

Dosis de formulaciones

- Tabletas de 12.5, 25, 50 y 100mg
- Tabletas que se desintegran oralmente 12.5, 25, 50 y 100mg

Guías de tratamiento en bipolaridad

Se inicia en 25mg en 2 dosis divididas; se aumenta 25-50mg cada día hasta que la eficacia deseada sea alcanzada; dosis de mantenimiento 300-450mg/día; dosis mayor de 300mg/día debe ser dividida; aumento en dosis mayor de 450mg/día debe hacerse semanalmente; dosis máxima generalmente es de 900mg/día.[326]

Clozapina en embarazo y en leche materna

Es riesgo de categoría B (estudios con animales no muestran efectos adversos; no hay estudios controlados con humanos). La clozapina se utiliza cuando los beneficios potenciales sobrepasan los riesgos potenciales del feto. No se sabe si la clozapina es secretada en la leche materna, aunque se presume que todos los psicotrópicos[327] se secretan en la leche materna. Por lo tanto, se recomienda descontinuar el medicamento o alimentar por botella.

Olanzapina (Zyprexa)

La olanzapina fue el próximo antipsicótico atípico disponible y comercializado por primera vez en Estados Unidos y el Reino Unido. Con la

---

[326] Essential Psychopharmacology- The Prescriber's Guide- Stephen M. Stahl- 2005, pág. 93.

[327] Psicotrópicos-usualmente se aplica a los medicamentos que ejercen un efecto en el estado mental; capaz de modificar la actividad mental.

aprobación de la FDA en el 2000, la olanzapina fue el primer antipsicótico atípico y el primer antipsicótico desde la clorpromacina, indicado para el tratamiento de manía asociada al trastorno bipolar.

Perfil farmacológico

La olanzapina es un neuroléptico con cierta similitud a la clozapina, tanto en su estructura como en sus propiedades farmacológicas. A pesar de que la estructura química es similar a la clozapina, no hay evidencia de hematoxicidad (agranulocitosis).

La olanzapina es un antagonista de los receptores de serotonina y dopamina con una alta afinidad in vitro por los receptores de dopamina D2, D3, D4 y D5; serotonina 2 (5-HT2); receptores adrenérgicos alfa 1; muscarínico; histamina 1 (H1). La olanzapina se ha asociado con una baja incidencia de EPS no solo en dosis moderada sino aun en dosis altas. Parece que tiene una afinidad particular por receptores M2 (autorreceptores colinérgicos); por tal razón, tiende a aumentar los niveles de acetilcolina. Esta característica es atribuida a los efectos de aumento cognitivo observado con la olanzapina.[328]

Indicaciones

La olanzapina tiene las siguientes indicaciones de la FDA:

- esquizofrenia
- respuesta de mantenimiento en esquizofrenia
- agitación aguda asociada con esquizofrenia (intramuscular)
- manía aguda (monoterapia y junto a litio o valproato)
- terapia de mantenimiento en manía bipolar
- agitación aguda asociada con manía bipolar I (intramuscular)
- depresión bipolar [en combinación con fluoxetina (Symbyax)][329]
- tratamiento agudo y de mantenimiento en bipolar mixto

---

328 Psychotropic Drugs- Norman L. Keltner, David G. Folks 2005. pág.133.
329 Essential Psychopharmacology- The Prescriber's Guide- Stephen M. Stahl- 2005-pág. 335.

Manía

La eficacia de la olanzapina para manía bipolar aguda ha sido establecida en, al menos, 6 estudios clínicos aleatorios. Los datos obtenidos de un ensayo sugieren que una dosis de 10mg/día de olanzapina puede ser tan efectiva como el carbonato de litio en dosis de 400mg cada 12 horas en el tratamiento de los episodios maníacos. En el tratamiento de episodios maníacos agudos, otro estudio comparativo obtuvo con olanzapina (5-20mg/día) una tasa de respuesta similar a la obtenida con valproato sódico (500-2,500 mg/día), aunque en el grupo de olanzapina hubo mayor mejoría en los síntomas depresivos y un porcentaje mayor de pacientes alcanzaron la remisión. Sin embargo, los agentes antipsicóticos, incluida la olanzapina, generalmente no se utilizan solos en la práctica clínica, sino más bien añadidos a un estabilizador del estado del animo.[330] La olanzapina tiende a utilizarse en dosis altas en la práctica clínica, puesto que se percibe que altas dosis pueden estar asociadas no solo con una mayor eficacia (mejoría en los síntomas clínicos) sino además con una gran efectividad (resultado clínico basado en el balance de la seguridad y eficacia). Estudios en marcha muestran que la olanzapina mejora el estado de ánimo no solo en la esquizofrenia sino en el trastorno bipolar y en la depresión resistente a tratamiento, particularmente cuando se combina con antidepresivos como la fluoxetina.[331]

El uso adjunto de olanzapina para manía con una respuesta parcial, ya sea con litio o dilvalproex, resulta en una gran reducción de síntomas y ritmo de respuesta de tratamiento agudo mayor que el producido por aumento con placebo (68% vs. 45%) y además mejora los síntomas depresivos (mixtos) coexistentes.[332] La data disponible sugiere que la olanzapina produce una remisión sintomática de manía significativamente más temprana que con divalproex (Tohen et al.2003). La olanzapina es uno de los tres antipsicóticos atípicos con una formulación de dosis intramuscular para uso de emergencia y además está disponible en tabletas de desintegración

---

330 Tratado de Psicofarmacología – M. Salazar, C. Peralta, J. Pastor- 2005. pág. 381.

331 Stahl's Essential Psychopharmacology- Stephen M. Stahl, Third Edition-2008, pág. 411.

332 Textbook of Mood Disorders, Dan J. Stein, M.D., PH,D., David J.Kupfer, M.D., and Alan F. Schatzberg, M.D.- 2006 pág. 477.

oral. Para manía aguda, la presentación intramuscular de olanzapina ha mostrado utilidad en tratar pacientes bipolares agitados.

Efectos secundarios

La olanzapina, generalmente, es bien tolerada. Los efectos secundarios más comunes son sedación, aumento de apetito, mareos, aumento de peso, estreñimiento, trastorno de la marcha, edema periferal, dolor en las articulaciones. Un panel de consenso concluyó que la olanzapina y la clozapina poseen mayor riesgo de efectos cardiometabólicos (aumento de peso, hiperglicemia e hiperlipidemia) comparado con otros antipsicóticos. La olanzapina y la clozapina, son los antipsicóticos atípicos que más pueden producir aumento de peso. En un meta-análisis integral por Allison et al. (1999), el aumento de peso asociado con varios antipsicóticos fue calculado de data publicada en 81 estudios. La clozapina produjo el mayor aumento de peso (4.45 kg), seguido por la olanzapina (4.15 kg). En comparación, la risperidona fue asociada con un aumento de 2.1 kg, y los pacientes rebajaron 0.74 kg, mientras utilizaban un placebo. El aumento de peso es de gran preocupación en el tratamiento de niños y adolescentes. Después de 12 semanas de tratamiento con olanzapina, pacientes adolescentes hospitalizados aumentaron 7.2 kg +/- 6.3 kg, aproximadamente dos veces el aumento de peso experimentado por aquéllos que utilizaron risperidona; 90% aumentaron más del 7% de su peso corporal.[333] La educación y la consulta con un nutricionista pueden ayudar a manejar el peso a largo plazo en ciertos pacientes.

La sedación es frecuente al inicio del tratamiento con olanzapina, pero disminuye cuando el paciente desarrolla tolerancia a este efecto secundario. Consolidar la dosis diaria total en la noche o disminuirla puede reducir la sedación durante el día.

Hay que indicarlo con precaución en el paciente envejeciente, por el riesgo incrementado de muerte.[334]

---

333 Essentials of Clinical Psychopharmacology- Alan F. Schatzberg, M.D., Charles B. Nemeroff, M.D.,Ph.D. Second Edition- 2006-pág. 255.

334 Stephen M. Stahl- Stahl's Illustrated-Antipsychotics- First published 2009, pág.91.

Dosis de formulaciones:

- Tabletas orales, 2.5mg, 5mg, 7.5, 10mg, 15mg, 20mg
- Tabletas que se desintegran oralmente 5mg, 10mg, 15mg, 20mg
- Formulación intramuscular 5mg/ml, cada vial contiene 10mg (disponible en ciertos países)

Guías de tratamiento:

La dosis usual es entre 10-20 mg/día (oral o intramuscular). Pero, en casos de manía aguda, pacientes agitados o ciertos pacientes resistentes a tratamiento, la dosis usual se puede aumentar entre 15 a 30mg/día. Un dato importante es que la persona que fuma cigarrillos, con ello, puede disminuir los niveles de olanzapina y, por tal razón, hay que aumentar la dosis.

Aunque no se recomienda su uso en pacientes menores de18 años, ha mostrado seguridad y eficacia en esta población.[335]

Olanzapina en embarazo y leche materna

Es riesgo de categoría C (ciertos estudios de animales muestran efectos adversos; no hay estudios controlados en humanos). Existen comunicaciones espontáneas de temblor, hipertonía, letargo y somnolencia en lactantes cuyas madres habian tomado olanzapina durante el tercer trimestre.[336] Pero, frecuentemente, no muestra consecuencias adversas en infantes expuestos a olanzapina. La olanzapina se utiliza cuando los beneficios potenciales sobrepasan los riesgos potenciales del feto. Se desconoce si la olanzapina es secretada en la leche materna, aunque se asume que todos los psicotrópicos se secretan en la leche materna. Por lo tanto, se recomienda descontinuar el medicamento o alimentar por botella.

---

[335] Stephen M. Stahl- Stahl's Illustrated-Antipsychotics- First published 2009, pág.91.

[336] Tratado de Psicofarmacología – M. Salazar, C. Peralta, J. Pastor- 2005. pág. 384.

Risperidona (Risperdal)

La risperidona, junto con la clozapina, se convirtió en el fármaco de referencia de una nueva generación de antipsicóticos atípicos. Es un antagonista de dopamina D2 y de serotonina 2A (SDA). Además de interaccionar con otros receptores de neurotransmisores, tiene específicamente propiedades de antagonista alfa 2 que contribuyen a la acción antidepresiva. La risperidona tiene las siguientes indicaciones de la FDA:

- esquizofrenia
- monoterapia o terapia junta con litio o divalproex para el tratamiento a corto plazo, de episodios agudos mixtos o maníacos, asociado a trastorno bipolar I.
- El risperdal tiene un uso pediátrico aprobado para el tratamiento de irritabilidad asociado con trastorno de autismo en niños y adolescentes (edades entre 5 a 16 años), trastorno bipolar (edades entre 10 a 17 años), y esquizofrenia (edades entre 13 a 17 años).[337] Es el antipsicótico atípico más frecuentemente utilizado en niños y adolescentes con disturbios de conducta.
- El risperdal Consta (administración intramuscular de larga duración) recibió recientemente la aprobación de la FDA para monoterapia o terapia adjunta con litio o valproato para tratamiento de mantenimiento en trastorno bipolar tipo I.

Manía aguda

La risperidona ha demostrado una eficacia significativa tanto en monoterapia como asociada a un estabilizador del estado de ánimo en el tratamiento de manía aguda. Se recomienda una monodosis inicial de 2mg diario de este fármaco, que puede ajustarse individualmente mediante incrementos de hasta 6mg día. Existen asimismo en la bibliografía diversas experiencias clínicas positivas sobre la utilidad de la risperidona (2-4 mg/día) en el tratamiento a largo plazo de los pacientes afectados por un trastorno bipolar.[338] La risperidona ha demostrado una eficacia significativa

---

337 Stahl's Essential Psychopharmacology- Stephen M. Stahl, Third Edition-2008, pág. 412.

338 Tratado de Psicofarmacología – M. Salazar, C. Peralta, J. Pastor- 2005. pág.394.

tanto en el tratamiento de manía aguda como en la fase hipomaníaca del trastorno bipolar II.

Efectos secundarios

La risperidona generalmente es bien tolerada. En dosis de 6mg/día, los dolores de cabeza y mareos son los síntomas más frecuentemente presentados. Hipotensión ortostática y taquicardia refleja (mediado por receptores alfa 1), insomnio y agitación son los efectos secundarios más frecuentes. La risperidona es especialmente atípica en bajas dosis, pero llega a ser más "convencional" a altas dosis en las que el EPS puede ocurrir, si la dosis es muy alta. Una baja incidencia de síntomas extrapiramidales está asociada a dosis por debajo de 6mg.

Aunque la risperidona es un SDA, por razones que no están claras, eleva la prolactina al mismo grado que los antipsicóticos típicos o convencionales, aun en dosis bajas. La relación entre risperidona y las concentraciones de prolactina en sangre y síntomas clínicos no está clara. La risperidona (6mg/día) produce elevaciones en niveles de prolactina comparables al visto con haloperidol 20mg/día y significativamente más alto que con haloperidol 10mg/día. Hay menos aumento de peso con risperidona que con otros antipsicóticos atípicos, tal vez debido a que no bloquea los receptores de histamina 1, pero el aumento de peso es aún un problema para ciertos pacientes.[339] Hay menos riesgo cardiometabólico, comparado con otros antipsicóticos, al menos en ciertos pacientes.

Dosis de formulaciones:

- Tabletas 0.25, 0.5, 1, 2, 3, 4 y 6 mg
- Risperdal M-TAB- Tabletas que se desintegran oralmente 0.5mg, 1mg, 2mg, 3mg, 4mg
- Líquido 1mg/ml- frasco de 30ml
- Risperidona depot- de larga duración- administración intramuscular, 12.5mg vial/kit, 25mg vial/kit, 37.5 mg vial/kit, 50mg vial/kit

---

[339] Essential Psychopharmacology -Second Edition, Stephen M. Stahl 2000- pág. 434.

Guías de tratamiento:

Se recomienda una dosis oral inicial de 1mg bid (dos veces al día), y luego se aumenta 1 mg cada 2-3 días. Dosis relativamente bajas (2-4 mg/día) de risperidona son necesarias para un tratamiento combinado, mientras 4-8 mg/día o más alto puede ser necesaria, si se intenta una monoterapia de risperidona en una condición maníaca aguda.

El tratamiento de mantenimiento está entre 2-8 mg bid, aunque muchos pacientes se tratan con 4 mg en una dosis única. La dosis para niños y personas de edad avanzada está entre 0.5-2.0 mg/día. Entre 25-50 mg depot intramuscular cada 2 semanas.[340]

La administración inicial de risperdal Consta es 25mg cada dos semanas, a través de inyección intramuscular profunda en músculo deltoide o gluteal, de acuerdo con la preferencia del paciente. Ciertos pacientes se pueden beneficiar de dosis altas de 37.5mg ó 50mg. Dosis por encima de 50mg aún no han sido estudiadas.

Risperidona en embarazo y en leche materna

Es riesgo de categoría C (ciertos estudios de animales muestran efectos adversos; no hay estudios controlados en humanos). Hallazgos preliminares en infantes expuestos a risperidona en el útero no muestran efectos adversos. Son desconocidos los efectos de hiperprolactinemia en el feto. La risperidona es preferible a los anticonvulsantes como estabilizadores del estado de animo, si el tratamiento fuese requerido durante el embarazo. Se desconoce si la risperidona es secretado en la leche materna, aunque se presume que todos los psicotrópicos se secretan en la leche materna. Por lo tanto, se recomienda descontinuar el medicamento o alimentar por botella.

Paliperidona (Invega)

Es el metabolito activo de risperidona. Tiene la aprobación de la FDA para tratamiento agudo y de mantenimiento en esquizofrenia. No tiene la aprobación para el trastorno bipolar. A diferencia de la risperidona, la

---

[340] The Prescriber's Guide- Essential Psychopharmacology, Stephen M. Stahl-2005, pág. 413.

forma de paliperidona administrada oralmente es de liberación sostenida; por lo tanto, se utiliza una vez diaria (la risperidona a veces se utiliza dos veces al dia, debido a su vida media corta), puede requerir menos titulación en las dosis, con disminución en EPS y sedación comparado con la risperidona. Aumento de peso, resistencia a la insulina y diabetes pueden estar asociado con el uso de paliperidona, con posibles elevaciones de prolactina, similar al riesgo que con la risperidona.[341] Paliperidona puede mejorar la depresión, debido a su propiedad de antagonismo alfa 2.[342]

Dosis de formulaciones:

- Tabletas de 3, 6, 9 y 12mg; formulación de liberación prolongada.

Guías de tratamiento:

- 3-15mg/día;6mg/día ha mostrado una eficacia óptima; no requiere titulación.[343]

Ziprasidona (Geodon)

La ziprasidona es una nueva estructura química. Es similar en acción a otros antipsicóticos atípicos.

Perfil farmacológico

La ziprasidona tiene una alta afinidad por los receptores de serotonina 5HT2A y una moderada afinidad por los receptores de dopamina D2 y D3. Tiene una afinidad relativamente baja en dopamina D1, receptores alfa 1 adrenérgico, histamina, muscarínico y alfa 2. La ziprasidona es además un agonista para el receptor 5HT1A, mientras bloquea la recaptación de monoaminas (serotonina y norepinefrina). Esta particular constelación de afinidades de receptores sugiere el medicamento con el potencial de aliviar el estado de ánimo y la ansiedad comúnmente asociados

---

[341] Stahl's Essential Psychopharmacology- Stephen M. Stahl, Third Edition-2008, págs. 413-414.

[342] Stephen M. Stahl- Stahl's Illustrated-Antipsychotics- First published 2009, pág.88.

[343] Stahl's Neuroscience and Mental Health Pocketbook Series- Antipsychotics-2008-pág.89.

a la esquizofrenia. Esto puede ser de particular importancia, a la luz del ritmo alto de suicidio en esta población. La ziprasidona ocupa un 98% aproximadamente de 5HT-2 solo 4 horas después de su administración, más alto que la clozapina u olanzapina.[344]

Indicaciones

La ziprasidona tiene las siguientes indicaciones de la FDA:

- esquizofrenia
- agitación aguda en esquizofrenia (intramuscular)
- manía aguda con o sin síntomas psicóticos
- tratamiento agudo en bipolar mixto, con o sin síntomas psicóticos

Manía

En el tratamiento de manía, la ziprasidona es superior al placebo y demuestra un efecto de mejoría con relación al placebo desde el segundo día. Diversos estudios indican que la ziprasidona oral en monoterapia (80-160 mg/día) podria ser eficaz en el tratamiento de los episodios bipolares maníacos y mixtos agudos, con una mejoría rápida y persistente, significativamente mayor que el placebo. Sus efectos se asemejan a los de clozapina, risperidona y olanzapina. La disponibilidad de una presentación intramuscular supone una ventaja adicional en el control de las fases iniciales.[345]

El Geodon mejoró significativamente los síntomas de depresión asociado con los episodios mixtos o maníacos, según un estudio presentado por el Dr. Stephen M. Stahl en el congreso anual de la APA en mayo del 2006.[346]

---

344 Psychotropic Drugs- Norman L. Keltner, David G. Folks 2005- pág.135.

345 Tratado de Psicofarmacología – M. Salazar, C. Peralta, J. Pastor- 2005, pág. 405.

346 Pieza promocional Pfizer 2008- GZU00431.

Efectos secundarios

La sedación es el efecto secundario más común en menos de 20% de pacientes en estudios clínicos.[347] En un estudio de mantenimiento con ziprasidona por un año, controlado con placebo, la mayoría de los eventos adversos que emergieron del tratamiento en el grupo de ziprasidona y el grupo de placebo fueron leves a moderados en severidad y desaparecieron con el tratamiento continuo. El insomnio fue el evento adverso más frecuentemente informado en pacientes tratados con ziprasidona y placebo (33% vs 31%), seguido por akatisia (10% vs 6%), depresión (8% vs 6%), diarrea (7% vs 4%), dolor de cabeza (7% vs 6%), astenia (6% vs 0%), "rash" (6% vs1%), pérdida de peso (6% vs 4%), y vómito (6% vs 4%) (Arato et al. 2002).[348]

EPS es raro en dosis de 40 mg, pero se ha reportado en 9% de pacientes en 80mg/día, con akatisia se ha reportado en 15%.[349]

La característica de diferenciación mayor de ziprasidona es que no produce o produce una pequeña propensión al aumento de peso, tal vez debido a que no tiene propiedades antihistamínicas. Además, parece que tiene un pequeño vínculo con dislipidemia, elevación de triglicéridos o resistencia a la insulina. De hecho, cuando pacientes aumentan de peso y desarrollan dislipidemia con antipsicóticos de alto riesgo, se sustituye estos antipsicóticos con ziprasidona.

En lo cardiovascular, ciertos antipsicóticos producen una prolongación del intervalo QT en el electrocardiograma. El riesgo de un intervalo QT alargado que exceda de 500mseg es el desarrollo de torsades de pointes,[350] que puede ser fatal. La ziprasidona produce un aumento de leve a mode-

---

[347] Handbook of Psychiatric Drug Therapy- Jerrold F. Rosenbaum, George W. Arana, Steven E. Hyman- Quinta Edición- 2005, pág. 38.

[348] Essentials of Clinical Psychopharmacology- Alan F. Schatzberg, M.D., Charles B. Nemeroff, M.D.,Ph.D. Second Edition- 2006, pág. 301.

[349] Handbook of Psychiatric Drug Therapy- Jerrold F. Rosenbaum, George W. Arana, Steven E.Hyman- Quinta Edicion- 2005, pág. 38.

[350] Torsade de pointes-taquicardia ventricular atípica, que puede ser "self-limited" o progresar a fibrilación ventricular. La fibrilación es la contracción involuntaria, local, pequeña del músculo, que resulta de activación espontánea de las células del músculo o fibras del músculo, cuyos nervios que los suplen han sido dañados o interrumpidos.

rado del intervalo QT. Este efecto es modesto y raramente de significado clínico. Por lo tanto, la ziprasidona no está asociada con un riesgo aumentado de disritmia cardiaca o muerte súbita. En los márgenes terapeúticos, la prolongación del QT es de 5-10 mseg, alargándose durante los picos plasmáticos un promedio de 15-20 mseg.

La ziprasidona está contraindicada en pacientes con un historial conocido de prolongación del intervalo QT, infarto del miocardio agudo o insuficiencia cardiaca descompensada, y no se debe usar concomitantemente con medicamentos que prolonguen el intervalo QT, como las quinolonas. Un electrocardiograma no es requerido y se debe considerar para pacientes con una enfermedad del corazón conocida. En los estudios realizados para comparar la seguridad de la ziprasidona con la de otros antipsicóticos, se observó que los que producen menores cambios en el QT eran haloperidol y olanzapina, seguidos de ziprasidona, risperidona y quetiapina. La tioridazina produjo la mayor prolongación del intervalo QT.

La ziprasidona tiene la ventaja de estar asociado con la menor cantidad de ganancia de peso entre los antipsicóticos atípicos en adultos (Correll y Carlson 2006) y la elevación de los niveles de prolactina plasmática parece ser mínima y transitoria. Las anormalidades en lípidos e intolerancia a la glucosa es baja, comparada con otros antipsicóticos atípicos.

Dosis de formulaciones

- Cápsulas 20, 40, 60 y 80mg
- Inyección 20mg/ml

Guías de tratamiento

En pacientes con trastorno bipolar en su fase maníaca o mixto las dosis son:

- 80mg/día el primer día
- aumentar de 120mg/día a 160mg/día desde el segundo día. Es importante aumentar rápidamente las dosis de ziprasidona a 80-160 mg/día en 3 a 5 días, algo frecuentemente efectivo y bien tolerado. A pesar de aumentar las dosis muy rápidamente, la ziprasidona es bien tolerada.

- La dosificación se prescribe dos veces al día con comida, para lograr una adecuada absorción.

- La vía intramuscular es de 10-20 mg. Es el segundo antipsicótico atípico que dispone de una presentación intramuscular de acción rápida. La preparación inyectable de acción corta está disponible para uso de emergencia y ha mostrado efectividad en pacientes psicóticos agitados. La mejoría en la agitación se observa tan temprano como en 15-30 minutos postinyección y se sostiene por 2-4 horas, respectivamente, con dosis de 10mg y 20mg.[351]

Ziprasidona en embarazo y en leche materna

Es riesgo de categoría C (Ciertos estudios de animales muestran efectos adversos; no hay estudios controlados en humanos). La ziprasidona es preferible a los anticonvulsantes como estabilizadores del estado de ánimo, si el tratamiento fuese requerido durante el embarazo. No se conoce si la ziprasidona es secretado en la leche materna, aunque se presume que todos los psicotrópicos se secretan en la leche materna. Por lo tanto, se recomienda descontinuar el medicamento o alimentar por botella.

Aripiprazol (Abilify)

El aripiprazol fue aprobado inicialmente por la FDA para la esquizofrenia. Hay investigadores que han propuesto que el aripiprazol sea clasificado como un antipsicótico de tercera generación, por su mecanismo de acción único.

Perfil farmacológico

Aripiprazol es el primer antipsicótico atípico con propiedades agonista parcial D2. Por tal razón, se denomina como un estabilizador del sistema de dopamina. Además, es un agonista parcial de serotonina 1A (5HT1A) con actividad agonista de receptores de serotonina 2A (5-HT2A).

---

351 Essentials of Clinical Psychopharmacology- Alan F. Schatzberg, M.D., Charles B. Nemeroff, M.D.,Ph.D. Second Edition- 2006, pág. 299.

Antagonista vs. agonista

Es importante definir estos dos términos para poder entender los mecanismos de acción del aripiprazol. Existen dos propiedades fundamentales de una droga para determinar el efecto en el receptor:

- Afinidad- La propensión de la droga para formar un complejo reversible con el receptor.
- Eficacia o actividad intrínseca- La capacidad de la droga para producir una respuesta funcional.

Para un receptor dado, una droga puede producir una respuesta máxima (agonista completo) o no tener un efecto funcional (antagonista completo). Los agonistas completos son tradicionalmente los compuestos que ocurren naturalmente (ej. dopamina) y que estimulan receptores, produciendo una respuesta máxima.[352]

Existen drogas que actúan como agonistas, estimulando receptores como los neurotransmisores naturales. Otras drogas bloquean la acción del neurotransmisor natural en el receptor y son llamadas antagonistas. El antagonista no tiene actividad intrínseca y, por lo tanto, algunas veces se denomina como "silente".[353] Los agonistas parciales del receptor D2, como el aripiprazol, representan una clase de medicamentos con unas propiedades atípicas nuevas. Por tal razón, el aripiprazol actúa como un modulador del sistema de dopamina.

---
352 British Journal of Psychiatry-Partial Agonism and Schizophrenia- A. A.-2005, 186, 7-10.
353 Essential Psychopharmacology -Second Edition, Stephen M. Stahl 2000- pág.82.

Figura 20

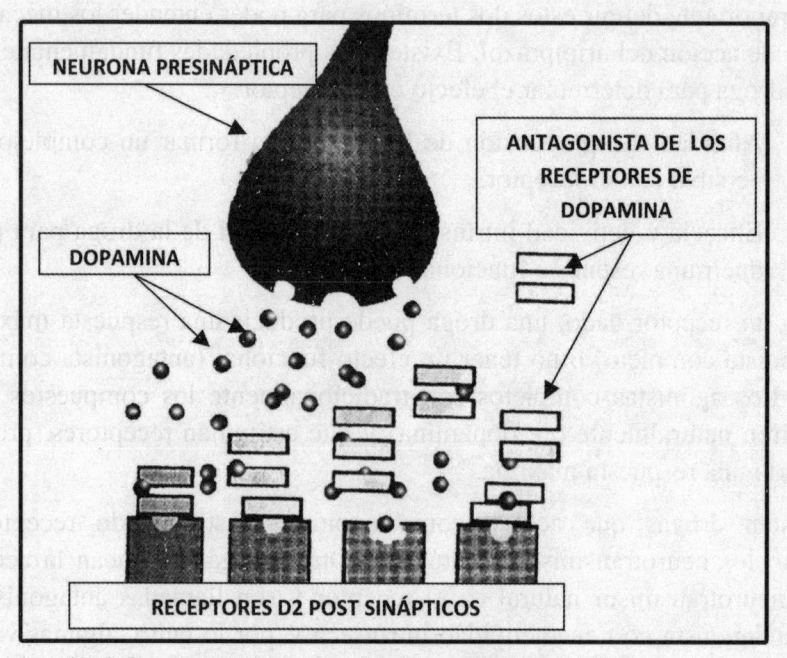

Adaptación de figura presentada en el libro Psychotropic Drugs- pag.137

En la figura 20 se observa cómo el antagonista del receptor de dopamina (ej.aripiprazol u otro antipsicótico) se ubica en los receptores D2 post-sináptico bloqueando o evitando que la dopamina ocupe dicho receptor. Esto ocurre cuando hay que suavizar el tono del área hiperdopaminérgica, en áreas donde está sobreactivada la dopamina. El antipsicótico actúa como un antagonista (reduciendo la transmisión dopaminérgica y, por lo tanto, la cantidad de dopamina en áreas donde está aumentada).

Todos los antipsicóticos en un grado u otro son bloqueadores de los receptores de dopamina 2 (D2).

El aripiprazol es descrito no solo como un antagonista de dopamina sino como un agonista de dopamina parcial. Esta propiedad permite que el aripiprazol, por otro lado, actúe como agonista (aumentando la transmisión dopaminérgica), permitiendo la síntesis y elevación del neurotransmisor dopamina en sitios donde lo requiera.

Figura 21

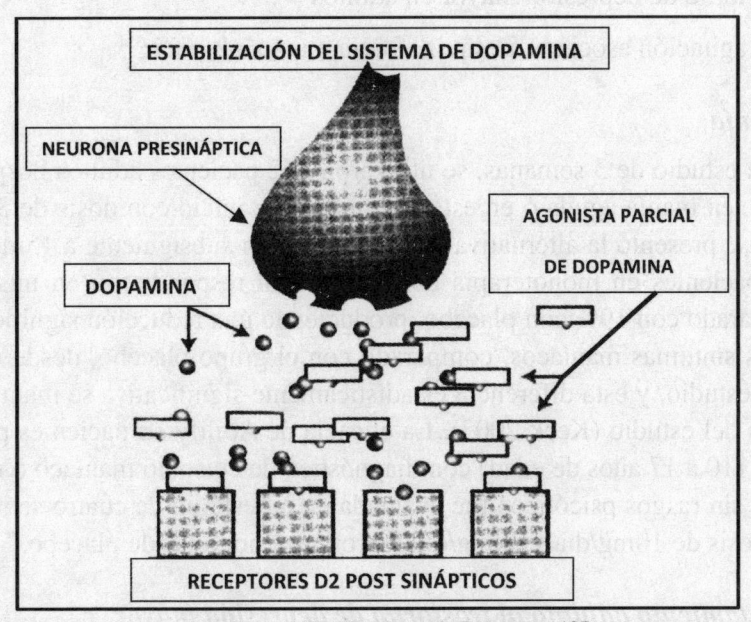

```
ESTABILIZACIÓN DEL SISTEMA DE DOPAMINA
NEURONA PRESINÁPTICA
AGONISTA PARCIAL DE DOPAMINA
DOPAMINA
RECEPTORES D2 POST SINÁPTICOS
```

Adaptación de figura presentada en el libro Psychotropic Drugs- pag.137

En conclusión, el aripiprazol, por su mecanismo de acción de antagonista y agonista parcial, puede reducir o aumentar la cantidad del neurotransmisor dopamina, actuando como un modulador de dopamina.

Indicaciones

El aripiprazol tiene las siguientes indicaciones de la FDA:

- Esquizofrenia, en el tratamiento agudo y de mantenimiento de adultos y adolescentes de 13 a 17 años de edad

- Trastorno bipolar en monoterapia- Tratamiento agudo y de mantenimiento del episodio maníaco y mixto asociado al trastorno bipolar I con o sin rasgos psicóticos en adultos y pacientes de 10 a 17 años de edad.

- Trastorno bipolar en terapia adjunta – en el tratamiento adjunto a litio o valproato para el episodio maníaco y mixto asociado al trastorno bipolar I con o sin rasgos psicótcos en adultos y en pacientes de 10 a 17 años de edad

- terapia adjunta al antidepresivo para el tratamiento agudo del trastorno de depresión mayor en adultos
- agitación asociada a esquizofrenia o manía bipolar[354]

Manía

En un estudio de 3 semanas, se utilizaron 262 pacientes adultos hospitalizados, en manía aguda o en estados mixtos. Se inició con dosis de 30mg/día y se presentó la alternativa de una reducción subsiguiente a 15mg/día. Los pacientes en monoterapia con aripiprazol respondieron en un 40%, comparado con 19% con placebo, produciendo una reducción significativa en los síntomas maníacos, comparado con el grupo placebo, desde el día 4 del estudio, y esta diferencia estadísticamente significativa se mantuvo a través del estudio (Keck 2003). La eficacia de Abilify en pacientes pediátricos (10 a 17 años de edad) con diagnóstico de episodio maníaco o mixto con o sin rasgos psicóticos fue evaluada en un estudio de cuatro semanas. Las dosis de 10mg/día y 30mg/día fueron superior a las de placebo.

Tratamiento adjunto al trastorno de depresión mayor

La eficacia de Abilify en el tratamiento adjunto de trastorno de depresión mayor fue demostrada en dos estudios a corto plazo (6 semanas), controlados por placebo, con pacientes adultos que reunieron los criterios de depresión mayor del DSM-IV. Dichos pacientes habían tenido una respuesta inadecuada a una terapia antidepresiva de 8 semanas. Los antidepresivos con respuesta inadecuada fueron: paroxetina de liberación prolongada, venlafaxina de liberación extendida, fluoxetina, escitalopram, sertralina. Se utilizaron en los dos estudios dos instrumentos de medición, para determinar la mejoría en los síntomas de depresión después de 6 semanas con aripiprazol y el antidepresivo sin previa respuesta. Los dos instrumentos de medición fueron el Montgomery-Asberg Depression Rating Scale (MADRS, por sus siglas en inglés)[355] y el Sheehan Disability Scale

---

354 Estas indicaciones fueron obtenidas directamente de una pieza promocional de Abilify.

355 MADRS- Una escala con diez criterios para determinar el grado de sintomatología depresiva (tristeza aparente, tristeza reportada, tensión interna, sueño reducido, apetito reducido, dificultad en la concentración, lasitud, incapacidad de sentir, pensamientos pesimistas, y pensamientos suicidas).

(SDS, por sus siglas en inglés).[356] En uno de los estudios, el aripiprazol fue superior al placebo en los dos instrumentos de medición. En el otro estudio, el aripiprazol fue superior al placebo en reducir la puntuación promedio del SDS. En ambos estudios, los pacientes recibieron aripiprazol de 5 mg/día junto al antidepresivo. Basado en la tolerabilidad y eficacia, las dosis se ajustaban a incrementos de 5mg cada semana. La dosis recomendada es entre 5-10mg/día, y la dosis máxima es de 15mg/día.

Efectos secundarios

El tratamiento con aripiprazol es bien tolerado. Los eventos adversos más comúnmente informados son dolor de cabeza, vómitos y náuseas que usualmente se resuelven en una semana. La incidencia de sedación es baja pero puede ocurrir en altas dosis. La ansiedad y el insomnio pueden ocurrir, especialmente, temprano en el tratamiento. La akatisia puede ocurrir con altas dosis y se puede confundir con la ansiedad. La incidencia de EPS es comparable a la del grupo placebo. El aripiprazol no parece afectar el intervalo QT ni los niveles de prolactina. Tiene un bajo riesgo de aumento de peso o cambios en glucosa o niveles de lípidos.[357] Al igual que la ziprasidona, tiende a no tener efecto o muy poco en el aumento de peso. Además, parece que el aripiprazol tiene un pequeño vínculo con dislipidemia, elevación de triglicéridos, o resistencia a la insulina. De hecho, como en el caso de ziprasidona, cuando un antipsicótico causa aumento de peso o dislipidemia se sustituye por aripiprazol, que produce una pérdida de peso y disminución en los niveles de triglicéridos.

Dosis de formulaciones

- Tabletas: 2mg, 5mg, 10mg, 15mg, 20mg, 30mg
- Tabletas que se desintegran oralmente: 10mg y 15 mg
- Solución oral: 1 mg/ml
- Inyección: 9.75 mg/ 1.3 ml vial de dósis única

---

356 SDS- Un instrumento para determinar el impacto de la depresión en tres áreas de funcionamiento (trabajo/escuela, vida social, vida familiar).

357 Handbook of Psychiatric Drugs-2008 Edition. New Treatment Guidelines, Updated and Revised- Rhoda K.Hahn, M.D., Lawrence J. Albert, M.D., Christopher Reist, M.D.- pág. 48.

Guías de tratamiento para bipolar

Promedio de dosis usual

- 15-30mg/día

La recomendación inicial es de 15mg/día; con un máximo de 30mg/día. Frecuentemente, hay pacientes no psicóticos agudamente que necesitan dosis bajas de 5-10 mg/día para evitar la akatisia. El aripiprazol usualmente se da en la mañana, debido a la falta de sedación comparado con otros medicamentos.

Abilify en embarazo y en leche materna

Es riesgo de categoría C (Ciertos estudios de animales muestran efectos adversos; no hay estudios controlados en humanos). Abilify es preferible a los anticonvulsantes, como estabilizador del estado de ánimo, si el tratamiento fuese requerido durante el embarazo. No se conoce si el Abilify es secretado en la leche materna, aunque se presume que todos los psicotrópicos se secretan en la leche materna. Por lo tanto, se recomienda descontinuar el medicamento o alimentar por botella.

Asenapina (Saphris)

Es el antipsicótico atípico recientemente aprobado (2009) por la FDA para el trastorno bipolar I en adultos con o sin rasgos psicóticos y esquizofrenia. Se une con una alta afinidad y especificidad a numerosos subtipos de receptores como dopamina, serotonina, norepinefrina e histamina. Asenapina ha sido desarrollado como una formulación sublingual, o sea, se coloca la tableta debajo de la lengua y se disuelve en la saliva en segundos. Se debe evitar ingerir liquidos o alimentos por 10 minutos después de la administración.

La dosis recomendada para el trastorno bipolar es 10mg sublingual dos veces al día. La dosis debe ser disminuida a 5mg dos veces al día, si presentara efectos secundarios. La incidencia de efectos secundarios es relativamente baja, con relación al aumento de peso, sintomas extrapiramidales, hiperprolactinemia y alteraciones en glucosa o metabolismo de lípidos.

CAPÍTULO 32

PSICOTERAPIA COGNITIVA EN
DOS HISTORIAS BÍBLICAS

El reconocido psiquiatra y psicoanalista, Dr. Víctor Bernal y del Rio, -hoy fenecido- fue el fundador y director del Puerto Rico Institute of Psychiatry (PRIP, por sus siglas en inglés). Su visión del psiquiatra exigía un profundo entendimiento del ser humano, de la psicopatología dinámica y de lo terapéutico de la relación médico-paciente. El riguroso entrenamiento recibido en el PRIP exigía la presentación oral y escrita de un análisis clínico y psicoanalítico de un paciente específico. Se requerían seis presentaciones durante el entrenamiento. Los egresados del PRIP aprendimos que de nada nos sirven los conocimientos científicos y biológicos de las enfermedades mentales, si carecemos de un buen historial clínico y familiar del paciente.

Una de las terapias más frecuentemente utilizadas por los psicólogos y psiquiátras es la terapia cognitiva. Esta terapia estructurada utiliza la colaboración activa entre el paciente y el terapista para alcanzar las metas terapeúticas, con el fin de identificar los problemas y buscar soluciones. Las cogniciones del paciente representan una síntesis de estímulos internos y externos. La vía mediante una persona evalúa una situación es generalmente evidente en sus cogniciones (pensamientos e imágenes visuales). Estas cogniciones constituyen el curso de la conciencia, y refleja la configuración de sí mismo, del mundo, del pasado y del futuro. Las alteraciones en el contenido de la estructura cognitiva afecta el estado emocional y el patrón de conducta. A través de la terapia psicológica, el paciente puede estar conciente de sus distorsiones cognitivas. La corrección de ideas o pensamientos disfuncionales puede llevar a una mejoría clínica.[358]

Diversos estudios científicos confiables han demostrado que el mejor tratamiento para la bipolaridad y la depresión es la combinación de medicamentos y psicoterapia. La experiencia me indica que los pacientes que combinan la psicoterapia con el tratamiento farmacológico obtienen mejores resultados que aquéllos que solo recurren a la medicación. De esta forma, en mi práctica, cuento con un excelente equipo de psicólogos clínicos comprometidos, que trabajan de forma integrada para manejar ambas facetas de la salud mental. Esta visión nos ha brindado un gran éxito en la recuperación e integración total del paciente a su familia y a la sociedad.

Hay muchos tipos, escuelas y estilos de psicoterapia. En este capítulo, voy a discutir la psicoterapia que personalmente utilizo frecuentemente con mis pacientes, la psicoterapia cognitiva. Utilizaré dos historias bíblicas para ilustrar los fundamentos de la terapia cognitiva

Moisés y los 12 espías

Libro de Números, Capítulo 13
Versículos del 1 al 3, 27,28, 30 al 33

Versículo 1:   Y Jehová habló a Moisés, diciendo:

Versículo 2:   Envía tú hombres que reconozcan la tierra de Canaán, la cual yo doy a los hijos de Israel; de cada tribu de sus padres enviareis un varón, cada uno príncipe entre ellos.

Versículo 3:   Y Moisés los envió desde el desierto de Parán, conforme a la palabra de Jehová; y todos aquellos varones eran príncipes de los hijos de Israel.

---

358 Concise Textbook of Clinical Psychiatry, Kaplan and Sadock's, Third Edition-2008, págs.461-462.

Versículo 27: Y les contaron diciendo: Nosotros llegamos a la tierra a la cual nos enviasteis, en la cual ciertamente fluye leche y miel; y éste es el fruto de ella.

Versículo 28: Mas, el pueblo que habita aquella tierra es fuerte, y las ciudades muy grandes y fortificadas; y también vimos allí a los hijos de Anac.

Versículo 30: Entonces Caleb hizo callar al pueblo delante de Moisés, y dijo: Subamos luego, y tomemos posesión de ella: porque más podremos nosotros que ellos.

Versículo 31: Mas, los varones que subieron con él, dijeron: No podremos subir contra aquel pueblo, porque es más fuerte que nosotros.

Versiculo 32: Y hablaron mal entre los hijos de Israel, de la tierra que habían reconocido, diciendo: La tierra por donde pasamos para reconocerla es tierra que traga a sus moradores; y todo el pueblo que vimos en medio de ella son hombres de grande estatura.

Versículo 33: Tambien vimos alli gigantes, hijos de Anac, raza de los gigantes, y éramos nosotros, a nuestro parecer, como langostas; y así les parecíamos a ellos.

Comentario

En obediencia al mandato de Dios, Moisés envía un hombre de cada tribu para explorar la tierra, "la cual yo doy a los hijos de Israel", dice Jehová. Eran doce espías líderes y jóvenes. Deberían tener la competencia para la misión a realizar. De la tribu de Judá (alabanza) fue nombrado Caleb, hijo de Jefone (el será enfrentado), y de la tribu de Efraín (será doblemente fructífero) fue nombrado Oseas (salvación) a quien luego Moises llamó Josué (Jehova es salvación).

La asignación de observación y reconocimiento incluía:

a. observar la tierra como era,

b. si el pueblo que la habitaba era fuerte o débil, si poco o numeroso;

c. cómo era la tierra habitada, si era buena o mala;

d. cómo eran las ciudades habitadas, si eran campamentos o plazas fortificadas;

e. cómo era el terreno, si era fértil o estéril, si en el habían árboles o no;

Finalmente exhortó al equipo a esforzarse en la misión, y tomar del fruto del país, como evidencia demostrativa de las condiciones y productividad de la tierra a poseer.

Al regreso, el informe demostró que el equipo se dividió en dos grupos: un grupo de 10 emisarios cuya percepción reveló su indisposición, preocupación e inseguridad para avanzar hacia la posesión de la tierra; y el grupo de dos (Josué y Caleb) cuya percepción del mismo escenario era totalmente diferente al de la mayoría del equipo, mostró disposición, seguridad y confianza para la conquista de la tierra que Dios había entregado.[359]

Frente a toda la congregacion de Israel el equipo de los doce ofrece la primera parte de su informe en la que todos estaban de acuerdo por cuanto captaron el mismo escenario. Reconocen que Canaán es una tierra buena que lleva fruto en abundancia y que la "tierra es fuerte y las ciudades muy grandes y fortificadas". Pero, los diez espías comienzan a distorsionar lo que perciben y refieren que la "tierra por donde pasamos para reconocerla es tierra que traga a sus moradores", parece entenderse mejor como una referencia a las guerras entre los diferentes pueblos que habitan la tierra. No es una tierra segura porque hay guerra constante entre las diferentes ciudades-estados. Los pueblos que habitan la tierra son fuertes y experimentados en la guerra; los israelitas no lo son.[360]

Los espías encontraron varios de los descendientes de Anac. Los 10 espías manifiestan que los hijos de Anac eran una raza de gigantes," y eramos nosotros, a nuestro parecer, como langostas; y así les parecíamos a ellos". Lo que estaban refiriendo los espías es que "no podemos hacer nada por que somos pequeños y débiles, y así le parecemos a ellos." Según el comentario bíblico de Beacon (Tomo 1, pág.439) "El relato de la mayoría de los enviados acerca de los gigantes, tanto como eso de que

---

[359] Comentarios de Ephraim Rivera- Obispo New Jersey.

[360] Comentario Bíblico Mundo Hispano (tomo 3, pág.214).

la tierra tragaba a sus moradores, se basaba en la observación de casos aislados. En este caso, el informe era falso porque no todos los habitantes eran de ese tamaño, ni toda la tierra era estéril; ni tampoco toda la tierra tragaba a sus moradores. Era puramente un caso de buscar la evidencia para lo que querían destacar."

Los espías, excepto Josué y Caleb, seleccionaron una serie de estímulos negativos. En el versículo 31 manifiestan: "No podremos subir contra aquel pueblo, porque es más fuerte que nosotros". Según el comentario bíblico Mundo Hispano (tomo 3, pág. 210), los espías respondieron con una vergonzosa falta de fe. Al desacreditar las promesas de Jehová, indirectamente le llamaron mentiroso.

Este mensaje de la mayoría del equipo es dramáticamente prejuiciado y contraproducente. Manifiesta desconfianza y falta de credibilidad en Jehová Dios y la promesa de posesión de la tierra. El fraseo de este informe pesimista e intimidante revela la mentalidad conturbada y el espíritu de cobardía de un grupo que no ve posibilidad ni competitividad para aceptar el reto de conquistar y poseer.[361]

Pero Caleb y Josué a pesar de haber observado lo mismo que los demás espías, refirieron: "porque más podremos nosotros que ellos".

Es evidente que Caleb le da absoluta credibilidad a Dios y la promesa sobre la conquista y posesión de la tierra que le fue comunicada a Moises. La fraseología revela la mentalidad y corazón de un conquistador; Subamos, tomemos, porque podemos.[362]

Números, capítulo 14 versículos 1 al 3 y 6 al 9

Versículo 1:   Entonces toda la congregación gritó, y dió voces; y el pueblo lloró aquella noche.

Versículo 2:   Y se quejaron contra Moisés y contra Aarón todos los hijos de Israel; y les dijo toda la multitud: Ojalá muriéramos en la tierra de Egipto; o en el desierto ojalá muriéramos.

---

[361] Comentarios de Ephraim Rivera- Obispo New Jersey.

[362] Comentarios de Ephraim Rivera- Obispo New Jersey.

Versículo 3: ¿Y por qué nos trae Jehová a esta tierra para caer a espada y que nuestras mujeres y nuestros niños sean por presa; no nos sería mejor volvernos a Egipto?

Versículo 6: Y Josué, hijo de Nun, y Caleb, hijo de Jefone, que eran los que habían reconocido la tierra, rompieron sus vestidos.

Versículo 7: Y hablaron a toda la congregación de los hijos de Israel, diciendo: La tierra por donde pasamos para reconocerla es tierra en gran manera buena.

Versículo 8: Si Jehová se agradare de nosotros, él nos llevará a esta tierra, y nos la entregará; tierra en que fluye leche y miel.

Versículo 9: Por tanto, no seáis rebelde contra Jehová, ni temáis al pueblo de esta tierra; porque nosotros los comeremos como pan; su amparo sea apartado de ellos, y con nosotros está Jehová; no los temáis.

Comentario

El pensamiento negativo rapidamente se trasmitió como un virus a todo el pueblo. La queja del pueblo no se limitó a Moisés y Aarón, sino contra el mismo Dios. Pero, hubo cuatro personas que pensaron distinto de los espías y el pueblo: Moisés, Aarón, Josué y Caleb. Se enfocaron en los factores positivos para apoyar su argumento sobre la posibilidad de la ocupación de la tierra de Canaán. A continuación, integro fundamentos de la terapia cognitiva a esta interesante historia bíblica.

Terapia cognitiva

La definición de terapia cognitiva (TC), tal como lo expresa A.T. Beck en su libro Terapia Cognitiva de la Depresión (1983):

- Se basa en el supuesto teórico subyacente de que los efectos y la conducta de un individuo están determinados en gran medida por su modo de estructurar el mundo.

- El objetivo de las técnicas cognitivas es delimitar y poner a prueba las falsas creencias y los supuestos desadaptativos específicos del paciente.

Modelo cognitivo de A. Beck

El modelo cognitivo postula tres conceptos específicos:

1. La tríada cognitiva
2. Distorsiones cognitivas (errores en el proceso de la información)
3. Los esquemas

Concepto de tríada cognitiva

- El primer componente se centra en la visión negativa del paciente deprimido acerca de sí mismo. El paciente se ve torpe, con poca valía, inútil, incapaz de tener éxito en la vida.

- El segundo componente se centra en la tendencia del deprimido a interpretar sus experiencias de una manera negativa. Todo lo que está a su alrededor lo ve triste, ve la vida con grandes obstáculos y se ve incapaz de poder vencerlos.

- El tercer componente se centra en la visión negativa acerca del futuro. Ve el futuro poco halagador. El paciente deprimido no tiene metas, no sabe hacia dónde va.

Distorsiones cognitivas y pensamientos automáticos

Según Walter Riso en su libro Terapia Cognitiva "El modelo de psicopatología en el cual se fundamenta la TC otorga a los pensamientos automáticos (PA) y las distorsiones cognitivas (DC) un rol central en el desencadenamiento y mantenimiento de emociones negativas como ansiedad, depresión e ira. El efecto negativo de los pensamientos automáticos y las distorsiones cognitivas se ha reconocido prácticamente en todos los desórdenes mentales".

1. Pensamientos automáticos

Son aquellos pensamientos que entran en nuestra cabeza automáticamente a lo largo del día. No tenemos la intención o el plan de pensar de cierta manera. De hecho, normalmente, no somos ni siquiera conscientes de nuestros pensamientos. Estos pensamientos pueden ser palabras ("me despedirán"), imágenes o fotografías mentales (Carmen se había "visto" en la calle con sus hijos, si no pagaba la hipoteca de la casa), o recuerdos (el recuerdo de estar siendo golpeada en la mano con una regla por su maestra de cuarto grado cuando cometía un error). Según J. Beck, estos pensamientos se aceptan como si fueran verdaderos, sin reflexionar sobre ellos ni evaluarlos.

La terapia cognitiva utiliza técnicas para hacernos concientes de dichos pensamientos. El modelo cognitivo le da más importancia a la interpretación de una determinada situación, expresada como PA, que influye sobre el comportamiento, las emociones y la respuesta fisiológica. El psicólogo Adler (1931-1958) expresó:"No sufrimos por el choque de nuestras experiencias el llamado trauma, sino que inferimos de ellas precisamente lo que se ajusta a nuestros propósitos. Estamos autodeterminados por el significado que damos a nuestras experiencias; y probablemente siempre hay implicada cierta parte de error cuando tomamos determinadas experiencias como base para nuestra vida. Los significados no están determinados por las situaciones, sino que nos determinamos a nosotros mismos por el significado que damos a las situaciones."

2. Distorsiones cognitivas

Se refieren a la afirmación de los pensamientos automáticos. Según Walter Riso, las distorsiones cognitivas son productos cognitivos ilógicos o equivocados. Por ejemplo, la distorsión cognitiva conocida como rotulación se evidencia en la historia bíblica presentada anteriormente cuando los espías se consideraban "langostas" frente a los hijos de Anac. La frase "somos como langosta" es un ejemplo de rotulación. Catalogar o rotular es asignar rasgos negativos globales a sí mismo y a otros. No se señala un comportamiento o un pensamiento en particular, sino que se ataca a la persona como un todo.[363]

Otro ejemplo de distorsión cognitiva, es el filtro mental negativo o abstracción selectiva, según Beck (1983). El paciente se enfoca principalmente en los aspectos negativos y raramente resalta lo positivo. Los diez espías se enfocaron más en los aspectos negativos, a diferencia de Josué y Caleb.

Esquema

Cualquier situación está compuesta por un amplio conjunto de estímulos. El individuo escoge estímulos selectivamente específicos, los combina y conceptualiza una situación. Los diez espías que fueron a la tierra de Canaán seleccionaron una serie de estímulos "Mas, el pueblo que habita aquella tierra es fuerte y las ciudades muy grandes y fortificadas, la tierra por donde pasamos para reconocerla, es tierra que traga a sus moradores; y todo el pueblo que vimos en ella son hombres de grande estatura". Los otros dos espías, Caleb y Josué, frente a la misma situación selecionaron otros estímulos.

- Si Jehová se agradare de nosotros, el nos llevará a esta tierra.
- La tierra era en gran manera buena.
- Su amparo se ha apartado de ellos, y con nosotros esta Jehová.

Cada uno tomó unos estímulos específicos, los combinó y conceptualizó una situación. Por lo tanto, personas diferentes pueden conceptualizar la misma situación de manera diferente.

Como expresa Walter Riso, "el contenido del pensamiento refleja el valor esencial del esquema nuclear, lo hace asequible y lo traduce. El esquema es la base para transformar los datos en cogniciones. Un esquema localiza y codifica el estímulo con que se enfrenta el individuo." Según Clark, Beck y Alford (1999): "Los esquemas son estructuras internas relativamente estables que han almacenado de manera genérica o prototípica característica de estímulos, ideas o experiencias que son usadas para

---

[363] Terapia Cognitiva, Walter Riso, pag 69.

organizar información de acuerdo a como los fenómenos son percibidos y conceptualizados".

Me encanta la frase que utilizó Caleb y Josué: "Nosotros los comeremos como pan." El pensamiento negativo es nuestro enemigo y, por tal razón, hay que atacarlo con firmeza y seguridad.

Etapas de la terapia cognitiva

Según A. T. Beck en su libro Terapia Cognitiva de la Depresión, la terapia cognitiva consiste en:

- controlar los pensamientos (cogniciones) automáticos negativos.
- identificar las relaciones entre cognición, afecto y conducta.
- examinar la evidencia a favor y en contra de los pensamientos distorsionados.
- sustituir estas cogniciones desviadas por interpretaciones más realistas.
- aprender a identificar y modificar las falsas creencias que predisponen a distorsionar las experiencias.

La terapia cognitiva como terapia dinámica

La terapia cognitiva consiste primeramente en identificar el o los pensamientos automáticos negativos que tienen una relación directa con el estado de ánimo. Si pienso que no sirvo, me sentiré triste. Los pensamientos ayudan a definir el estado de ánimo que experimentamos en una situación dada. Una vez un estado de ánimo está presente, se acompaña de pensamientos adicionales que dan apoyo y refuerzan este estado de ánimo.

Luego que se identifica el o los pensamiento negativos, se examina la evidencia a favor y en contra de los pensamientos distorsionados. Yo comparo este proceso con el que ocurre en un tribunal en un proceso criminal. Hay un fiscal cuya función es buscar evidencia para que el juez declare culpabilidad y, por otro lado, hay un abogado defensor cuya función es buscar evidencia para declarar la no culpabilidad. Recuerdo un caso que tuve en mi práctica privada hace unos años con un paciente norteamericano, profesional, que se culpaba frecuentemente, en las sesiones, por la decisión de haber firmado un contrato en Puerto Rico por tres años, pudiendo haber permanecido en Estados Unidos. El choque cultural y las diferencias organizacionales incidían en los rasgos obsesivos de perfección y control del paciente. Cuando comencé a examinar la evidencia de sus argumentos y hacer la comparación del fiscal y el abogado defensor el paciente me contestó "Doctor, quiero decirle que estoy a favor del fiscal". En este paciente, los pensamientos distorsionados ganaron la batalla mental.

Cuando la información que llega al organismo no coincide con las creencias que tenemos almacenadas en la memoria, resolvemos el conflicto a favor de las creencias o esquemas ya instalados, es decir, nos hacemos trampa.[364] Lo que coincide con nuestras espectativas lo dejamos pasar y lo recibimos con beneplácito; lo que es incongruente con nuestras creencias o estereotipos lo ignoramos, lo consideramos "sospechoso" o simplemente lo alteramos para que concuerde con nuestras ideas preconcebidas. La economía parte del siguiente principio: es menos gasto para el sistema conservar los esquemas que tenemos almacenados que cambiarlos.[365] La meta de la terapia cognitiva es que el paciente adquiera la destreza de sustituir los pensamientos negativos por pensamientos realistas y de ayuda en su estado emocional. Tenemos que jugar para nuestro equipo, no para el equipo de la depresión, o la distorsión emocional.

Elías y su episodio depresivo

La experiencia del profeta Elías narrada en el capítulo 19 del primer libro de los Reyes del Antiguo Testamento nos presenta un ejemplo de cómo la fe, confianza y seguridad son confrontadas por la incertidumbre, la desilusión y el peligro, produciéndose un estado de conturbación, desesperación y abatimiento.

En la época en que surge el profeta Elías, existían en Samaria dos reyes, Acab y su esposa Jezabel. En realidad, Jezabel era quien gobernaba. El gobierno de Acab fue en todo el sentido de la palabra, un gobierno de faldas. Jezabel gobernaba a su esposo y, por consiguiente, al pueblo de

---

364 Leahy,R.L.Resistance in Cognitive Therapy, New York; The Guilford Press (2001).

365 Walter Riso, Pensar bien, sentirse bien, 2004.

Israel.[366] Cuando Acab se casó con Jezabel, también trajo su influencia religiosa: el culto a Baal. El dios Baal representaba el dios de la tormenta, la lluvia y la fertilidad, controlaba las cosechas, las siembras y las estaciones del año. Se tenía la creencia de que durante el verano, cuando el campo se tornaba seco y calcinado, Baal se dormía o se había retirado al submundo. Por la influencia de la reina Jezabel y sus sacerdotes, el culto al dios Baal amenazaba extinguir el culto de Jehová Dios.

El rey Acab se convirtió en adorador de Baal, para el cual construyó un templo en Samaria, en el cual oficiaban los centenares de sacerdotes de Jezabel. El profeta Elías surge en una época en que prevalecía el libertinaje, los impulsos físicos y sensuales. Elías era de un lugar llamado Tisbe. Muy poco se sabe de Tisbe, ni siquiera su localización exacta. Sin embargo, en 1 Reyes, capítulo 17, versículo 1, se dice que era de los moradores de Galaad. Dicha ciudad quedaba localizada en la parte oriental del río Jordan. Según Charles R. Swindoll, en su libro Elías, señala que "Galaad era un lugar de aislamiento y de vida al aire libre, un lugar donde es posible que la gente haya sido vigorosa y musculosa, bronceada por el sol. Jamás fue un lugar de refinamiento, sofisticación o diplomacia. Era una tierra austera, y uno puede sentir que el aspecto de Elías estaba en armonía con ello. Sus modales deben haber bordeado en lo tosco y ordinario, en lo duro e intratable. Es posible que estos personajes no hagan muchos amigos, pero una cosa sí es cierta: no pueden ser ignorados".

Elías no solo era un siervo de Dios sino que era el más desafiante de los profetas del Antiguo Testamento. Dios le anuncia a Elías el inicio de una sequía. El anuncio de la sequía es el comienzo del conflicto entre Dios y Baal. Simplemente, Elías anuncia "Vive Jehová Dios de Israel, a quien sirvo, que no habrá rocío ni lluvia en estos años, sino por mi palabra" (1 Reyes 17:1). El escrito bíblico en 1 Reyes 17, versículos del 2 al 4 dice: "Y vino a él palabra de Jehová, diciendo: Apártate de aquí y vuélvete al oriente, y escóndete en el arroyo de Querit, que está al frente del Jordán. Beberás del arroyo; y yo he mandado a los cuervos que te den allí de comer. Elías fue e hizo conforme a la palabra de Jehová. Habitó junto al arroyo de Querit, que está al frente del Jordán." Dios proveyó milagrosamente a Elías los medios mas insólitos para la adquisición de alimentos,

---

366 Charles R. Swindoll- Elias- 2002, pág. 24.

durante dicha sequía. Dios envió a Elías a Samaria, a presentarse ante Acab. Elías se encontró primero con Abdías y le pidió que le comunicara a Acab que había venido a verlo. A continuación, los versículos de las sagradas escrituras y comentarios relacionados con esta interesante historia del profeta Elías.

1 Reyes Capítulo 18, versículos del 7 - 8 y el versículo 16

Versículo 7: Y yendo Abdías por el camino, se encontró con Elías; y cuando lo reconoció, se postró sobre su rostro y dijo: ¿No eres tú mi señor Elías?.

Versículo 8: Y el respondió: Yo soy; ve dí a tu amo: Aquí está Elías.

Versículo 16: Entonces Abdías fue a encontrarse con Acab, y le dió el aviso; y Acab vino a encontrarse con Elías.

Comentario

Elías tenía un gran espíritu; no tenía miedo a un rey encolerizado, ni a Jezabel y sus fanáticos sacerdotes. Al contrario, le mandó un reto al rey a través de su criado Abdias, diciéndole "Ve, dí a tu amo: Aquí está Elías". La Biblia identifica al mayordomo Abdías como un verdadero seguidor de Dios, al esconder a cien profetas de Jehová en una cueva, salvándolos de las despiadadas persecuciones de Jezabel (1 Reyes, capítulo 18, versículo 13).

1 Reyes, Capítulo 18, versículos del 17 - 20

Versículo 17: Cuando Acab vio a Elías, le dijo: ¿Eres tú el que turbas a Israel?

Versículo 18: Y el respondió: yo no he turbado a Israel, sino tú y la casa de tu padre, dejando los mandamientos de Jehová y siguiendo los baales.

Versículo 19: Envía, pues, ahora y congrégame a todo Israel en el Monte Carmelo, y los cuatrocientos cincuenta profetas de Baal, y los cuatrocientos profetas de Acera, que comen de la mesa de Jezabel.

Versículo 20:   Entonces Acab convocó a todos los hijos de Israel, y reunió a los profetas en el Monte Carmelo.

Comentario

Elías habló claramente. Tuvo la valentía de trasladar la culpa a quien pertenecía. "Yo no he tenido la culpa de lo que ha ocurrido. La culpa la has tenido tú, por haber violado sus mandamientos". El Dios de Israel, a través del profeta Elías, mostraría su supremacía y lo que realmente era Baal. Vemos a un Elías seguro de sí mismo, por la seguridad de tener a Dios. Elías le lanza un reto al rey Acab (versículo 19). La competencia tendría lugar en el Monte Carmelo, situado a unos 65 kilómetros de Samaria. Según el comentario bíblico Beacon, (Tomo 2, pág. 404): "Elías seleccionó el Monte Carmelo, porque tal vez hubiera allí un lugar algo favorito para el culto de Baal, que dominaba el mar hacia el oeste y hacia el norte el valle de Aco. El lugar había sido considerado muy apropiado para adorar a Baal, quién, como dios de las tormentas y la lluvia, terminaba la sequía del verano y traería las vivificadoras lluvias del invierno. Si esta última sugestión tiene fundamento alguno, implica que Elías habia llevado el desafío hasta la misma ciudadela de los adoradores de Baal". Asera representaba a la diosa principal de Tiro y era, en la mitología de la idolatría, la madre de Baal.

1 Reyes Capítulo18, versículo 21 y luego del 25 - 29

Versiculo 21:   Y acercándose Elías a todo el pueblo dijo: ¿Hasta cuándo claudicareis vosotros entre dos pensamientos? Si Jehová es Dios, seguidle; y si Baal, id en pos de él. Y el pueblo no respondió palabra.

Versículo 25:   Entonces Elías dijo a los profetas de Baal: Escogeos un buey, y preparadlo vosotros primero, pues que soy los más; e invocad el nombre de vuestros dioses, mas, no pongáis fuego debajo.

Versículo 26:   Y ellos tomaron el buey que les fue dado y lo prepararon, e invocaron el nombre de Baal desde la mañana hasta el medio día, diciendo: "Baal, respóndenos", pero no había voz ni quien respondiese; entre tanto, ellos andaban saltando cerca del altar que habían hecho.

Versículo 27: Y aconteció al mediodía, que Elías se burlaba de ellos, diciendo: Gritad en alta voz, porque Dios es; quizás esté meditando, o tiene algún trabajo, o va de camino; tal vez duerme, y hay que despertarle.

Versículo 28: Y ellos clamaban a grandes voces, y se sajaban con cuchillos y con lancetas, conforme a su costumbre, hasta chorrear la sangre sobre ellos.

Versiculo 29: Pasó el mediodía, y ellos siguieron gritando frenéticamente hasta la hora de ofrecerse el sacrificio, pero no hubo ninguna voz, ni quien respondiese ni escuchase.

Comentario

En la pregunta de Elías: ¿Hasta cuándo claudicareis vosotros entre dos pensamientos? tenemos descrito el tormento de la indecisión. El pueblo de Israel tenía una de las batallas más grandes que tiene el ser humano, la de los pensamientos. Tenían que adoptar una posición, pero no lo hicieron. A pesar de que la mayoría del pueblo de Israel estaba indecisa, Elías no se dejo llevar por la indecisión, no se desanimó, ni varió su posición.

Con relación al altar de los profetas del dios Baal, ellos prepararon primero su sacrificio. Los profetas de Baal clamaron a su dios toda la mañana, mutilando su cuerpo en su frenesí, al no haber ninguna voz que le respondiese o le escuchase. El historiador judío Alfred Edersheim describe esta escena basada en hechos históricos de lo que ocurría en la adoración a Baal. "Primero hubo un grito relativamente moderado, aunque sin duda salvaje, a Baal, seguido de una danza alrededor del altar, que comenzó con un movimiento oscilante de un lado a otro. El alarido se volvió luego más y más estentóreo, y la danza más frenética. Daban vueltas violentas en círculo, corriendo alocadamente de unas filas a otras, manteniendo siempre un movimiento circular, con la cabeza agachada, de modo que sus largos cabellos desgreñados barrían el suelo. Por lo general, la locura se volvía contagiosa, y los espectadores se unían a la frenética danza. Pero, Elías sabía como evitar esto. Era medio día y durante cuatro horas habían estado haciendo sus desenfrenados ritos. Con sarcásticas mofas y cruel ironía, Elías les recuerda entonces que, ya que Baal era Dios, la falla debía ser de ellos. Posiblemente, Baal se hallaba ocupado, y por eso tenían que gritar mas fuerte. Chaqueados hasta la demencia, se pusieron mas frenéticos que antes, y después vino lo que conocemos como el segundo y tercer acto. Los salvajes aullidos se convirtieron en penetrantes gritos demoníacos. En su locura, los sacerdotes se sajaban los brazos, se cortaban con sus espadas afiladas por ambos lados, y con sus lanzas. Cuando la sangre comenzó a fluir, el paroxismo llegó al máximo, y entonces uno, y luego los demás, comenzaron a "profetizar", gimiendo e implorando, para luego estallar en extáticos gritos, acusándose a sí mismos, o hablando a Baal, o diciendo frases incoherentes y angustiosas".

¡Qué escena más impactante de caos y, posiblemente, de psicosis. Imaginémoslos sin energía, sangrando, jadeantes. Pero, no hubo ninguna voz, ni quien respondiese ni escuchase. Y aconteció al mediodía, que Elías se burlaba de ellos, diciendo: Gritad en alta voz, porque dios es; quizás esté meditando, o tiene algún trabajo, o va de camino; tal vez duerme, y hay que despertarle (1 Reyes capítulo 18, versículo 27). Vemos a un Elías con una seguridad plena y total en Dios, si no hubiese sido así, no hubiese hecho tales comentarios.

1 Reyes Capítulo 18 versículos del 30 - 40

Versículo 30: Entonces dijo Elías a todo el pueblo: Acercaos a mí. Y todo el pueblo se le acercó; y el arregló el altar de Jehová, que estaba arruinado.

Versículo 31: Y tomando Elías doce piedras, conforme al número de las tribus de los hijos de Jacob, al cual había sido dada palabra de Jehová diciendo Israel será tu nombre.

Versículo 32: Edificó con las piedras un altar en el nombre de Jehová; después hizo una zanja alrededor del altar, en que cupieran dos medidas de grano.

Versículo 33: Preparó luego la leña y cortó el buey en pedazos, y lo puso sobre la leña.

Versículo 34: Y dijo: Llenad cuatro cántaros de agua, y derramadla sobre el holocausto y sobre la leña. Y dijo: Hacedlo otra vez; y otra vez lo hicieron. Dijo aún: Hacedlo la tercera vez; y lo hicieron la tercera vez.

Versículo 35: De manera que el agua corría alrededor del altar, y también se había llenado la zanja.

Versículo 36: Cuando llegó la hora de ofrecerse el holocausto, se acercó el profeta Elías y dijo: Jehová, Dios de Abraham, de Isaac y de Israel, sea hoy manifiesto que tú eres Dios en Israel, y que yo soy tu siervo, y que por mandato tuyo he hecho todas estas cosas.

Versículo 37: Respóndeme, Jehová, respóndeme, para que conozca este pueblo que tú, oh Jehová, eres el Dios, y que tú vuelves a ti el corazón de ellos.

Versículo 38: Entonces cayó fuego de Jehová, y consumió el holocausto, la leña las piedras y el polvo, y aún lamió el agua que estaba en la zanja.

Versículo 39: Viéndolo todo el pueblo, se postraron y dijeron: Jehová es el Dios, Jehová es el Dios.

Versículo 40: Entonces Elías les dijo: Prended a los profetas de Baal, para que no escape ninguno. Y ellos los prendieron; y los llevó Elías al arroyo de Cisón, y allí los degolló.

Comentario

Previo a ocurrir el milagroso acontecimiento en el Monte Carmelo, Elías hizo una oración sencilla, pero con fe, en la que se declara siervo de Dios. No hubo gritos, ni súplica. Oró, como solo puede hacerlo una persona obediente, para que Dios respondiera, a fin de apartar al pueblo de Baal y Asera y recuperarlo para sí. Luego del milagro, todo el pueblo se postró "y dijeron: Jehová es el Dios, Jehová es el Dios". Elías entonces ordenó al pueblo apoderarse de los profetas de Baal y darles muerte. La historia bíblica de Elías continuó con el siguiente capítulo del libro de Reyes.

1 Reyes Capítulo 19, versículos del 1- 5 y luego los versículos 8 y del 10-12

Versículo 1: Acab dio a Jezabel la nueva de todo lo que Elías había hecho, y cómo había matado a espada a todos los profetas.

Versículo 2: Entonces envió Jezabel a Elías un mensajero diciendo: Así me hagan los dioses, y aun me añadan, si mañana a estas horas yo no he puesto tu persona como la de uno de ellos.

Versículo 3: Viendo, pues, el peligro, se levantó y se fue para salvar su vida, y vino a Beerseba, que está en Judá, y dejó allí a su criado.

Versículo 4: Y el se fué por el desierto un día de camino, y vino y se sentó debajo de un enebro; y deseando morir, dijo:" Basta ya, oh Jehová, quítame la vida, pues no soy mejor que mis padres."

Versículo 5: Y echándose debajo del enebro, se quedó dormido; y he aquí luego un ángel le tocó, y le dijo levántate y come.

Versículo 8: Se levantó, pues, y comió y bebió; y fortalecido con aquella comida, caminó cuarenta días y cuarenta noches hasta Horeb, el monte de Dios.

Versículo 10: El respondió:"He sentido un vivo celo por Jehová Dios de los ejércitos; porque los hijos de Israel han dejado tu pacto, han derribado tus altares, y han matado a espada tus profetas; y solo yo he quedado, y me buscan para quitarme la vida".

Versículo 11: El le dijo:" Sal fuera, y ponte en el monte delante de Jehová. Y he aquí Jehová que pasaba, y un grande y poderoso viento que rompía los montes, y quebraba las penas delante de Jehová; pero Jehová no estaba en el viento. Y tras el viento un terremoto; pero Jehová no estaba en el viento. Y tras el viento un terremoto; pero Jehová no estaba en el terremoto.

Versiculo 12:   Y tras el terremoto un fuego; pero Jehová no estaba en el fuego. Y tras el fuego un silbido apacible y delicado.

Comentario

La victoria no había sido total. Los profetas de Asera, de Jezabel, no se presentaron en el Monte Carmelo. Cuando Acab le informó lo sucedido, Jezabel, con enojo, determinó quitarle la vida a Elías. Cuando Elías vio el peligro, se levantó y huyó para salvar su vida. El Elías que vemos en estos primeros vesrsículos de 1 Reyes, capítulo 19 es totalmente distinto del Elías del capítulo 18. ¿Por qué este cambio de comportamiento tan drástico? Elías estaba pasando en ese momento por una depresión, como puede inferirse de conductas y síntomas que presentaba:

Estrés - El profeta Elías fue perseguido por muchos años. Pasó hambre en el desierto y después de eso tuvo una fuerte confrontación con el pueblo de Israel, los sacerdotes de Asera, y los profetas de Baal. Elías estuvo viviendo bajo un constante y severo estrés; por lo tanto, cayó en una etapa de extremo agotamiento. Lo que necesitaba era tiempo para descansar y renovarse. Dios le proveyó descanso y alimentos a través de un ángel. Dios no lo avergonzó, no le echó la culpa, ni lo humilló. La presencia de Dios no estaba en el viento, ni en el fuego, ni en el terremoto En lugar de eso le dijo: "No te preocupes, te entiendo, comprendo tu esfuerzo, descansa".

El término "estrés" fue establecido por el investigador canadiense Hans Selye, en 1956, en su célebre libro, El estrés de la vida. Este vocablo, -estrés-, proviene del inglés, que significa "peso, presión o acento".

Selye estableció varias etapas de alarma del estrés:

Fase de lucha

Las alteraciones en esta etapa son más bien físicas: taquicardia, dolores de cabeza, dolores de estómago, palpitaciones, problemas con la presión arterial y alteraciones en la potencia sexual. Estos son avisos de que el organismo está en una lucha.

Fase de agotamiento

El organismo ha consumido las fuerzas de reserva y deja de luchar, se entrega. Aparecen verdaderas enfermedades; ya no son síntomas. Son enfermedades con síntomas físicos pero de origen emocional. La manifestación más típica del agotamiento es la <u>depresión.</u>

Muchos pacientes que evalúo en mi oficina están agotados por el estrés de la vida diaria. Todo es trabajo, tensión: no hay tiempo para disfrutar. El sueño tiende a no ser reparador. Las situaciones de la vida las debemos dejar en el tocador de noche para poder descansar con tranquilidad.

Desánimo

Posiblemente, Elias creyó que el milagro en el Monte Carmelo iba a acercar a los reyes Acab y Jezabel a Jehová Dios, y no fue así. Le invadió el pensamiento negativo, no realista. Esto produjo desaliento o desánimo. Elías dejó de confiar en Dios, como lo había hecho en años. En la oración que Elías hace en el Monte Carmelo se declara siervo de Dios y ahora huye de una mujer que había vivido una vida en libertinaje, alejada de Dios. Sintió miedo ante el rugido fiero y amenazante de Jezabel, el temor, la vacilación y la perturbación afectó su mente, invadiéndole el pensamiento negativo.

Hay una evidente diferencia entre el profeta intrépido y decidido en la cumbre del Monte Carmelo y el profeta abismado en la incertidumbre y desesperanza ante una amenaza de muerte. En el Monte Carmelo se crece el hombre espiritual, mientras que bajo el enebro se abate el hombre emocional al tomarse el rechazo como un asunto personal.[367]

Elías es uno de tantos que de las Alturas que ha remontado mediante la fe, credibilidad y confianza en Dios, circunstancialmente desciende y se abate atrapado por el miedo y la inseguridad. Dios permite que aquellos hombres en quienes El se ha engrandecido, sean expuestos a enfrentamientos con la adversidad que intimida y desequilibra, para que no se apoyen en su propia prudencia, ni en sus éxitos, experiencia, conocimiento y habilidad, sino en el Señor que es fiel a lo que ha prometido. Lo que Dios espera es que, frente al desafío, te esfuerces, seas valiente, no te

---

[367] Comentarios de Ephraim Rivera- Obispo New Jersey.

intimides, no te desmayes, por que el Señor Jehova tu Dios estará contigo dondequiera que fueres (Josué 1:9).

La persona deprimida no piensa de manera clara o realista. En vez de orar, diciendo: "Señor, siento que estos pensamientos me están atemorizando, y te pido que me des fortaleza", lo que hizo fue salir corriendo para buscar un lugar donde esconderse.

Aislamiento

Cuando la persona se desanima, lo primero que tiende hacer es aislarse. La Biblia dice que "dejó a su criado" y se fué solo " por el desierto un día de camino". La persona que se deprime deja a un lado amistades que le podrían dar un buen consejo y apoyo. El aislamiento es lo peor que podría hacer una persona deprimida.

Ideas de muerte

Los síntomas que más preocupan al profesional de salud mental son las ideas de muerte y la posibilidad de ideas suicidas. Vemos a un Elías cansado, frustrado, triste, que se sintió tan deprimido que deseó que Dios terminara con su vida. Había llegado a su límite. Así es como opera la depresión: fija límites falsos.

Afectación de la autoestima

Cuando Elías hizo aquella oración en el Monte Carmelo, se proclamó siervo de Dios, pero ahora dice" pues no soy mejor que mis padres." Comenzó a afectar la percepción que tenía de él mismo.

Distorsión cognitiva

Filtro mental negativo. En el versículo 10, Elías se enfocó exclusivamente en los detalles negativos y no mencionó nada positivo."Y solo yo he quedado, y me buscan para quitarme la vida". La queja de Elías era exagerada; el no era el único que quedaba. Lo movía la impaciencia porque Dios no hubiera eliminado completamente el culto de Baal. El silbido apacible y delicado con que Dios habló a Elías fue su manera de mostrarle que sus designios se promueven también mediante la paciencia y la compasión.[368] La persona deprimida no concibe la idea de que lo mejor está por venir. Elías estaba a punto de ungir a Hazael y Jehu como reyes sobre sus naciones. Tambien debía ungir a Eliseo como su sucesor. La persona deprimida interpreta lo que está a su alrededor, el futuro y su persona de manera negativa. El arte de la sicoterapia es identificar, analizar y modificar los pensamientos distorsionados y sustituirlos con pensamientos realistas o claros.

---

368 Comentario Bíblico Beacon (tomo 2). pag. 407.

Conclusión

Amigo lector, tal vez usted se haya identificado con algunas de estas dos enfermedades, pero desconoce cuál es el medicamento adecuado para su condición. Es necesario buscar un psiquiatra que le oriente sobre todas sus inquietudes con relación al diagnóstico, los medicamentos y sus efectos secundarios. Es importante aclarar que los efectos secundarios de los medicamentos presentados en este libro son informados a base de determinados estudios, y no significa que toda persona que los utilice los vaya a presentar. No es lo mismo que un estudio refleje que un 20% de los participantes presentó dolor de cabeza, mientras que un 2% presentó náuseas. A menor porciento declarado, menor es la probabilidad de presentar un efecto secundario. Basado en mi experiencia, la mayoría de los efectos secundarios producidos por un medicamento son de carácter transitorio y tolerables. Las casas farmacéuticas invierten millones de dólares en estudios para cumplir con los rigurosos requisitos de aprobación de la FDA.

Aun cuando los medicamentos son una pieza fundamental en el tratamiento de estas dos devastadoras enfermedades hemos aprendido que la sicoterapia, grupos de apoyo, técnicas de relajación, ejercicios y, sobre todo, la ayuda espiritual son necesario para una recuperación completa.

Espero que ya finalizada la lectura de este libro hayas comprendido que la depresión y la bipolaridad son unas enfermedades en la que está en juego uno de los órganos esenciales y complejos del cuerpo humano; el cerebro. Confío en que este libro pueda ser útil en dar un giro positivo en la vida de los que la padecen, a sus seres amados y al entorno en que se desenvuelven.

Biografía del autor
Por la Lcda. Olga Valentín Avilés

Su nombre de pila es José Olmar González Quiñones, pero sus amigos, conocidos y pacientes lo conocen como Omar González. Psiquiatra desde 1996, se graduó del Puerto Rico Institute of Psychiatry, fundado y dirigido por el insigne fenecido psiquiatra y psicoanalista puertorriqueño, Victor Bernal y del Río. Nació en Brooklyn, New York en 1958. Sus padres, como los míos, emigraron a Estados Unidos en busca de mejores oportunidades económicas. Su padre, don Alwin, es delineante de profesión y veterano de la Guerra de Corea. Su madre, doña Millita, como cariñosamente la llamamos, se dedicó a la manufactura y, posteriormente, a la venta de joyería fina.

El autor estudió en las escuelas públicas de Carolina, incluyendo el antes Colegio Regional de Carolina de la Universidad de Puerto Rico. En 1982, obtuvo un bachillerato en Ciencias Naturales (Biología) en el Recinto de Río Piedras de la Universidad de Puerto Rico. Cursó sus estudios de medicina general en la Universidad Autónoma de Santo Domingo (Primada de América, fundada el 28 de octubre de 1538) y se graduó en 1988. Su larga trayectoria en territorio dominicano no fue fácil, dado los escasos recursos económicos de su familia. El autor recurrió a préstamos estudiantiles con garantías federales. Cuando esto no era suficiente, doña Millita se amanecía guallando guineos y plátanos para hacer pasteles, alcapurrias y hasta flanes de queso, para suplementar el dinero necesario para los gastos de matrícula y hospedaje. El sueño del autor de ser médico era más fuerte que las adversidades económicas, y por esto nunca se rindió.

Para el autor, la medicina fue un sueño implantado desde los cinco años de edad por Pepín, su abuelo materno, cuando le regaló su primer microscopio. Omar le preguntó: "¿Para que sirve ésto, abuelito?". Pepín le contestó: "Para que seas médico, Omarcito." En 1988, se graduó de médico general y regresa a Puerto Rico. Aqui creyó tener "el perro agarrado por el rabo", pero no fue así. El único empleo que pudo obtener con su grado de medicina, mientras estudiaba para la reválida, fue de promotor de salud en el Gobierno de Puerto Rico. Su función era de consejero de salud en la prevención de enfermedades. Parte de su trabajo fue dar servicio a los residenciales públicos de Llorens Torres, Nemesio Canales y otros. Esta experiencia le ayudó a comprender la necesidad de salud física, mental y espiritual de su pueblo.

En 1991, logró completar los requisitos para la obtención de su licencia de médico general y cirujano. Para esa fecha, ya estaba casado con la suscribiente, desde el 1989, quien ya se desempeñaba como abogada de empresas aseguradoras. Quedé embarazada de nuestro único hijo, Gabriel Omar, antes del inicio del periodo de adiestramiento de su especialidad. Gabriel Omar creció al mismo tiempo que la vocación y el empeño de su padre. Soy testigo de la vocación médica de mi esposo, que, para mí, es la clave para su éxito profesional.

El autor fue Director del Departamento de Psiquiatría del Hospital Correcional de Río Piedras del 1997 al 1999. Con mucho esfuerzo y con nuestros primeros ahorros, abrimos en 1997 el Medical Psychiatric Center, ubicado en la Urbanización Country Club, Río Piedras. Elegimos este lugar, por haber sido la comunidad del autor desde pequeño y la mía desde los diecisiete años de edad. Por las mañanas trabajaba en el hospital correccional y por las tardes en su clínica privada. Al aumentar la práctica vertiginosamente tuvo que renunciar al puesto de director del hospital.

El crecimiento ha sido constante desde entonces y ha trascendido la comunidad adyacente. Nuestros pacientes provienen de todas partes de Puerto Rico y de todas las estratas sociales. El autor creó un grupo de apoyo contra la depresión que se reunían una vez al mes, al cual se le brindaban charlas educativas gratutitas para pacientes, amigos, familiares y público general. Dicho grupo de apoyo estuvo vigente por espacio de cinco años consecutivos. Desde hace aproximadamente cuatro años es colaborador de las cápsulas de salud mental de "Noticentro 4 al Amanecer." Ha sido conferenciante de importantes casas farmacéuticas como Pfizer, GlaxoSmithKline y Eli Lilly.

En el 2006, obtuvo un Master en Psicofarmacología en el Neuroscience Education Institute (NEI, por sus siglas en inglés) con base en la Universidad de California. Este instituto es creado y dirigido por el reconocido psiquiatra y farmacólogo Dr. Stephen M. Stahl. El autor ha escrito artículos de salud mental para revistas como Salud y Belleza, Buena Vida e Imágenes. Ha colaborado en artículos de salud mental en todos los rotativos diarios de Puerto Rico.

Bibliografía

- American Psychiatric Association. Diagnostic and Statistical Manual of Mental Disorder, IV-TR 2000.
- Arana, George W., Jerrold F. Rossenbaun- Handbook of Psychiatric Drug Therapy- Fourth Edition, - 2000.
- Asociación de Psiquiatría de América Latina (APAL)- prevención del suicidio, un tema para discutir- material educativo-2009.
- Bipolar Disorder- Disease Management Guide- PDR 2006-2007.
- Bolonia, B.B., British Journal of Psychiatry-Partial Agonism and Schizophrenia- 2005, 186, 7-10.
- Burgess, Wes, M.D.,-Manual del Trastorno Bipolar- 2006.
- Carlson, GA, Goodwin FK. The stages of mania. A longitudinal analysis of the manic episode. Archive General Psychiatry. 1973;28(2)221-8.
- Chang, K.D. H Steiner, and TA Ketter, "Psychiatric Phenomenology of Child and Adolescent Bipolar Offspring," J Am Acad Child Adolesc Psychiatry, 2000 April; 39(4): 453-60.
- Chang, K.D., C Blasey,TA Ketter, and H Steiner, "Family Environment of Children and Adolescents with Bipolar Parent," Bipolar Disorder, 2001: 2:68-72.
- Comentario Bíblico Beacon (tomo 1 y 2), 1969.
- Das, A.K., M Olfson, MJ Gameroff, et. al.," Screening for Bipolar Disorder in a Primary Care Practice," JAMA, 2005 Feb 23; 293 (8): 956-63.
- Dorland's Illustrated Medical Dictionary- 31st edition-2007.
- El- Mallakh, Rif S., M.D., S.Nassir Ghaemi, M.D., M.P.H., Bipolar Depression, 2006.
- Fieve, Ronald R., M.D. Bipolar II - The Essential Guide to Recognize and Treat the Mood Swings of this Increasingly - Common Disorder- 2006.
- Fochmann, Laura J. M.D., Alan J. Gelenberg, M.D.- Guideline Watch: Practice Guideline for the Treatment of Patients with Major Dzepressive Disorder, 2nd edition.

- Fumero, Ileana, M.D., Dr.Osvaldo Caro, Dr. Michelle Woodbury, Dr. William Julio, Dr. Eric Martinez y Dr Richard Camino, Conferencias III Simposio Caribeño de Psiquiatría, 20 al 22 de junio 2008.
- Fumero, Juan, M.D., Dra. Barbara Díaz, Dr. Edgardo Prieto y Dr. Luis Mejías, Conferencias a través del APRIP (Asociación de Psiquiatras Egresados del Puerto Rico Institute of Psychiatry) en hotel de Río Grande, 12 y 13 de septiembre de 2009.
- Galanter, Cathryn A M.D., Ellen Leibenluft, M.D., Frontiers Between Attention Deficit Hyperactivity Disorder and Bipolar Disorder, Child and Adolescent Psychiatric Clinics of North America, April 2008, pág. 325-326.
- Geller, Barbara MD, Melissa P. Del Bello, MD, Bipolar Disorder in Childhood and Early Adolescence, 2003.
- Greenberg, Rosalie, M.D. Bipolar Kids, 2007.
- Hahn, Rhoda K. M.D., Lawrence J. Albers, M.D., Christopher Reist, M.D., Handbook of Psychiatric Drugs- New Treatments, 2008.
- Hahn, Rhoda K., M.D., Lawrence J. Albers, M.D., Christopher Reist, M.D., Psychiatry- New Treatment Guidelines, Updated and Revised, 2008.
- Johnson, GeorgeB., Peter H. Raven- Biology.
- Keltner, Norman L., David G. Folks- Psychotropic Drugs- Fourth Edition-2005.
- Kessler, RC, WT Chin, O Demler, EE Water, " Prevalence, Severity, and Comorbility of Twelve-Month DSM IV Disorder in the National Comorbidity Survey Replication (NCS-R)," Archives of General Psychiatry, 2005 June; 62(6): 617-27.
- Ketter, Terence A., M.D., Improving Outcome in Patient With Bipolar Disorder: Exploring the Distinction Between Efficacy and Effectiveness, Medscape and Medicine- August 2007.
- Kolevzon, Simeon, Psychiatry Essentials- A Sistematic Review- 2002.
- Kowatch, Robert A, M.D., Ph.D., Mary A. Fristad, Ph.D., A.B.P.P., Robert L. Finding, M.D., Robert M. Post, M.D., Clinical Manual for Management of Bipolar Disorder in Children and Adolescents-2009.
- Master Classes in Bipolar Disorder. A Clinical Update. Teleconferencia ofrecida en un hotel de San Juan por Frederick Goodwin, M.D. Profesor de psiquiatría. Director del Centro en Neurociencia del Centro Médico de la Universidad de George Washington. Washington,DC. 8 de noviembre de 2007.

- McGrath, B.M. P.H. Wessels, E.C. Bell, M. Ulrich, and P.H. Silverstone, "Neurobiological Findings in Bipolar II Disorder Compared with Findings in Bipolar I Disorder", Can J. Psychiatry, 2004 December; 49(12): 794-801. Review.
- Mehta, Aditi M.D.; Sandeep Sheth, M.D., Postpartum Depression: How to Recognize and Treat this Common Condition From Medscape Psychiatry and Mental Health- Posted 4/24/2006.
- Morán, Roberto E., Educandos con desórdenes emocionales y conductuales, 2004.
- Murray,CJL, AD López, eds. The Global Burden of Disease and Injury Series, Vol. 1: A Comprehensive Assessment of Mortality and Disability from Disease, Injuries, and Risk Factors in 1990 and Projected to 2020 (Cambridge, MA: Published by the Harvard School of Public Health on behalf of the World Health Organization and the World Bank, Harvard University Press. 1996)
- Physicians' Desk Reference- PDR, 62st Edition- 2008.
- Postpartum Depression Screening: Importance, Methods, Barriers, and Recomendations for Practice- Dwenda K. Gjerdingen, Dwenda K., M.D. , MS; Barbara P. Yawn, M.D., Msc. Posted 6/22/07.
- Regier, D.A., WE Narrow, DS Rae, et al., "The DeFacto Mental and Addictive Disorder Service System. Epidemiologic Catchment Area Prospective 1- Year Prevalence Rates of Disorder and Service, Archives of General Psychiatry 1993; 50 (2): 85-94.
- Riso, Walter, Pensar bien, sentirse bien- 2004.
- Riso, Walter, Terapia cognitiva: Fundamentos teóricos y conceptualización del caso clínico- 2006.
- Rossenbaum, Jerrold F., George W. Arana, Steven E. Hyman, Lawrence A. Labbate, Mauricio Fava- Handbook of Psychiatric Drug Therapy- Fifth Edition-2005.
- Sadock, Benjamin James M.D. and Virginia Alcott Sadock, M.D., Concise Textbook of Clinical Psyciatry, Third Edition-2008.
- Santiago, Dwight M.D., Dr. Richard Camino y Dr. Jorge González Barreto, Conferencias a través del APRIP (Asociación de Psiquiatras Egresados del Puerto Rico Institute of Psychiatry) en hotel de San Juan, 18 - 20 de abril de 2008.
- Schatzberg, Alan F. M.D., Charles B. Nemeroff, M.D., Ph.D. Essential of Clinical Psychopharmacology- Second Edition- 2006.
- Sociedad Puertorriquena de Psiquiatría: Calming the Bipolar Storm. Conferencias ofrecidas en San Juan- Psiquiatras Conferenciantes: Cesar

- Mella M.D., Bárbara Diaz M.D., Carlos Caban M.D. y Lesbia Aponte M.D. (neuróloga) 6 de octubre de 2007.
- Stahl, Stephen M.: Essential Psychopharmacology, second edition, 2000.
- Stahl, Stephen M, Stahl's Neuroscience and Mental Health Pocketbook Series- Antipsychotics-2008.
- Stahl, Stephen M., Essential Psychopharmacology of Antipsychotics and Mood Stabilizers- 2002.
- Stahl, Stephen M., Essential Psychopharmacology- The Prescriber's Guide, 2005, 2006 and 2007.
- Stahl, Stephen M., M.D. PhD, Stahl's Essential Psychopharmacology, Third Edition-2008.
- Stahl, Stephen M., M.D. PhD, Stahl's Illustrated Antidepressants 2009.
- Stahl, Stephen M., M.D. PhD, Stahl's Illustrated Antipsychotics-2009.
- Stallone, F., DL. Dunner, J Ahearn, and RR Fieve, " Statistical Predictions of Suicide in Depressives." Compr Psichiatry, 1980 September- October.
- Stein, Dan J., M.D., PH.D., David J. Kupfer, M.D., and Alan F. Schatberg, M.D.- Textbook of Mood Disorder- 2006.
- Suppes, Trisha M.D., Ph. D., Paul E. Keck, M.D. Decoding Bipolar Disorder; 2005.
- Terence A. Ketter, M.D. Diagnosis and Treatment of Bipolar Disorder- 2010.
- The American Journal of Psychiatry- Practice Guideline for the Treatment of Patient with Major Depressive Disorder (revision)-2000.
- Translation Taj Ltd- Atlas Of Human Anatomy- 2002.
- Weissman, M.M., RC Bland, y GJ Canino (1996) "Cross-Depression and Bipolar Disorder", JAMA (4),293-99.
- Woods, S.W., "The Economic Burden of Bipolar Disease," J. Clin Psychiatry 2000; 61 Supp 13:38.
- Wormer, Eberhard J.: Bipolar, 2003.